関西学院大学研究叢書 第153編

VBMにおける業績評価の財務業績効果に関する研究

事業単位の価値創造と利益管理・原価管理の関係性

徳崎 進
Susumu Tokusaki

関西学院大学出版会

VBMにおける業績評価の
財務業績効果に関する研究

事業単位の価値創造と利益管理・原価管理の関係性

我が父・母と
３人の息子達へ

はしがき

　VBM（value based management；価値創造経営）の重要テーマである「企業活動によって生み出される価値の測定方法」は、伝統的な会計モデルに替わるファイナンス理論に依拠した経済モデルの企業評価理論が1980年代の初頭～半ばにその基盤を確立された後、20世紀末にかけてのコンサルティング・ファームや会計・財務分野の学識者による体系化および有効性の検証を経て発展した。この間、業績評価の領域では、業績の代替的測定方法の開発や業績評価のフレームワークの発展が勢いを増し、意思決定－業績評価－報酬システム間のリンクや業績指標・尺度の分類の探求、業績評価を戦略の達成に結び付けるマネジメント（経営／経営管理）システムの提唱などが活発に行われてきた。
　これらの結果、VBMと計画・戦略または意思決定の関係をとりあげた研究や、VBMと経営者レベルの業績評価および報酬との関わりを取り扱った文献は数多く存在するに至っているが、VBMと部門経営（特に事業単位の業績評価システム）の関係性については、基本的な考え方や枠組みを示したものが見られるだけで、その運用システムとしての実体の解明は未だ道半ばである。とりわけ、事業価値の創出を最も重要な部門経営の業績の目標・評価尺度として明確に位置づけたマネジメント・システムの研究などは見あたらない。
　VBMを志向する経営では株主価値増大への貢献を各事業単位責任者に要求することになるので、彼（女）らの最適な意思決定を導くための適切な業績評価システムの設計が不可欠である。本研究は、事業単位の価値創造と利益管理・原価管理の関係性の検討を通じてVBMにおける業績評価の財務業績効果を探究するという枠組みのもと「VBMと部門経営の関係性について、事業単位の観点から株主価値創出のためのマネジメント・システムの開発可能性を検討する」というメイン・テーマを、①企業価値評価法のVBM・部門経営との整合性の検討、②事業単位価値創造のための業績評価システムの検討、という2つのサブ・テーマに細分し、先行研究

のレビューを踏まえて理論的観点から探究するとともに、実態調査に基づき経験的に検証したものである。

　論説ならびに分析の展開に先立ち、まず、第1章で、本研究の目的と論文のフレームワークを明確にした。第2章では、部門経営が創出すべき価値の概念とその適切な測定・評価手法の関係性を文献研究を基礎として考察し、とりわけ事業部制組織が目標・評価尺度に用いるべき価値指標とその最適な評価手法を提唱した。具体的には、VBM環境下の事業部マネジメントの適切な尺度は「事業部価値の増分」であり、その算定ならびに期間業績の評価という管理会計目的には「SVA法」が、これまでに提唱されている手法の中で、最も則しているということが確認された。

　第3章では、業績評価システム内部における様々な業績尺度と測定フレームワークの関わりを文献研究から検討し、VBMを推進する事業部の経営を効率的・効果的に相乗効果の発現へと至らしめる業績評価手法を提唱したうえで、理論的研究の結論として、VBM環境下の最適な事業部マネジメント・システムの概念モデルを提示した。具体的には、事業部価値の創造に最適なマネジメント・システムの構築は、「株主価値ネットワーク」の考え方を概念的ベースとし、「パフォーマンス・プリズム」を技術的基礎として導入することによって可能になることが明らかになった。

　第4章では、プロダクト・ライフサイクルと業績評価システムの関係に着目し、事業のライフサイクル・ステージがVBMを推進する事業単位の利益管理や原価管理への取組みに及ぼす影響を経験的に明らかにした。具体的には、コンティンジェンシー理論の検討を踏まえて作業仮説を設定し、質問調査から得られたデータを共分散構造分析により検証したところ、ライフサイクル・ステージの特性を考慮した業績尺度の選定が事業単位の管理会計ツールの選定に影響を与え、それが会社の財務パフォーマンス向上をもたらすことが確認された。そこで、これらの分析結果を総合して、事業のライフサイクル・ステージに対応したパフォーマンス・プリズムのプロトタイプを作成・提唱した。

　第5章では、組織構造と業績評価システムの関係に着目し、分権的組織の形態の選定がVBMを推進する事業単位の業績尺度やマネジメント・シ

ステムに及ぼす影響を明らかにすることを企図した。標本数の制約などにより、結果的には第4章と同様の作業仮説についての質問調査から得られたデータの定量的な検証は適わなかったが、分権制の下で各組織形態ごとに異なる業績尺度の選定や権限委譲（管理責任の負荷）が行われている実態等が観察されたことから、分権的組織管理における事業単位の設定によって最適な業績尺度やマネジメント・システムが異なったものになり得るという主張が支持された。第6章では、本稿の結びとして、本研究の要約と結論、成果と今後の課題を取りまとめている。

謝　辞

　1990年に当時所属していた大手監査法人の機関誌に「FCF法とEVA法の表裏一体性」を論じた小論文を掲載・発表して以来、約四半世紀にわたり、管理会計／財務管理の実務家、研究者として、「経営戦略や会計システム・管理システムのファイナンス理論からみた一貫性を重視する」という立場から、脈絡に応じて「戦略的財務管理」、「分権的組織管理と戦略的ファイナンスの融合」あるいは「VBM」の名のもとに「価値創出のための財務管理」をテーマに活動してきたが、いざ集大成としての博士論文を執筆するにあたっては、改めて専門知識の増強を図るとともに、さらなる論理構成力の向上・方法論の修得等に注力する必要があった。そこで、ハーバード大学での修士課程以来21年ぶりに博士後期課程に入り直し、日本管理会計学会での研究活動においてかねてからご鞭撻を賜っていた甲南大学大学院の先生方の本格的なご指導とご教示を仰ぐこととなった。本書の基盤となった学位論文の執筆過程において多々ご支援をくださった甲南大学の関係者の皆様に、この場をお借りして厚く御礼を申し上げる次第である。

　とりわけ、博士後期課程在籍中の3年間に、指導主任として長坂悦敬先生から賜った多大な理論的・方法論的なアドバイスは、論文の作成に極めて有益であった。また、やはり指導教員として上埜進先生から賜った緻密なご指摘は、当該論文が博士学位論文として備えるべき点を明らかにしており非常に有益だった。長坂先生におかれては経営学部長・社会科学研究科長・国際交流センター所長・学長補佐の御要職の激務を縫って、上埜先生におかれては日本管理会計学会副会長・アジア太平洋管理会計学会会長としてご多忙な中で、長きにわたり懇切丁寧なご指導を賜ったことに対して心底より御礼を申し上げたい。集大成としての博士学位請求論文の審査過程では内藤文雄先生ならびに杉山善浩先生よりこのうえなく充実したご指導を賜ったほか、本研究の今後のあるべき方向性に関しても貴重なご助言をいただいた。今日の管理会計／財務管理の研究者としての私があるの

は、ひとえにこれらの方々の温かいご指導とご鞭撻の賜物である。

　本研究に関しては、各構成論文について通算で4度の学会報告を行った。2008年度日本管理会計学会第3回フォーラム・セッションでは大阪学院大学企業情報学部の宮本寛爾先生、福井県立大学経済学部の上總康行先生、立命館大学経営学部の淺田孝幸先生、関西学院大学商学部の小菅正伸先生から、2009年度日本会計研究学会大会では青山学院大学大学院会計プロフェッション研究科の小倉昇先生から、2009年度日本原価計算研究学会全国大会では横浜国立大学経営学部の中村博之先生から、日本管理会計学会2009年度第2回関西中部部会では名古屋市立大学大学院経済学研究科の星野優太先生、近畿大学経営学部の安酸建二先生並びに島吉伸先生から、当方の自由論題報告の折に、それぞれ示唆に富むコメントをいただいた。記してこれらの先生方のご協力に深く感謝する。

　関西学院大学元学長の平松一夫先生ならびに前経営戦略研究科長の石原俊彦先生は、小職の教育・研究活動の方向性に関し、長年にわたってありがたいご指導を賜っている大恩人である。また、所属研究会の創立者である筑波大学名誉教授の門田安弘先生ならびに現会長である関西学院大学経営戦略研究科の濱田和樹先生、監査法人時代の恩師である洪水啓次先生には、研究テーマについて貴重なご助言を賜ってきた。より高度な知識の修得ならびに研究の実践へと高所から小職を誘い続けてくださったこれらの先生方にも厚く御礼を申し上げる次第である。そして、日々ご鞭撻をいただいている関西学院大学の同胞の先生方ならびに職員各位に対しても同様である。

　最後に、本研究におけるアンケート調査実施に際して、ご多忙な中にも関わらず貴重な時間を割いて本調査にご回答いただいた、東証1部上場製造業60社のご担当者の皆様のご協力に、この機会をお借りして心より御礼を申し上げたい。

2012年1月

徳崎　進

目　次

はしがき………………………………………………………… i
謝　辞…………………………………………………………… iv
目　次…………………………………………………………… vi

第1章
研究の目的とフレームワーク……………………………… 1
　　1.1　研究の目的 ………………………………………… 1
　　1.2　研究のフレームワーク …………………………… 2
　　1.3　各章の展開 ………………………………………… 4

第2章
企業価値評価法のVBM・部門経営との整合性の検討 …… 9
　　2.1　はじめに …………………………………………… 9
　　2.2　株主価値、VBM、事業価値——その系譜と特質… 9
　　　　2.2.1　株主価値概念の生成と展開　10
　　　　2.2.2　VBMの生成と展開　11
　　　　2.2.3　事業活動に係る企業価値の概念とは　13
　　2.3　事業部価値の評価手法としての
　　　　企業価値評価法の妥当性の検討 …………18
　　　　2.3.1　ネットアセット・アプローチ（コスト・アプローチ）　20
　　　　2.3.2　マーケット・アプローチ　22
　　　　2.3.3　インカム・アプローチ　24
　　2.4　論点の整理と議論の展開 ………………………… 37
　　　　2.4.1　論点の整理　37
　　　　2.4.2　議論の展開　39

第3章
事業部価値創造のための業績評価システムの検討…………… 53

3.1　はじめに ………………………………………… 53
3.2　業績指標・尺度の系譜と展開 ………………… 54
　3.2.1　「業績」の定義に関わる論争　55
　3.2.2　業績指標・尺度の区分についての論争　56
　3.2.3　財務指標のみを用いた業績評価の系譜　58
　3.2.4　財務指標と非財務指標を併用した業績評価への展開　60
　3.2.5　本研究における業績尺度の概念的フレームワーク　62
3.3　業績の測定フレームワークから業績評価システムへの展開　65
　3.3.1　事業部価値／SVA創出のための業績測定・評価の基幹的フレームワーク——株主価値ネットワーク　68
　3.3.2　その他の有力な業績測定・評価のフレームワーク　70
3.4　論点の整理と議論の展開 ……………………… 83
　3.4.1　論点の整理　83
　3.4.2　議論の展開　86

第4章
VBM環境下における事業のライフサイクル・ステージと業績評価システムの関係性に関する実証的研究 ………… 97

4.1　はじめに ………………………………………… 97
4.2　先行研究のサーベイと仮説モデルの設定 ……… 101
　4.2.1　企業環境とマネジメント・コントロール・システムの適合関係　102
　4.2.2　戦略とマネジメント・コントロール・システムの関係性　102
　4.2.3　プロダクト・ライフサイクル・ステージに対応する業績評価システムの要素　103
　4.2.4　コストマネジメントと業績評価システムの対応　105
　4.2.5　分析の枠組みと仮説1・2の設定　106
4.3　研究方法 ………………………………………… 109
　4.3.1　質問調査票の構成　109
　4.3.2　調査対象の設定と集計データ　110

       4.3.3　分析の方法　113
       4.3.4　測定尺度　115
　　4.4　分析結果 …………………………………………　119
       4.4.1　モデルⅠ「事業ライフサイクルと管理会計システム」による仮説1の検証　119
       4.4.2　モデルⅡ「事業単位の業績評価システムの設計・運用」による仮説2の検証　122
       4.4.3　発見事項　123
       4.4.4　結果の解釈　128
　　4.5　議論の展開 …………………………………………　129

第5章
VBM環境下における分権的組織の形態と業績評価システムの関係性145
　　5.1　はじめに ……………………………………………　145
　　5.2　分権的組織の管理会計研究の回顧 ………………　147
       5.2.1　組織構造とMCSの適合関係　147
       5.2.2　組織の形態と特徴　148
       5.2.3　組織形態とMCSの対応　150
　　5.3　検討課題 ……………………………………………　151
　　5.4　研究アプローチ ……………………………………　152
       5.4.1　実態調査の概要　152
       5.4.2　関連調査項目　153
       5.4.3　分析の方法　155
　　5.5　分析結果 ……………………………………………　158
       5.5.1　業績尺度のバリエーション　158
       5.5.2　管理会計ツールのバリエーション　159
       5.5.3　権限委譲のレベル　160
　　5.6　まとめ ………………………………………………　161
       5.6.1　分権的組織管理における組織形態の選定と業績尺度との対応　162

5.6.2　分権的組織管理における管理会計システムのあり方　163
　　　5.6.3　論点の整理　164

第6章
むすび ── 要約と今後の課題 ……………………………………167
　　6.1　研究の要約と結論 ……………………………………　168
　　　6.1.1　本稿の要約　168
　　　6.1.2　本研究の結論　174
　　6.2　研究の成果と今後の課題 ……………………………　177
　　　6.2.1　本研究の成果　177
　　　6.2.2　本研究の限界　179
　　　6.2.3　今後の研究の方向性　180

参考文献……………………………………………………………183
付録1　質問調査依頼状……………………………………………199
付録2　質問調査票の様式と単純集計値　………………………202
付録3　アンケート協力会社………………………………………226
付録4　第4章「モデルⅠ」（図表4－10）についての注釈・最尤（ML）
　　　　推定値・モデル適合の要約（AMOS より転記）……………227
付録5　第4章「モデルⅡ」（図表4－11）についての注釈・最尤（ML）
　　　　推定値・モデル適合の要約（AMOS より転記）……………231

索　引………………………………………………………………235

第1章

研究の目的とフレームワーク

1.1 研究の目的

　VBM（value based management；価値創造経営）[1]の重要テーマである企業活動によって生み出される価値の測定方法は、伝統的な所謂「会計モデル（accounting model）」に替わるファイナンス理論に依拠した「経済モデル（economic model）」の企業評価理論が 1980 年代の初頭～半ばにその基盤を確立された後、20 世紀末にかけてのコンサルティング・ファームや会計・財務分野の学識者による体系化および有効性の検証を経て発展してきた。その過程においては、一定の条件付きながら、人為的な会計利益によっても経済モデルと同等の企業価値や株主価値を推計できると主張した「ネオ会計モデル」提唱者の台頭も、企業評価理論の一層の精緻化と会計システムのファイナンス理論から見た一貫性の確保に貢献した。
　一方、業績評価の領域では、過去四半世紀ほどの間に業績の代替的測定方法の開発や業績評価のフレームワークの発展が勢いを増し、意思決定－業績評価－報酬システム間のリンクや業績指標・尺度の分類の探求[2]、業績評価を戦略の達成に結び付けるマネジメント（経営／経営管理）[3]システムの提唱などが活発に行われてきた。しかしながら、VBM と計画・戦略または意思決定の関係をとりあげた研究や、VBM と経営者レベルの業績評価および報酬との関わりを取り扱った文献は数多く存在するものの、VBM と部門経営（特に事業単位の業績評価システム[4]）の関係性については、基本的な考え方や枠組みを示したものが見られるだけで、その運用システムとしての実体の解明は道半ばである。とりわけ事業価値の創出を最も重要な部門経営の業績の目標・評価尺度として明確に位置づけたマネジ

メント・システムの研究などは見あたらない。

　複数の事業単位によって構成される多角化企業の企業価値が、基本的には、各事業単位が創出する価値の合計額（＝事業価値）に事業外資産の価値を加えたものになるということや、事業価値が各々の事業単位が稼得するフリー・キャッシュ・フロー（free cash flow ／ FCF）の還元価値に等しくなるといった点に関しては、異論はあまり見られない。しかしながら、VBMを志向する経営では株主価値増大への貢献を各事業単位の責任者に要求することになるので、彼（女）らの最適な意思決定を導くための適切な業績評価システムの設計が不可欠となる。そのためには、価値創出の源泉を測定する財務的および非財務的指標・尺度を特定し、適当な達成目標を設定したうえで、統制していくことが確保されなければならない。

1.2　研究のフレームワーク

　図表1-1は、こうした関係性の骨子の可視化を試みたものである。図中の矢印は各要素が作用し合う関係を示している。例えば、経営者の意思決定が、彼（女）が経営を担当している企業が創出しようとしている価値の概念（[1]）の影響を受ける一方で、意思決定によって実際の価値の増大（減少）が起こり、その値が適切な評価手法（[2]）によって測定される。業績評価はモチベーション効果を介して経営者の意思決定に影響を与え、報酬制度は業績評価と連動しつつ、金銭的インセンティブ等を介して経営者の意思決定に影響する。業績評価システム（[3]）の内部では、様々な業績尺度（[4]）と測定フレームワーク（[5]）の双方向的な関係があり、それが全社経営と部門経営の相互作用に影響を与える、といった具合である。

　事業単位の価値創造と利益管理・原価管理の関係性の検討を通じてVBMにおける業績評価の財務業績効果を探究する本研究のメイン・テーマは、「VBMと部門経営の関係性について、事業単位の観点から株主価値創出のためのマネジメント・システムの開発可能性を検討する」という

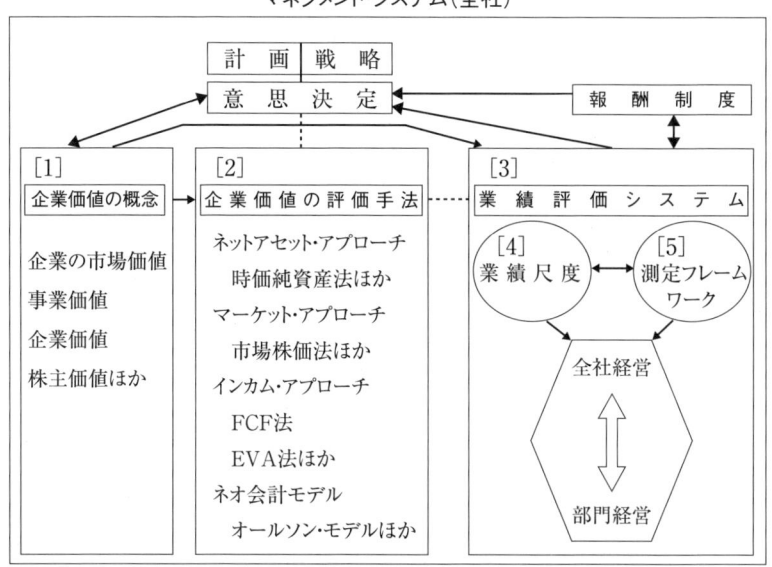

図表1－1： VBMと部門経営の関係性の概念図

注) ━▶ は一方向的な作用　◀━▶ は双方向的な作用　── は直接的な関係　⋯ は間接的な関係
　　⇕ は相互作用を表す

ことであり、本稿では、これを理論的観点ならびに実証的観点の両面から追究していく。なお、メイン・テーマは、事業部制組織を対象にした場合には、①事業部（長）の業績の目標・評価尺度に用いるべき価値指標とその評価のための最適な手法の検討、②事業部の価値創出に貢献する業績評価システムの検討、の2つのサブ・テーマに細分して研究する。

そこで、第1章すなわち本章で研究の目的と論文のフレームワークを明確にしたのを受けて、第2章では、まず、上記のサブ・テーマ①事業部（長）の業績の目標・評価尺度に用いるべき価値指標とその評価のための最適な手法の検討、すなわち「企業価値評価法のVBM・部門経営との整合性の検討」について追究し、文献研究を基礎として、事業部（長）が創出しようとしている価値の概念とその値を適切に測定する評価手法の関係性を考察し、事業部制組織の目標・評価尺度となる価値指標と、その評価のため

の最適な手法を提唱する。第3章では、次に、サブ・テーマ②事業部の価値創出に貢献する業績評価システムの検討、すなわち「事業部価値創造のための業績評価システムの検討」に取り組むべく、文献研究をベースに、業績評価システム内部における様々な業績尺度と測定フレームワークの関わりを整理し、事業価値に占める事業部の構成部分の創出・拡大に貢献する業績評価システムを提唱したうえで、理論的研究の結論としてVBM環境下の最適な事業部マネジメント・システムの概念モデルを提示する。[5]

　これらの研究成果を踏まえて、第4章では、実務への応用を企図し、事業単位の経営管理（部門経営）が業績評価システムを通じてどのように結合されれば相乗効果の発現に結びつくのかということについて、コンティンジェンシー理論の検討を踏まえて作業仮説を設定し、質問調査から得られたライフサイクル上の位置の違いを包含したデータの共分散構造分析による検証に基づき考察・探究する。第5章では、やはりコンティンジェンシー理論の見地から組織構造に着目し、組織構造と業績評価システムの関係性について、アンケート・データの分析をもとに、分権的組織の形態の選定がVBMを推進する事業単位の業績尺度やマネジメント・システムに与える影響について追究する。最後となる第6章では、本稿の要約と今後の課題について取りまとめる。各章の展開の詳細は、以下の通りである。

1.3　各章の展開

　VBMと部門経営の関係性に関する理論的研究については、まず、第2章「2-2-3 事業活動に係る企業価値の概念とは」および「2.3 事業部価値の評価手法としての企業価値評価法の妥当性の検討」で、類似の概念といわれる株主価値経営、VBM双方の系譜についてレビューを実施し、両者の関わりを整理したうえで、サブ・テーマ①（すなわち図表1－1の［1］・［2］の関係性）を、文献研究を基礎として考察し、VBMにおける事業部マネジメントの業績の適切な目標・評価尺度ならびにその測定・評価に最も適した手法を提示する。次いで、第3章「事業部価値創造のための業績評価

システムについての検討」で、「業績」という用語の意味するところや業績指標・尺度の区分を整理し、本研究が取り扱う業績尺度の概念的フレームワークを明確にしたうえでサブ・テーマ②（すなわち図表1－1の［3］における［4］・［5］の関わり）を検討し、VBMを推進する事業部の経営を効率的・効果的に事業価値の創出に向けて相乗効果の発現へと至らしめる業績評価の手法（ひいてはVBM環境下の最適な業績評価システムの概念モデル）を、やはり文献研究をベースに、業績評価システムの構成要素である業績尺度と測定フレームワークの系譜の回顧における考察を踏まえて提示する。

　VBMと部門経営の関係性についての、経験的研究および実証研究の2種類から成る実証的研究[6]においては、まず、第4章で、「企業の状況要因（contextual factors）が業績評価システムやマネジメント・システムを決定し、状況要因に組織構造が適合している場合により高い効果が得られる」というコンティンジェンシー理論の基本的な主張に沿って、いかなる状況要因がVBMを推進する事業単位の利益管理や原価管理への取組みに影響を及ぼすのかを、実態調査に基づき経験的に明らかにする。次に、第5章では、組織構造と業績評価システムの関係に着目し、分権的組織の形態の選定がVBMを推進する事業単位の業績尺度やマネジメント・システムに与える影響を解明するべく、「分権的組織形態の特性を考慮した業績尺度の選定が事業単位の管理会計ツールの選定に影響を与え、それが会社の財務パフォーマンス向上をもたらすのか」について、質問調査から得られたデータをもとに検証する。本稿の結びとなる第6章では、(1)研究の要約、(2)結論、(3)研究成果、(4)研究の方向性、に区分して、本研究をまとめるとともに今後の課題を明確にする。

注

(1) 中沢・池田(1998, 130 & 131頁)では直接的なVBMへの言及はないが、"キャッシュフローを重視して企業価値を高めていく経営手法"又は"企業価値向上すなわち期待キャッシュフローの増大を重視した経営コンセプト"の呼称として初めて「価値創造経営」という用語を用いた。その後、伊藤(1999, 90頁)は、米国で初めてVBMを明確に定義したCopeland et. al. 2nd ed.(1994)を邦訳するに際して「価値志向経営」と直訳したが、その後継書であるCopeland et al. 3rd ed.(2000)の邦訳を担当したマッキンゼー・コーポレート・ファイナンス・グループ(訳者まえがきⅱ, 2002)は「価値創造経営」と意訳する形で改めている。また、MacTaggart et al.(1994)を参照した西村・鳥邊(2000, 26頁)もVBMを「企業価値創造経営・・・あるいは価値創造経営」とした。このような経緯もあり、わが国では現在では「価値創造経営」の言い回しが一般化しているため、本稿もVBMを「価値創造経営」と表現している。ただし、上埜(2001, 179頁)に見られるように、意味合いを同じくする「価値創出」を使用しているものも少なくないことから、本稿では、VBMの邦訳については「価値創造経営」に統一しながらも、脈略に応じて、「価値の創出」、「価値を創出する」等の表現も用いている。

(2) 本研究においては、業績評価の包括的ないし定性的な基準(所謂"indicator")を「業績指標」、その下位概念である定量的に測定可能なもの("measure"ないし"metric")を「業績尺度」と呼び分けているが、実際には両者の間に大きな違いはない。

(3) 本稿では、"management"の邦訳として、「経営」や「経営管理」、「マネジメント」等が一般的に使用されていることに鑑み、脈絡に応じて、(全社の)経営管理、(部門)経営、(事業部)マネジメント、等の表現を用いているが、意味するところは同じである。なお、本研究では、管理会計システムの代名詞とされているmanagement control system(マネジメント・コントロール・システム)に留まらず、戦略を管理し再検討する機能が組み込まれたstrategic management systemをも含めて対象としているが、後者の邦訳については、「戦略マネジメント・システム」よりは「戦略経営システム」の方が一般的であるため、後者によっている。

(4) 欧米の多くの文献においては業績の測定(measurement)と評価(evaluation)がほぼ同義に用いられているが、本研究では"performance measurement"(業績測定)と"performance evaluation"(業績評価)を区別し、業績評価システムを業績指標・尺度の体系と業績の測定の為のフレームワークを内包する上位概念として位置づけている。また、「業績評価」を

「業績管理」(performance management)と同じ意味のものとして用いているのは、日本では一般に"performance accounting"を「業績評価会計」又は「業績管理会計」と訳しており、統制システムとしての業績評価と期間計画会計と統制会計を包括する業績管理を明確に区分しないことが慣例になっているためである。

(5) 本稿では、関連領域等の知見をベースに特定の方法ないし技法の合理性を論理的に吟味し、企業評価や業績管理の実務に推奨する、規範的・観念的提案に関わる研究を総称して"理論的研究"と呼んでいる。

(6) 本稿では、経験主義(empiricism)の流れを汲む観察帰納法に則して、具体的に観察された経験及びそこから得た知識を帰納によって一般化する認識法に依拠して、関連領域から拝借した理論等をベースにした仮説を経験的データで統計的に検証する仮説検証型の研究方式を<u>経験的研究</u>、また、観察と経験に依拠する実証主義(positivism)、ならびに合理主義(rationalism)の流れを汲む仮説演繹法に依拠する論理実証主義(logical positivism)に則して、推理によって設定された仮説法則から演繹的に導かれた命題を経験的事実により検証する、説明理論の構築をめざす仮説演繹型の研究方式を<u>実証研究</u>、とそれぞれ定義付けたうえで、両者を総称して"実証的研究"と呼んでいる。なお、本稿では、後述するように、第4章において、成熟事業について仮説演繹型の分析を行っている実証研究の部分と、データの制約等により仮説検証型の推測に留まった成長事業に関わる経験的研究、の両方を展開しているため、両者の混在を一語で表現するべく"実証的研究"の表現を使用している。

第2章

企業価値評価法のVBM・部門経営との整合性の検討

2.1 はじめに

　本研究のメイン・テーマは、「VBMと部門経営の関係性について、事業単位の観点から株主価値創出のためのマネジメント・システムの開発可能性を検討する」ということである。それは、分権管理の代表的な形態である事業部制組織を対象にした場合には、①事業部（長）の業績の目標・評価尺度に用いるべき価値指標とその評価のための最適な手法の検討、②事業部の価値創出に貢献する業績評価システムの検討、という2つのサブ・テーマに細分することができる。

　本章の目的は、文献研究を基礎とした株主価値経営並びにVBMの系譜の回顧における考察を踏まえて、まずサブ・テーマ①について明らかにすることである。本章は、本節と「2.2 株主価値、VBM、事業価値——その系譜と特質」、「2.3 事業部価値の評価手法としての企業価値評価法の妥当性の検討」、「2.4 論点の整理と議論の展開」、の4節で構成されている。

2.2 株主価値、VBM、事業価値——その系譜と特質

　ところで、VBMの定義としては、「企業の価値の最大化を目的に、企業内のすべての資源と経営管理プロセスを統合するアプローチ」（Copeland, Koller, & Murrin, 1994, p.93）、「企業の経営を企業価値ないし株主価値の創出に向かわせる一連の経営管理ツールの総称」または「従業員を株主価値の向上をもたらす活動に集中するように仕向ける業績評価・報酬シス

テムの一環を成すサブシステム」（ともに Martin & Petty, 2000, Preface xiii）のほかに、「主要な経営管理プロセスを整合させる意思決定によって価値の創造をはかろうとするマインドセット」または「価値の創出を目的とする投資およびオペレーションの意思決定に係る継続的な変革プロセス」（ともに Knight, 1997, p.102）、「企業内の主要なプロセスおよびシステムのすべてを株主価値の創出へと方向づける活動」（Arnold & Davies, 2000, p.9；Young & O'Byrne, 2000, p.18）、「長期的な株主の富の最大化を主たる目的とした戦略、オペレーション、組織に関わる経営管理のアプローチ」（McTaggart, Kontes, & Mankins, 1994, pp.47-48；Arnold & Davies, 2000, Introduction）等があり、必ずしも画一的ではない。

一方、株主価値経営（maximizing shareholder wealth; creating shareholder value）というのは、その名が示している通り「株価の上昇を通して経営者の利益と株主の利益を連携させるアプローチ」のことである。両者の主張が近似しているのは明らかである。そこで、本節では、「株主価値経営とVBMは基本的には同義である」という仮説の検証を試みるべく、まず、株主価値経営、VBM双方の系譜についてレビューを実施し、両者の共通点と相違点を明らかにする。

2.2.1 株主価値概念の生成と展開

株主価値（shareholder value）という用語を初めて文献のタイトルに取り上げたのは、1979年のFruhan[1]の著書 *Financial Strategy: Studies in the Creation, Transfer and Destruction of Shareholder Value*（Irwin）であるとする説が最も有力である（祇園, 2006, p.23, 等）。なお、1979年は、株主価値経営の開祖の呼び声高い Rappaport[2] が、財務コンサルティング／ソフトウェア会社の Alcar Group, Inc.[3] を立ち上げた年にあたる。Rappaport自身は、その後の1981年の論文で初めて株主価値を論点に据えている[4]。他方、実業界では、当時 General Electric の CEO だった Jack Welch が同じ年にニューヨーク市のホテルで行った歴史的な演説（題名："Growing fast in a slow-growth economy"）が株主価値経営の幕開けであったとされている。

第 2 章　企業価値評価法の VBM・部門経営との整合性の検討　11

　Rappaport は、その後、1986 年の著書で[5]「株主価値法（shareholder value approach）」及び「株主価値ネットワーク（shareholder value network）」を提唱し、FCF 法に依拠した株主価値経営の指南を本格化させた。しかしながら、同じ年には、Alcar 社より 3 年遅れて登場した同業企業の Stern Stewart & Co.[6] の Bennett Stewart がその刊行物[7]の中で、Rappaport のフレームワークに酷似した FCF 法の応用法を論説するとともに、FCF と表裏一体の企業評価モデルとして、EVA（economic value added；経済付加価値）[8]法をすでに訴求していた。なお、FCF 法の発展に関しては、McKinsey & Co. の貢献も広く認識されており、株主価値経営の起源には諸説がある。

　その後、株主価値経営関連の理論・指標は、HOLT Value Associates が生み出した CFROI（cash flow return on investment；キャッシュ・フロー投資収益率）や、Boston Consulting Group による TBR（total business return；事業総合利回り）／CVA（cash value added；現金付加価値）、Stern Stewart の MVA（market value added；市場付加価値）、LEK／Alcar[9] の SVA（shareholder value added；株主付加価値）、さらには、EVA の変型である A. T. Kearney の Economic Earnings や McKinsey 社の EP（Economic Profit）等を加え、さながら戦国模様[10]の様相を呈しながら、今日まで発展を続けてきている。

2.2.2　VBM の生成と展開

　一方、VBM を初めて論じたのは、Reimann[11] の 1989 年の著書 *Managing for Value: A Guide to Value-Based Strategic Management*（Blackwell）だったという説が有力である。彼は同書の中で、各種の財務的評価手法とポートフォリオ・プランニング、競争戦略分析の手法の合体を提唱し、それを "Value-Based [Strategic] Management（VSM）" と称した。彼が唱えた手法の本質は、「株主価値創出のための戦略的マネジメント・プロセス」であり、業績評価と報酬制度のあり方についても言及していた。こうしたことから、同書はまさしく VBM の指南書であった。Reimann がその中で、「この分野の先駆者は Rappaport であり、彼の 1986 年の著書が（後世に）古[12]

典書と呼ばれることになるだろう」(Preface x) と語っていることは、当時既に、株主価値経営と VBM は同義だという認識が一般的だったことを強く示唆している。さらに、彼が Alcar のソフトウェアよりも強力で柔軟性がある競合商品として Stern Stewart 社の"FINANSEER"を挙げたことは、両者が相並んで株主価値経営の先駆者と目されていた事実を裏付けるものであるといえよう。

　その後、Copeland et al.[13] が McKinsey 社の企業評価の指南書の初版 (1990 年) で "value management" ないし "managing value" という表現を用い始め、Weston との共著 (1992 年) において "value-based management" という用語を初めて使用した後、前者の第 2 版 (1994 年) で "VBM" として初めて明確に定義した。同じ年には、McTaggart et al.[14] もその著書で VBM を謳っている。実際に VBM の用語がそのまま標題になったのは Knight (1997)[15] が恐らく最初であり、VBM の伝道は、その後 Donovan, Tully, & Wortman (1998)[16]、Mills (1999)[17]、Martin & Petty (2000)[18]、Arnold & Davies (2000)[19]、Young & O'Byrne (2000)[20]、Morin & Jarrell (2000)[21] らへと続いていく[22]のである。このようにして VBM は、企業の経営を企業価値ないしは株主価値の創出に向かわせる一連の経営管理ツールの総称、またはそのための影響システムやプロセス、マインドセット (思考態度) を意味するものとして体系化されていった。長期的な株主の富の最大化を主たる目的とする VBM アプローチは、増大する不確実性の下で、株価の最大化に邁進する大競争時代の経営管理者に新たな戦略策定・業績評価のための包括的なフレームワークを与えたのである。

　数ある VBM 関連の文献の中で最も VBM の体系化に貢献したのは、Martin & Petty (2000)[23] であろう。その理由は、彼らが VBM 出現の歴史的背景に遡って、VBM を代表する手法を 3 つの指標のグループに区分したうえで、それらの理論の関係性と応用法を整理し、さらに経験的証拠をも提示したからである。また、Arnold & Davies (2000)[24] は、価値指標の分類こそ企業内部の尺度と外部の尺度に大別するといった簡素なものであったが、VBM の生起から四半世紀近くが経過したのを機に 20 名の学識者の叡智を結集して VBM の系譜を整理した。VBM の妥当性・意義・

功績と限界・問題点等を理論的・経験的に検証しようとした彼らの2000年の編著は、VBM の発展史において最も大規模かつ包括的な研究業績集の1つである。その他、Knight（1997）[25]は、業績指標を、①利益、②現金、③投資率、④価値の4つに分類したうえで、④を期間業績の測定尺度と企業価値の測定尺度に区分している。Mills（1999）[26]は、VBM の観点から業績指標を、①投資家観点（外部）の尺度と②企業観点（内部）の尺度の2つのグループに大別した。なお、Young & O'Byrne（2000）[27]は、業績指標を5つに分類したうえで、VBM の最も重要な尺度として EVA と CFROI をあげている。

このように、VBM は、狭義には測定・評価を焦点とする株主価値経営と同義であるが、広義の解釈をとった場合は、やや焦点は拡大し、長期的な株主価値の創造を目的にマインドセットの涵養をはかる影響システムの構築やプロセスの整合化を重視するアプローチ、と表現できよう。以上より、本稿では、株主価値経営と VBM は基本的に同義であるという前提に基づいて検証を進めていく。

2.2.3 事業活動に係る企業価値の概念とは

一般的には、「企業価値経営」または「株主価値経営」という場合、会社全体として創造する価値や、株主の富の総額や増分または割合を指すのが通常であり、各事業単位がそのうちのどの部分を、どのように創出するのかということが厳密に議論されるということはあまりない。そこで、本項においては、多角化企業における一般的な分権的組織形態である事業部の業績の目標・評価尺度として適格な価値の指標は何なのかということを追究する。

(i) 企業価値と事業価値、株主価値の関係

ところで、企業の市場価値、ならびに企業価値、事業価値、株主価値といった企業の価値を表現する用語・指標は、それぞれが概念的・理論的には全く異なるものを指しているにも関わらず、条件次第で同じ数値になるということも手伝って混同して用いられることが少なくない。第一に、事業か

ら創出される価値は「事業価値」すなわち事業の価値（①）であり、それは事業に投入されている資産（＝事業資産）の公正価値の総計と同義である。事業価値は、会社の超過収益力等を示すのれんや簿外の無形資産並びに知的財産の価値を含んだものである。第二に、企業に対する投下資本が、事業資産のみならず遊休資産や投資等（＝事業外資産）にも振り向けられている場合は、「企業価値」すなわち企業全体の価値（②）は、①の事業価値と事業外資産の価値の合計額となる。第三に、企業の普通株主は、会社の資産から優位の請求権をもつ短期および長期の債権者の取り分を除いた資産（＝残余持分）に対する請求権しかもたないので、②の企業価値から負債を差し引いた残りが、普通株主に帰属する価値すなわち「株主価値」（③）となる。したがって、効率的市場においては株主価値と株式の時価総額は同値となる。また、企業の市場価値（④）は、負債（社債等）と株式の両方が資本市場で効率的に値付けされている場合には企業価値と等しくなる。

　こうした企業の価値の概念づけそのものに関しての異論は少ないが、呼称は様々である。例えば、Stern Stewart 社（1986, 4-3 等）は、①を"value of the company's total capitalization"と表現し、これに non-operating capital（事業外資産／非経営資本）の価値を加えた②を"value"又は"value of company"、これから負債の価値（通常は簿価と等しいと仮定する）を控除した残額である③を"value of common equity"と呼んだ。Rappaport（1986 [p.51], 1998 [p.33]）では②は"corporate value"、③は"shareholder value"である。また、Copeland et al.（1990, pp.100 & 232）は、①を"value of operations"、②を"company value"、③を"equity value"と呼んでいる。その他、Mills（1999, p.47）は、①を"business value"、②を"corporate value"、③を"strategic value"と呼称し、Martin & Petty（2000, p.57）は、①を"economic value"又は"strategic value"、②を"firm value"とした。さらに、Damodaran（2002, p.13）では、②は"value of firm"、③は"value of equity"である。

(ii) 事業部マネジメントの目標・評価尺度──事業部価値の増分

　VBM を志向する経営においては、常に資本市場を意識しつつ、企業の全活動・取組みを株主価値向上に向けて整合させていかなければならない。そこで、トップ・マネジメントとしては、部門経営にも株主価値にリンクした尺度を導入できればよいのであるが、資金調達権限（すなわち資本市場へのアクセス）をもたない事業部長をはじめとする各事業単位の責任者の業績を直接株価に関わらせて評価することは理論的・技術的に困難である。しかしながら、株主価値向上の前段階としての企業価値向上の源泉は事業価値の増大であるから、VBM のための部門経営の目標は、事業部制組織を例にとった場合、結局のところ、各事業部がどれだけ全社の事業価値の創出および長期的な成長に貢献できるかという点に尽きるということになる。理論的には、各事業部の期末の価値から期首の価値を差し引いた差額部分の価値（＝期間中の事業価値の増分）がその事業部の業績となる。

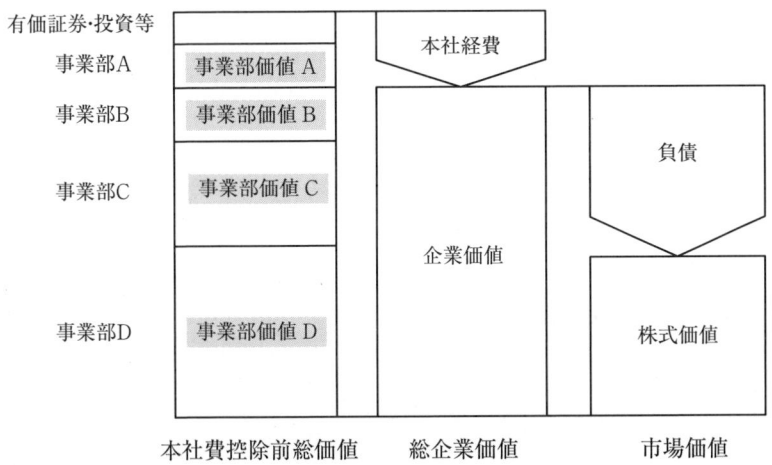

図表２－１：多角化企業の企業価値と事業部価値の関係図

出典）上埜進『管理会計──価値創出をめざして』196 頁(税務経理協会, 第１版, 2001).（「図表８－１：多角化企業の企業価値」を一部修正）
Copeland et al. (1990). *Valuation: Measuring and managing the value of companies* (1st ed.). New York: John Wiley & Sons. (Exhibit 4.2 Component valuation of a multibusiness company [p.99] を一部修正)

図表2－1は、複数の事業部で構成される多角化企業の経済的価値（企業価値）が、それぞれの事業部が創出する部分的な事業価値（本稿ではこれを、事業単位価値（business unit value）の事業部制に該当する場合の名称として「事業部価値」（division value）と呼ぶ）の合計額（すなわち事業価値）に、事業外資産である有価証券・投資などの価値を加算し、本社費を控除した残額であるという関係を示している。なお、経済モデルに従えば、事業部価値は、それぞれの事業部が生み出した使途が自由なキャッシュ・フローであるFCFをその事業リスクを反映した資本コストで割り引くことによって求められる。

　このように、VBMを志向する事業部マネジメントにおいては、戦略計画や投資決定といった主要な経営判断の基準となるべき指標・尺度は、期間の差額利益としての事業部価値の増分であるから、トップ・マネジメントは、各事業部の期間業績を事業部価値の創出能力という観点から評価しつつ、正の事業部価値を生む事業（価値創出事業）に価値ならびに成長の源泉であるキャッシュ資源たるFCFを集中的に投入していくことになる。したがって、各事業部の責任者は自らが担当する事業部の事業部価値の成長をトップ・マネジメントに要求されることになるので、事業計画を策定する際には、それぞれのバリュー・ドライバーがどのように事業部価値に影響を与えるのかを考慮のうえ、それらをシナリオに反映させていく必要がある。

(iii) その他の企業価値指標

　その他、企業の価値の全部又は一部を表す代表的な指標には、前述のSVAやMVAの他にFGV（future growth value；将来の成長価値）、ROV（real option value；リアル・オプション価値）等があるが、それらの中に上記の「期間業績の評価」および「事業部価値の算定」という部門経営における業績評価の基本的な要件をクリアするものはあるのだろうか。SVAは、ある期間の現金ベースNOPATの増分の資本化額の現在価値と同期間の増分投資の現在価値の差額として求められる、シナリオがもたらした価値創造額を指す概念であり、上記の企業価値、事業価値ならび

に株主価値の議論を期間業績評価の観点から補強する概念であるから、明らかに適格である。この点については、「2.3.3 (xii) SVA法」で詳細に触れることにする。

　一方、MVA、FGV、ROVの3者は非適格である。まず、企業の市場価値と投下資本簿価の差額を指すMVAは、投資家（外部）観点から企業が創出した富としての会社全体のNPVを測定する価値指標である。価格が売買取引において成立した値段であるのに対し、価値は創出された経済的便益を意味する。経済学上は（売却）価格＝資産の価値 と捉えるため、ファイナンス理論では「企業の市場価値」を、資本市場での売買の結果としての企業の株式の価格の総額（＝株式の市場価値）と社債の価格の総額（＝負債の市場価値）の合計額として測定する。すべての投資家が同様に知的であり、企業と同じ情報が同時かつ同質的に理解される効率的市場（Fama, 1970）を前提とする限りにおいて、企業の市場価値と企業内部で計算された企業の価値は等しくなる。MVAは、効率的資本市場では、企業内部で計算された全ての将来のEVA（クリーン・サープラス会計（clean surplus accounting）の成立を含む一定の条件の下では経済的利益や残余利益をも含む）の現在価値合計とは同値となるが、強法則（strong form）の効率的市場が存在しないということは、既に理論研究および実証研究で明らかになっている。なお、MVAを「富の創造の蓄積の尺度」と呼ぶ向きもあるが、期間中の株主への分配と株主からの拠出を考慮していないため、そうした主張は正しくない（Young & O'Byrne, 2000, pp.443-444）。

　また、FGVは、対象企業の総市場価値と現時点におけるEVA法で計算した事業価値との差額であり、株価に織り込まれているEVAの改善レベルを示す。MVAやFGVは本源的価値の計算モデルではなく市場ベースの指標であるため、上場企業の場合にしか入手できないことに加えて部門レベルでは測定できないという欠点がある。もとより事業価値が計算できることを前提としているので、本稿における本質的な事業価値の創出の議論でこのモデルを別途取り扱う必要性は低いといえる。

　ROVは、安定的な事業展開を行っている企業の企業価値が既存事業のFCFの現在価値と将来事業のFCFの現在価値の合計で測定できるのに対

し、ベンチャー企業のように将来の可能性や方向性について不確実性が大きい場合には状況に応じた様々な事業展開の選択肢が存在するというリアル・オプションの理論フレームワークを企業評価に導入し、企業価値を、FCFの現在価値とROVの2つの構成要素に分解した場合の後者を指す。本研究が対象としている大規模製造業には、成長企業の場合でも既に確立した事業を有しているものが多いほか、成熟企業に至っては、将来の事業展開の幅が限られているケースが多いため、このような場合には非常に小さいものとなるROVを本稿の議論の対象とする意義は乏しい。

2.3　事業部価値の評価手法としての企業価値評価法の妥当性の検討

　前節までに、本章の研究課題である「事業部マネジメントの目標・評価尺度である事業部価値の増分は、いかなる手法によって最も合理的・客観的に測定・評価できるのか」に取り組むに際し、検討すべき文献を確認した。本節では、この研究課題を解決するために、各企業評価手法の本質を明らかにしたうえで、企業評価理論の原則と部門経営の評価（事業単位の業績評価）の要件を基準に、それぞれの手法の優劣を比較し、事業部が創出する価値の最適な評価手法を検討する。

　企業評価の方法論については、日本公認会計士協会（JICPA）経営研究調査会が平成19年に公表した『企業価値評価ガイドライン（報告32号）』[28]（以下、「ガイドライン」と称する。）に沿って議論を展開することが有用であろう。同「ガイドライン」は、近年の企業価値評価ニーズの高まりに対応するべく、文字通り、公認会計士が行う企業価値評価業務の実務上のガイドラインとして、我が国における評価実務をまとめたものである。実際には、「ガイドライン」は、VBM関連の重要な理論の多くを網羅しておらず、さらには、各手法の理論上の優劣等には踏み込んでいない、複数の評価法による算定値の重複レンジの採用（併用法ないし重複併用法）や各手法の算定結果の加重平均値の採用（折衷法）などを許容・提唱しているといったこともあり、学術的な議論に耐え得るものであるとは言い難い。しかし

ながら、株主に帰属する価値（＝株主価値）ならびに企業が継続的に事業活動を行うことで獲得される価値（＝継続価値）の算定を対象とするという点において、本稿の議論と深い関わりを有しているから、同「ガイドライン」に則して議論を展開する。

ところで、企業評価においては、企業の本質的・本源的な価値というものは1つしかないが（一物一価）、異なる取引目的を有する売り手や買い手にとっての価値は多面的なものとなる（一物多価）という点を理解することは第一義的に重要である。というのは、本稿は、企業が継続的に事業活動を行う中で生み出される本質的・本源的な価値の評価を対象としているのであって、情報が非対称なM&A等の相対取引における当事者の立場を反映した企業価値・株主価値の算定を議論の対象とするものではないためである。

いうまでもなく、株式が株主の持株比率に応じた残余持分の所有割合を証するものであるという意味において、総株式価値の算定と純資産価額の時価評価は同義であり（評価・調整項目等がない場合、株主資本＝自己資本＝純資産）、特定の事業資産の価値はそれが生み出す将来の収益によって形成されるという点で、事業資産ないしプロジェクトの束である企業の総資産価値の評価（遊休資産及び投資勘定がない場合）と当該企業の事業の収益力の評価もまた同義である。こうした前提に立てば、一企業の本質的または本源的な価値は1つしか存在しないわけなので、理論的には、使用する評価方法が合理的なものである限り、それがどれであるかということに関わらず、同じ価値を算出できる（徳崎,1990,45頁）。評価実務においては、評価の目的や対象企業の固有の性格（配当支払いの有無等）、データの制約等の理由によって様々な評価法が用いられるが、算定結果が客観的かつ合理的なものであるかは、結局のところ、合理的な評価法が正しく使用されたかどうかということに依存するのである。

さて、「ガイドライン」は企業評価のアプローチを、対象企業の純資産の価値を評価するネットアセット・アプローチないしコスト・アプローチ（静態的評価アプローチ）、類似する会社や事業、取引事例との比較を基に相対的な価値を推定するマーケット・アプローチ、会社の期待利益ないし

キャッシュ・フローに基づいて価値を算定するインカム・アプローチ（動態的評価アプローチ）の3つに大別している。VBMにおける企業評価の根本原則は、「企業の価値は将来の期待FCFを資本コストで割り引いた現在価値合計と等しい」というものである。本節では、各評価手法の本質を明らかにするとともに、図表2－2の (a)「継続価値の考慮」および (b)「DCF法への依拠」というVBMのための企業価値評価手法の基本的要件と、(c)「企業価値の算定」、(d)「事業価値の算定」、(e)「株主価値の算定」のすべて又はいずれかを直接的に算出するという技術的要件、さらに、管理会計の重要テーマである (f)「期間業績の評価」および (g)「事業部価値の算定」（部門経営の業績評価）という2つの要件（すなわち事業部価値の増分の測定）を基準に各手法の優劣を比較することによって、事業部が創出する価値の最適な評価手法を検討する。

区　分	基　　　準		
基本的要件	(a) 継続価値の考慮	(b) DCF法への依拠	
技術的要件	(c) 企業価値の算定	(d) 事業価値の算定	(e) 株主価値の算定
管理会計要件	(f) 期間業績の評価	(g) 事業部価値の算定	

図表2－2：　最適な事業部価値評価法の選定基準

2.3.1　ネットアセット・アプローチ（コスト・アプローチ）

「ガイドライン」は、本カテゴリーにおいて、簿価純資産法、時価純資産法（修正簿価純資産法）として再調達時価純資産法と清算処分時価純資産法、および超過収益法（のれんを評価する方法）を取り扱っている。

(i) 簿価純資産法

会計上の純資産額を株主価値とみなす方法。そもそも公正価値（時価）を反映しないために企業評価には適さず、基本的要件、技術的要件、管理会計要件のいずれも満たさない。

(ii) 時価純資産法

　必ずしもすべての資産・負債を時価評価するわけではなく、土地や有価証券等の含み損益の時価評価に限定することが多いことから、修正簿価純資産法とも呼ばれる。例え、全ての有形資産を時価評価した場合でも、資産の評価においては無形資産の価値を認識しきれないことが多い。継続企業としての企業の価値は暖簾（営業権）を除いた資産の価値を上回っているのが通常であり[29]、また、それゆえに事業を営んでいるともいえるため、この方法は「再調達時価」を用いるか（再調達時価純資産法）、「清算処分時価」を採るか（清算処分時価純資産法）に関わらず、特定の事業外資産の評価や清算価値の算定以外の目的には馴染まない。清算価値と継続価値の高い方を公正価値（＝時価）と見なすという資産（事業）評価の原則に則れば、企業を予見しうる将来にわたって事業活動を継続するゴーイング・コンサーンと捉える場合には、評価の対象は事業の継続価値に絞られることになるので、対象企業が将来に獲得する利益ないしキャッシュ・フローから生み出される価値の測定が重要となる。再調達時価純資産法の場合はある程度 (a) には対応しうるが、清算処分時価純資産法の場合には解散を前提とした評価になるため、そもそも継続企業の事業資産の評価には向かないのである。その他の基準への適応は、(i)簿価純資産法と同様である。

(iii) 超過収益法

　有形資産と暖簾を全体で評価して企業価値を算定する手法。対象企業の正常利益ならびに超過利益を算出する際にインカム・アプローチ的手法を用いるので、その本質はむしろインカム・アプローチである。基準 (a) に適応するが、(b)、(c)、(d)、(e) への適応は限定的である。(f)、(g) は充足しない。（なお、「ガイドライン」では、同法は正常利益から純有形資産に帰属する投資利回りを控除して超過利益を算出するとしているため、後述の割引超過利益モデル（オールソン・モデル）とは異なる。）

　これらの理由により、ネットアセット・アプローチは、本章における企業の本質的価値、とりわけ事業部価値の評価に関する議論の対象外となる。

2.3.2 マーケット・アプローチ

「ガイドライン」は、このカテゴリーでは、市場株価法、類似上場会社法（倍率法／乗数法）、類似取引法、取引事例法（取引事例価額法）を取りあげている。

(i) 市場株価法

証券市場に上場している企業同士の合併比率や株式交換比率を両社の市場価格を基準に評価する方法。株式取引の相場価格自体を基準に評価を行うという点では最も客観性があるといえるものの、非上場企業の株主価値の算定という企業評価の目的には適していない。(a)のみ充足する。

(ii) 類似上場会社法

マーケット・アプローチの中核的手法であり、発生主義会計によって計算されたデータを非上場会社の評価に使用する「会計モデル」の代表格である。倍率法、乗数法とも呼ばれる。具体的には、上場企業の中から、事業内容や主要財務指標に基づいて複数の上場類似企業を抽出したうえで、PER[30]、株価対 EBIT 比率[31]、株価対 EBITDA 比率[32]、株価対売上高比率、PBR[33] 等の財務数値を、対象非上場会社の指標に掛け合わせることによって対象企業の株価を推定するといったやり方をとる。しかし、評価対象企業と事業構造や財務構造が同一の類似上場企業を特定することは不可能に近いうえに、株式の流動性の欠如に対するディスカウントを調整する際に主観が入り込むために完全な客観性・合理性はもち得ない。そもそも会計モデルで使用される会計的指標は、情報インダクタンス（情報による送り手の行動の特定方向への誘導）に弱く、取引の構築や決算数字の操作といった利益数字の作り込みを許容する（上埜, 2001, 182頁, 等）。したがって、(a)には則しているものの、(e)への適応は限定的であり、その他の基準は満たさない。

例えば、最も一般的な PER による評価の場合には、これらの問題点に加えて、①分母の EPS[34] は株主資本コストを控除しておらず、財務レバレッ

ジにも影響される、②成長のために必要な投資を勘案していない、③対象企業の優れた収益力に対する評価を反映して分子の株価が高くなっている場合だけでなく、異常な要因による収益力の低下によって分母のEPSが一時的に低下している場合にも高い数値となる、といった非合理性が存在する。さらに、PERには、④金利水準が低下すると株式の必要収益率が低下して株価が上昇するために高くなる、⑤業績の変動性（リスク）が低い企業の株式は投資家が相対的に低い収益率しか要求しないので高くなる、⑥高ROE企業が利益の一部を内部留保する場合は内部成長率が高まる結果として高くなる、⑦ROEが株式の必要収益率より高い企業は投資のNPVが正になるために配当性向を下げると高くなる、といった特性がある。このように、PERは多くの要因によって変動するものであって、特定の産業或いは企業に固定的な水準のPERが存在するわけではない。そのため、例え事業リスク及び財務リスクにおいて酷似する類似企業を特定することができたとしても、一時点の数値に基づいた比較からは正確な評価は望めないのである。

(iii) 類似取引法

類似のM&A取引の売買価格と評価対象会社の財務数値に関する情報に基づき対象会社の株式の価値を算定する方法。支配権の取得に対するプレミアム（コントロール・プレミアム）を盛り込んでいるため、企業の本質的な価値の算定には適さない。各基準への準拠は、(ii) 類似上場会社法と同様である。

(iv) 取引事例法

取引事例価額法ともいう。評価対象会社に株式の売買実績がある場合に、それを基に現在の理論株価を推定する方法。各基準への適応は、基本的には (ii) 類似上場会社法及び (iii) 類似取引法と同じであるが、取引事例価額がDCF法等の合理的な方法で評価されたものである場合には、限定的ながら (b) に則しているといえる。しかしながら、その場合でも、評価時点以後の環境変化を数値化することは極めて困難であるため、企業評

価に用いる意義は乏しい。

このように、マーケット・アプローチによる企業評価は推定値のレンジを把握するための簡便法としての意味合いが強く、企業の本質的な価値の算定という目的のためには、理論的裏付けが脆弱であるといわざるを得ない。かくして、マーケット・アプローチもまた、本章における企業の本質的な価値、とりわけ事業部価値の評価に関する議論の対象外となる。

2.3.3　インカム・アプローチ

「ガイドライン」では、FCF法、調整現在価値法、残余利益法、配当還元法、ゴードンモデル法（定率成長配当割引モデル）、利益還元法（収益還元法）のほかに、間接的な表現で、フロー・ツー・エクイティ法、経済的利益法、EVA法、オールソン・モデル、リアル・オプション・アプローチを取り扱っている。つまり、「ガイドライン」では、Rappaport（1986, 1998）が正しいVBMの手法として挙げたSVA法、差額残余利益法、増分EVA法や、Martin & Petty（2000）が主要なVBMの手法であるとしたCFROI／TBR法やCVA法は網羅されていない（「ガイドライン」に記載していない手法は＊印で表示）。

(i) FCF法

Miller & Modigliani（1961）の理論フレームワークを精緻化した手法であり、投資評価の代表的手法であるDCF法（discounted cash flow method；割引キャッシュ・フロー法）をFCFに適用したものである。企業活動を資金の動きとして捉え（cash-on-cash basis）、どれだけの資金が経営活動のために投下された結果として、いくらの資金が得られたのかを測定する「経済モデル」の基本的・代表的な手法であり、条件（a）、（b）、（c）、（d）、（e）を満たしている。事業部の資本コストが計算できる場合には（g）も計算できる。FCF法のVBMにおける意義は、Mills（1999, p.21）の「DCF法に依拠した価値創出戦略から価値創出計画が立案され、VBMとして実行される」という言葉に集約されている。期間FCFの算定が投

資額の一括控除の影響を受けるために成熟企業の場合は正に、成長企業の場合は負になりやすいという計算上の制約に加え、ある期間のFCFには、将来のキャッシュ・フローを得るための投資額（キャッシュ・アウトフロー）と過去の投資のリターンとしての回収額（キャッシュ・インフロー）が混在しているので、個別的かつ期間的な対応関係が成立しない（安酸，2008，21頁）。このため、条件（f）に合致しない。したがって、VBMの根幹を成す評価フレームワークではありながらも、VBMにおける期間業績の評価には使えないという限界がある。以下は、FCF法と各評価法の異同である。

　FCF法において見積計算の仮定となる企業価値に影響を及ぼす要因（バリュー・ドライバー／価値作用因）は、Rappaport（1998, pp.171-172）の改訂後の株主価値ネットワークでは、マクロ・バリュー・ドライバーを売上成長率、営業利益率、法人税率、運転資本投資、固定資本投資、資本コスト、価値成長持続期間の7つに区分した上でそれぞれの構成要素としてのミクロ・バリュー・ドライバーを示している。一方、Stern Stewart社のEVA評価モデル（（viii）で詳述）では、マーケティングEVAドライバー、製造EVAドライバー、スタッフEVAドライバー、R&D EVAドライバーという4つのマクロ・バリュー・ドライバーの各々に対してミクロ・バリュー・ドライバーが示されている。また、Martin & Petty（2000, p.59）では、売上成長率、営業利益率、実効税率、正味運転資本対売上高比率、有形固定資産対売上高比率、その他の長期資産（無形固定資産＋投資その他の資産）対売上高比率のそれぞれの予想値などとなっているが、こちらも表現の仕方が異なるだけで根本的な違いはない。

　Stern Stewart社のEVA評価モデルならびに表裏一体のモデルであるFCF評価モデルは、発生主義の歪みを取り除き、正味キャッシュ・フローを生むために投入した様々な資源の真の価値の近似値としての"経済的簿価"を貸借対照表に再表示するとして、"equity equivalents"（株主資本等価項目）による資本調整を含む164もの調整項目を提示している点が特徴的である。一方、Rappaportのフレームワークにおいては、調整項目の特段の議論はなく、幾分の異なりを見せているが、FCFの計算に減価償

却費控除後の NOPAT$^{(36)}$ から減価償却費控除後の純投資額（運転資本投資と純設備投資との合計額）を控除することによって FCF を算出している点を含め、両者の主張は酷似している。

なお、継続企業を前提とする終価（ターミナル・バリュー）の算定には、①予測期間以降の毎期の FCF を一定と捉える定額永久年金の考え方、②期待インフレ率で成長するというインフレ調整を加味した永久年金の考え方、③一定の成長率で永続的に成長するとする考え方の3つの仮定がある（どの手法を採用すべきかは、予測期間すなわち価値成長期間の終了時点における被評価会社の競争上の地位による）。Stern Stewart 社も Rappaport も 1986 時点では①だけに触れていたが、Rappaport（1998, pp.40-47）では②が加えられている。Martin & Petty（2000, p.63）は③のみを取り上げている。また、Damodaran（2002, pp.303-304）は③又は④純利益・売上高・簿価純資産等の乗数としたが、④はマーケット・アプローチそのものであるから、先述のとおり客観性・合理性を欠いているといわざるをえない。なお、「ガイドライン」では、①と②だけを取り上げている。

(ii) フロー・ツー・エクイティ法

普通株主に帰属するキャッシュ・フローを株主資本コストで割り引く手法はフロー・ツー・エクイティ法（flow-to-equity approach）と呼ばれる。予測が整合的である限り、FCF 評価モデルと同じ株主価値を直接的に計算できるが、企業の存続期間を通じて負債比率が安定的でなければならないといった制約がある（Brealey, Myers, & Allen, 2006, p.512）ため、経営者の財務政策によって財務レバレッジが変化することが通常である一般的な企業の評価には適さない。(a)、(b)、(e) は満たすが、(c)、(d) の算出は間接的なものになる。(i) FCF 法と同様の理由で (f) には適さず、さらに事業部は自己資本を有さないため、(g) にも対応できない。

(iii) 調整現在価値法

負債がゼロの場合の事業価値に借入に伴う支払利息の節税効果の現在価値を加えた調整現在価値（adjusted present value）によって事業価値を

計算する方法。全社の事業価値の計算については、将来における資本構成や税率の大幅な変更に柔軟に対応できるというメリットがある。(a)、(b)、(c)、(d)、(e) を満たすが、一般には事業部は資金調達権限をもたないことが多いため、通常の事業部の価値（事業部価値）の算定（g）には適さず、(f) も充足しない。

(iv) 利益還元法（収益還元法）

(i) FCF 法や (ii) フロー・ツー・エクイティ法と同様に分子を一定の割引率で割り引くことによって株主価値を計算する方法である。分子に会計上の純利益を用いるという点では会計モデルであり、割引率に類似企業の数値を借用する場合にはマーケット・アプローチの類似上場会社法の変型となる。そのため、類似上場会社法の場合と同様に、企業の本質的な価値の評価には適さない。なお同法は、分子の純利益と株主に帰属するキャッシュ・フローが等しくなり、分母に株主資本コストを用いる場合に限り (ii) フロー・ツー・エクイティ法と整合的になり、財務レバレッジが長期にわたって安定的である場合には (i) FCF 法とも算定結果が一致する。したがって、(a) は企図されているものの、(b)、(e) への適応については条件付きということになる。もとより、(c)、(d) は間接的である。また、(ii) フロー・ツー・エクイティ法と同じ理由で (f)、(g) への適応は否である。

日本では、この手法の代表的なものとして、年間配当額を中短期の債券利回りを還元率として求めるもの（配当還元方式）と将来発生する純利益を長期の債券利回りで割って求めるもの（収益還元方式）が長く用いられてきたが、割引率に長期国債等の安全資産の利回りを用いることには合理性がない。割引率に用いられる資本コストは、「投資家が同等のリスク・レベルの投資案件から得ることのできるリターン」と等しくなければならない。資本コストが国債の利回りと等しい企業への投資は無リスクということになるが、負債がない場合には財務リスク（financial risk）はゼロとなるが、事業リスク（business risk）がなくなるわけではない。リスクを伴わない企業経営は存在しないからである。

(v) 配当還元法

将来の配当支払額の現在価値合計を株主価値とする手法。配当支払いのシナリオは不定（配当還元モデル）、固定（永久定額配当還元モデル）、定率成長（定率成長配当還元モデル／ゴードンモデル法）、変動成長（変動成長配当還元モデル）の4者に大別される。理論的には、どのタイプの配当還元法も (a)、(b) を満たしているが、(ii) フロー・ツー・エクイティ法と同様に (c)、(d) への対応は間接的である。(f)、(g) は充足しない。

株主にとっての直接的な現金受取額である配当金の期待値を割り引いて株主価値を計算するので、(i) FCF法の計算で必要な負債の控除は必要ない。原式は配当利回りとキャピタルゲインの両方を織り込んでいるが、継続企業を前提とする場合は数式上FCF法のそれと同じ様式となるため、配当性向が100％でない限りは過小評価に陥ることが多い。そのため、一部のベンチャー企業に代表される無配企業はもちろん、欧米企業に比して配当性向が低いことが多い一般的な日本企業の株主価値の算定への適用は、通常は困難であるという意味において、(e) への適応は限定的である。

(vi) 経済的利益法

会計上のコストに加えて、事業に投下した資産の機会費用を差し引くことによって企業の価値を計算しようとする方法。エコノミック・プロフィット法、EP法とも呼ばれる。まず税引後営業利益から期首投下資本に加重平均資本コスト（WACC）を掛け合わせた資本費用を控除して各期の経済的利益を算出し、将来の予想経済的利益の流列をWACCで現在価値に還元したうえで、評価時点（第1期首）の純資産の簿価を加えて株主価値を求める。残余利益の定義次第では、(vii) 残余利益法と同一となる。

(a) を企図しているが、基本的には (e) を目的とするものであるために、(c)、(d) への対応は間接的である。また、クリーン・サープラス会計の成立をはじめとする一定の条件が満たされた場合には (e) に加えて (g) も充足し、(vii) 残余利益法や (viii) EVA法と（さらには (xii) SVA法、(xiii) 差額残余利益法、(xiv) 増分EVA法とも）同じ価値を計算する。[37] 部門レベルでの測定が可能なために、(f) の要件も満たしているといわれ

ることがあるが、予想期間の各年の付加価値の配分（事業の価値創造あるいは破壊）について整合的な答えが出せない[38]という点において、(f) を充足しているとはいえない。この点については、(vii)残余利益法および(viii) EVA 法と同様である。

　同手法と残余利益法、EVA 法の3者が期間業績の評価という目的（基準 (f)）に十分に応えられない第1の理由は、これらの手法は価値の創造を株主価値と期首の簿価純資産の差額として認識するため、期首簿価純資産に割り当てられた額によって総付加価値額が変わってくる（期首簿価純資産の過小評価が総付加価値額の過大評価に直結する）という点である。簿価純資産は、減価償却等の会計上の費用配分の結果としての埋没原価の累積額にほかならないから、将来のキャッシュ・フローには関連しておらず、したがって真の株主価値とはリンクしていない。

　第2に、これら3つの手法では、資本費用として「期首簿価総資産×資本コスト」を差し引いているが、この場合の資本費用は過去の投資に基づく非現金支出項目といえるものであって、業績評価期間の実際の投資を反映していない。このことによっても、評価対象期間における付加価値の認識額は過大になったり過小になったりすることになる。

　第3に、これらの3つの手法は、当期の会計上の税引後営業利益ないしNOPAT の増分を資本化するということはせずに、予測期間の終了後に価値の多くを割り当てている。これは、予測期間の各年に達成された税引後営業利益又は NOPAT の水準は維持されないと仮定する一方で、予測期間終了時点の税引後営業利益又は NOPAT の水準に限って永続する（或いは一定のペースで成長し続ける）と仮定していることを意味しており、理論的な矛盾がある。

　第4に、これらの3つの手法では、税引後営業利益ないし NOPAT の増分（の資本化額）ではなく、税引後営業利益又は NOPAT の額そのものを、各期間の価値創出額として取り扱っている。そうした取り扱いは、価値の創出が実際にはないにも関わらず付加価値の創出を計上することにつながるため、企業価値評価の原則に反している。理論的には、投資がゼロで税引後営業利益又は NOPAT の成長がゼロであるならば、価値の創

出もゼロであるという結論になるはずである。

このように、(vi) 経済的利益法、(vii) 残余利益法、および (viii) EVA 法における計算は、厳密にはキャッシュ・フローのパフォーマンスに依拠していないために (b) を満たしていない。これらの3つの手法はいずれも部分的に簿価に含まれている過去の投資額の影響を受けるため、事業の経済的実態よりは会計数値によって算定結果が歪められてしまい、過去の価値創出の結果と事業の将来の見込みについて、整合的な結論を出すことができない。

(vii) 残余利益法

「ガイドライン」における残余利益法は、営業残余利益 (residual income) を、「t 期の税引後営業利益 − 期首営業資産簿価 × 加重平均資本コスト」で計算したうえで、各期の営業残余利益の期待値を加重平均資本コストで還元した価値の合計額に、評価時点（第1期首）の総資産の簿価合計を加えることによって評価時点の事業価値を計算している。この計算法は、実質的に経済的利益法と同じものであり、一定の条件の下では、予測が整合的である限りにおいて、(vi) 経済的利益法や、(viii) EVA 法（ならびに (xii) SVA 法、(xiii) 差額残余利益法、(xiv) 増分 EVA 法）はもちろん、(i) FCF 法とも同額の事業価値を算出する。(a) ～ (g) の基準への適応については、(vi) 経済的利益法と全く同様である。[39]

なお、「ガイドライン」では、各期の税引後純利益から直前期首の純資産簿価に株主資本コストを掛け合わせたものを控除した t 期の株主に帰属する残余利益の期待値を、株主資本コストで割り引いた評価時点（第1期首）の価値の合計額に、同時点の純資産簿価を加えて、評価時点の株主価値も計算している。これは、伝統的モデルと異なり、むしろ (xi) 超過利益評価モデルにおけるオールソン・モデルと同じであることに注意したい。

(viii) EVA 法

EVA は Stern Stewart 社が残余利益に独自の調整を施して開発した尺度であり、経済的利益の特殊形態である。同手法は、Miller & Modigliani

(1961) の理論フレームワークを精緻化したものであり、同社の FCF 評価モデルとは表裏一体の関係を成していることから、調整項目は基本的には同じである。しかし、EVA 法では設備投資の影響は減価償却を経由するため、(i) FCF 法と異なり、投資の一括控除の影響にさらされない。あるプロジェクトの FCF の正味現在価値は常にその EVA の現在価値に等しい。(a) 〜 (g) の基準への適応度合については、(b) に改善がみられる点を除き、(vii) 残余利益法と同様である[40]。

(i) FCF 法が投下資本のプロジェクト全体での価値評価を行うのに対して、この方法は、期間業績の株主価値観点からの把握・評価に優れているといわれることがあるが、EVA は減価償却による投資の帳簿価額の減少により計算上増加するため、各年の EVA をそのまま新規投資の期間業績の評価に用いることには実は問題がある。同法は、減価償却法の選択によって投下資本ベースが変化するので、同等のパフォーマンスの企業同士でも EVA が大幅に異なってくるという欠点がある（Young & O'Byrne, 2000, pp.440-441）。

EVA 法が用いる所謂"経済的簿価"は、発生主義会計の歪みをかなりの程度取り除いているという意味において、財務会計上の簿価よりは改善された事業への投下資金の代替値であるといえるが、やはり歴史的原価に基づく埋没原価の尺度であるという点で、(vi) 経済的利益法や (vii) 残余利益法における簿価と同じ欠陥を有している。財務会計上の簿価も経済的簿価も投資家がリターンを測定する際のベースにはならない。投資家の企業への投資の機会費用は、あくまでも現在の市場価額または現時点における株主価値の推定値に対して測定された期待収益率でなければならない（Rappaport, 1998, p.126）。

(ix) CVA 法*

CVA は、営業キャッシュ・フローから減債基金減価償却費（sinking fund depreciation）を控除した残額（"維持可能なキャッシュ・フロー"ともいう）から、事業への総投下資本に会社の資本コストを乗じて求めた資本費用を差し引いて計算されたキャッシュ・フロー・ベースの経済的利

益指標ないしキャッシュ・ベースの EVA である。減債基金償却は、経済償却法（economic depreciation）又は年金償却法（annuity depreciation）とも呼ばれる。会社の CVA は投資プロジェクトの CVA の総計であり、プロジェクトの全経済命数の CVA の現在価値合計はそのプロジェクトの NPV に等しい。会社の将来の全ての CVA の現在価値合計である MCVA（multi-period CVA）は、会社全体の NPV に等しい。EVA が減価償却による投資の帳簿価額の減少により計算上は毎年増加することから生じる (f) におけるバイアスは CVA では緩和されていることに加えて、(b)、(e)、(g) への整合化がはかられている。

キャッシュ・ベースの CVA と会計利益ベースの EVA との根本的な違いは、CVA が減価償却費込みであるのに対し、EVA は減価償却費控除後である点である。したがって、通常は、CVA の値は減価償却費の分だけ EVA よりも大きくなる。CVA には減価償却法の選択の影響を排除できるというメリットがあるが、それがゆえに残余利益の指標としては EVA に劣るともいわれる（Young & O'Byrne, 2000, p.461）。なお、CVA の減少と (xv) CFROI／TBR 法における CFROI の低下とは同方向に変化する。

(x) リアル・オプション・アプローチ

将来の FCF を適切に予測できる場合に、時間の経過とともに不確実性が解消して戦略的な意思決定が可能となるという ROV（すなわち企業経営の柔軟性の価値）を、二項モデルやブラック・ショールズ・モデルといった金融オプションの評価技法を実物投資に応用することにより事業価値や株主価値を推定する。「2.2.3 (iii) その他の企業価値指標」でも述べた通り、事業基盤が整っていないベンチャー企業への投資は不確実性が大きい為に企業価値に占めるオプション価値の割合が大きくなるが、本研究が対象とする大規模製造業には事業基盤が確立されているものが多く、将来の事業展開の幅が限られているケースでは ROV は小さくなるため、本稿では取り扱わない。理論的には、基本的要件である (a) と (b)、技術的要件である (c)、(d) 及び (e) を満たすほか、条件次第では管理会計要件のうちの (g) も充足する。ただし、(f) には適さない。

(xi) 超過利益評価モデル

Feltham & Ohlson（1995, 1999）の割引超過利益モデル（discounted abnormal earnings model；所謂「オールソン・モデル」）が、株主資本価値を株主資本簿価と将来の期待超過利益の現在価値の合計額として表現するのに対して、その変型である Palepu, Bernard, & Healey（1996）の割引超過 ROE モデル（discounted abnormal ROE model）では、将来の ROE から株主資本コストを控除した将来の超過 ROE をベースに企業評価を行う。同等かつ表裏一体の関係にあるモデルである両者を総称して「超過利益評価モデル」と呼ぶ。

経済モデルの支持者達が、「人為的な会計処理の影響を受ける会計数値からは企業価値や株主価値を直接的に推定できない」と断じて、DCF 法の精緻化に取り組む一方で、オールソンらは、すべての株主資本の変動が損益計算書を経由することを所与とするクリーン・サープラス会計を前提とするという制限つきながらも、会計数値をベースにおく企業価値評価法によっても DCF 法と同等の株主資本価値の推定値の計算が可能であるということを論証した。会計システムのファイナンス理論から見た一貫性の確保に大いなる貢献をした彼らの研究は会計モデルの中で異彩を放つものであるという意味で、本稿では「ネオ会計モデル」と呼んでいる。なお、「ガイドライン」では、割引超過 ROE モデルには触れていない。両手法の (a)～(f) への適応度合は、(vi) 経済的利益法、(vii) 残余利益法と同様である。(g) には適していない。

(xii) SVA 法*

SV（shareholder value；株主価値）が予測されるシナリオから生じる経済的価値の絶対額を指すのに対し、SVA すなわち株主付加価値はシナリオによってもたらされた価値創造額又は予測期間を通しての価値の変化額を示す（基準 (a) に準拠）。SV は予測期間開始直前の水準のキャッシュ・フローの資本化額（"ベースライン価値"ともいう）と SVA の合計額である。ベースライン価値（baseline value）は、新たな価値が創出されないと仮定した場合の対象事業の現時点における価値を意味する。

SVA は、NOPAT の増分の資本化額の現在価値から投資の増分（incremental investment；増分投資）の現在価値を控除した残額として計算される。その意味するところは、営業キャッシュ・インフロー又は現金ベースの NOPAT が増分投資を超えて増加する場合にのみ価値が創出されるということである。例えば、t 期の SVA は、t 期までの FCF（＝現金ベース NOPAT －運転資本投資－純設備投資）の現在価値累計額に、t 期末における残存価額（t 期の現金ベース NOPAT の永久定額年金の考え方による資本化額）の現在価値を加えたものから、同様のやり方で計算した t − 1 期の数値を引いた残額となる。

　この計算では、予測期間終了時点における残存価額の現在価値と予測期間中の FCF の現在価値累計額との合計が事業価値と等しくなり、これに事業外資産を加えると企業価値、そこから負債を差し引くと株主価値が算出できるので、SVA 法が理論的には FCF 法と表裏一体の関係にあることがわかる（(c)、(d)、(e) を充足）。また、同様の計算は、事業単位ごとに行うこともできる（(g) に適応）。SVA 法の主たる特長は以下の通りである。[41]

　第 1 に、SVA 法は、総付加価値（価値創造額合計）を、株主価値とその期首値との差額として認識する。年間の SVA は、当期の営業キャッシュ・フローに年末のベースライン価値を加えたものから、年初のベースライン価値を差し引いた残額である。すべての価値創造が適切に予測期間の各年に帰属され（(f) に準拠）、総付加価値は期首の簿価純資産に割り当てられた金額によっては変わらない。ベースラインは、事業の将来キャッシュ・フローに基づいているので、株主価値に正当に関連づけられる。キャッシュ・フローのパフォーマンスに厳格に依拠している（(b) に準拠）ことによって、財務会計上の取扱いや簿価に含まれている歴史的な投資に影響されることがないため、価値創造額を正確に算定することができる。

　第 2 に、SVA 法では資本投資額をそれが実行された年に差し引くため、SVA は業績評価期間における実際の投資額に基づいて計算されている。したがって、ある期間の価値創造額が過大に評価されたり、過小に評価されたりするといったことは起こり得ない（(f) を充足）。投資と NOPAT

の成長がともにゼロであれば、価値の創出はゼロであると正しく結論づけるため、経済モデルの企業価値評価の原則に沿った予測期間の各年の価値創造額（付加価値の配分）を算出できる。

　第3に、SVA法は、達成されたNOPATの水準は将来にわたって維持可能であると仮定し、各年のNOPATの増分を資本化する。予測期間の各年に達成されたNOPATの水準をその後も維持できると仮定するとともに、予想期間の終了時点のNOPATの水準についても永続を仮定しているわけなので、理論的な整合性がある。

　このように、過去の価値創出結果と事業の将来の見込みに関して整合的な解答を示すことができるSVA法は、(a)～(g)のすべての基準を見事に充足する。

(xiii) 差額残余利益法*

　差額残余利益（change in residual income）は、税引後営業利益の増分から、投下資本の変化額と資本コストの積を控除した残額と表現することができる。整合的に計算された場合、投下資本の増加額はSVA法の増分投資と同じになるので、同関係式を資本コストで割れば、経済モデルの企業評価の原則に則した年間の価値創造額を算出するSVA法と同じものとなる。このように、差額残余利益はSVAと資本コストの積にほかならないので、差額残余利益の最大化を企図する意思決定は、理論的にはSVAの最大化をもたらすはずである。[42]

　もっとも、残余利益は、税引後営業利益をベースとしているため、営業キャッシュ・フローないし現金ベースのNOPATとの整合が確保されるためには、クリーン・サープラス会計の成立を含む一定の条件が満たされる必要がある。そのため、同法は、(xii) SVA法と同様に (a)～(g) の基準を満たすものの、(f) の充足度については後者よりは若干劣るといえよう。

(xiv) 増分 EVA 法*

　残余利益が会計上の税引後営業利益を用いているのに対し、EVAは

キャッシュ・フローに影響を与えない取引を除いたNOPATを用いている。また、残余利益の計算における資本コスト（または計算利子率）の計算は簿価ベースであるが、EVAの計算におけるWACCの計算は時価ベースである。さらに、残余利益の計算では株主資本コストの一般的な計算式は「配当支払額 ÷ 株主資本簿価」であるが、EVAの計算に使用される株主資本コストはCAPM（資本資産評価モデル）で推定されたものである。

　このような違いはあるが、計算が整合的である限り、(viii) EVA法は (vii) 残余利益法ひいては (xii) SVA法と同じ価値評価額を算定するわけであるから、(xiv) 増分EVA (change in EVA) 法と (xiii) 差額残余利益法、(xii) SVA法の関係もまた同様となる。したがって、基準 (a) ～ (g) への適応度合は (xiii) 差額残余利益法のケースと同様である。Rappaport (1998, p.127) の「絶対額ベースの残余利益だけでなく、EVAも業績評価の基準やインセンティブのベースに採用してはならない」との指摘に対しては、EVAの産みの親であるBennett Stewartもその1994年の論文[43]の中で、同様の結論を述べている。

(xv) CFROI／TBR法[*]

　CFROIは会社の将来のキャッシュ・フローの現在価値と会社の現金支出投資額の総計が等しくなる利回りであり、様々な資産に投下された資金に占める各年度に企業が生み出す「維持可能なキャッシュ・フロー」（定義は (ix) CVA法を参照）の割合（投下資本利益率）を求める。投資評価におけるプロジェクトIRR[44]の考え方を会社全体に応用して、パフォーマンスの経済的実態を反映する。財務諸表に多くの調整を加えて評価期間の毎年について計算し、会社が資本コストを上回る利回りをあげているかどうかをインフレ調整後の資本コストと比較して判定する。市場観点の指標であるTSR（total shareholder return；株主総合利回り）改善のための企業内尺度の管理指標であるTBR算定のベースとなる。企業価値評価および企業業績評価のフレームワークであり、事業単位のレベルでも計算できる。バリュー・ドライバーは、投下資本利益率（収益性）、新規投資の成長率、FCFの3つである。

計算手順は、①保有資産の平均残存耐久年数の計算、②平均残存耐久年数内における年次別のキャッシュ・フローの算出、③平均残存耐久年数内における年次別投下資本額の計算、④平均残存耐久年数経過後の非償却資産の合計値の計算、⑤ CFROI の計算、と複雑である。多期間アプローチ（multi-period approach）と 1 期間アプローチ（single-period approach）があるが、両者の解は再投資率が資産の IRR と等しい（プロジェクトの NPV が 0）の場合にしか一致しない。また、ディスクロージャーで詳細が開示されない償却資産の平均耐用年数を推定する必要性や、定額法以外の減価償却法を使用している場合や有形固定資産の多くが償却済みであって除却されていない場合には数値に歪みが生じるといった技術上の難点がある。(a) ～ (g) のすべてに適応するが、パーセンテージ指標のため投資評価における IRR 法（内部利益率法）同様に、期間中の価値創造額を直接把握する目的には沿いにくい。このため、VBM における (f) への役立ちは、(xii) SVA 法、(xiii) 差額残余利益法、(xiv) 増分 EVA 法等の絶対額尺度には劣るといえる。

2.4 論点の整理と議論の展開

本項では、ここまでの論点を整理・要約し、議論を展開する。

2.4.1 論点の整理

Rappaport、Stern Stewart 社といった VBM のチャンピオン達が強調しているように、継続的価値の評価は DCF 法によって測定することが、理論的には正しい。しかし、DCF 法に依拠した経済モデルは、FCF 法だけではなく、いくつもの派生手法で構成されている。加えて、事業部等の事業単位の業績を直接株価にリンクさせることはできない（Rappaport, 1998, p.117）ため、事業部マネジメントの目標・評価尺度の話は幾分複雑になってくる。図表 2 − 3 は、前節までの考察に基づいて、これらの多様な企業価値評価法の中で、企業価値や株主価値を計算でき、「期間業績の

	手法の名称	共通		会社全体			事業単位	
		継続価値を考慮	DCF法に依拠	企業価値の算定	事業価値の算定	株主価値の算定	期間業績の評価	事業部価値の算定
ネットアセット・アプローチ	簿価純資産法	×	×	×	×	×	×	×
	時価純資産法							
	再調達時価	△	×	×	×	×	×	×
	清算処分時価	×	×	×	×	×	×	×
	超過収益法	○	△	△	△	△	×	×
マーケット・アプローチ	市場株価法	○	×	×	×	×	×	×
	類似上場会社法	○	×	×	×	△	×	×
	類似取引法	○	×	×	×	△	×	×
	取引事例法	○	△	×	×	△	×	×
インカム・アプローチ	FCF法	○	○	○	○	○	×	○
	フロー・ツー・エクイテイ法	○	○	△	△	○	×	×
	調整現在価値法	○	○	○	○	○	×	×
	利益還元法	○	△	△	△	○	×	×
	配当還元法	○	△	△	△	○	×	×
	ゴードン・モデル法	○	△	△	△	○	×	×
	経済的利益法	○	×	△	△	○	×	△
	残余利益法	○	×	△	△	○	×	△
	EVA法	○	△	△	△	○	×	△
	CVA法*	○	○	○	○	○	△	△
	リアルオプションアプローチ	○	○	○	○	○	×	△
	オールソン・モデル	○	×	△	△	○	×	×
	SVA法*	○	○	○	○	○	◎	○
	差額残余利益法*	○	○	○	○	○	○	○
	増分EVA法*	○	○	○	○	○	○	○
	CFROI/TBR法*	○	○	○	○	○	△	○

図表2-3: 企業価値評価法のVBM・部門経営との整合性の分析

注）◎は最適　○は準拠・適応　△は条件付/間接的準拠・適応　×は不準拠・不適応
*は「ガイドライン」に網羅されていない評価手法

評価」および「事業部価値の算定」(部門経営の業績評価) という重要な管理会計の目的に資するという、厳しい条件に適格な手法の絞込みを行った結果をまとめたものである。

　左記のデータから、第一に、これらの企業価値評価手法の中で、ファイナンス理論に整合的に事業が生み出す価値を算定でき、そのうえで期間業績の評価および部門経営の業績評価という管理会計上の目的に最も高いレベルで応え得る(全項目が○である)ものは、SVA法、増分EVA法、差額残余利益法、の3者であるということ、第二に、それらの中でも各期間の事業価値の変化額について最も信頼性の高い推定値を算出することができる(期間業績の評価部分が◎である)SVA法が最適な手法であると[45]いうことが明らかになった。

2.4.2 議論の展開

　そこで、ここで、SVA法の基本的な考え方と特長、および差額残余利益法、増分EVA法との理論的な整合について、計算例を交えて、本章の結論をとりまとめておきたい。

(i) SVA法の基本的な考え方と特長、差額残余利益法・増分EVA法との整合：再掲

　SVA法は、「営業キャッシュ・インフローまたは現金ベースNOPATが増分投資を超えて増加する場合にのみ価値が創出される」(Rappaport, 1986 & 1998, Chap.3)という考え方を基盤に形成されている企業評価および期間業績評価のフレームワークである。SVAは、シナリオによってもたらされる価値創造額(シナリオの命数全体にわたるSVA＝毎期のSVAの累計額)を意味する期間中の株主価値(shareholder value)の増分の測定尺度であり、次のように算出される。nはシナリオの命数である。

$$\text{SVA} = \sum_{t=1}^{n}（各期の\text{NOPAT}の増分の資本化額の現在価値 － 同期間の増分投資の現在価値）$$

同モデルでは、t期のSVAが、t期までのFCF（＝NOPAT－運転資本投資－新規純固定資産投資）の現在価値累計額に、t期末における残存価額（t期のNOPATの資本化額）の現在価値を加えたものから、同様の方法で計算したt－1期の数値を引いた残額で測られ、予測期間終了時点における残存価額の現在価値に予測期間中のFCFの現在価値累計額を加えることによって事業価値が算出される。ある期間の事業価値の増分は、当期末の事業価値から前期末における事業価値を差し引くことで計算できるので、同様の計算を事業部ごとに行えば、事業価値の構成要素である事業部価値の増分をつかむことができる。

　また、事業価値に非事業用資産（投資、遊休資産等）の価値を加えたものが企業価値であり、企業価値から負債の価値を控除した残額が株主価値であるから、非事業用資産と負債の価値が一定ないし不変であるという前提においては、株主価値の増分への事業部の貢献額（すなわち事業部のSVA）と事業部価値の増分は同値となる。したがって、SVAは部門経営の目標・評価尺度である事業部価値の代替指標となるため、「事業部価値の増分の測定に最適な価値評価手法はSVA法である」との結論が導かれるのである。

　このようにして事業部価値の増分を把握するSVA法には、①業績評価期間における実際の投資額に基づいてSVAが計算されているため、全ての価値創造が適切に予測期間の各年に帰属され、総付加価値は期首の簿価純資産に割り当てられた金額によっては変化しない、②財務会計上の取扱いや簿価に含まれている歴史的な投資に影響されることがなく、キャッシュ・フローのパフォーマンスに厳格に依拠していることにより、価値創造額を正確に計算できる、③投資とNOPATの成長が共にゼロであれば価値の創出はゼロであると正しく結論づけるため、経済モデルの企業価値評価の原則に沿った予測期間の各年の価値創造額（付加価値の配分）を算出できる、④予測期間の各年に達成されたNOPATの水準をその後も維持できると仮定するとともに、予測期間の終了時点のNOPATの水準についても永続を仮定しているため理論的な整合性がある、といった特長がある。

したがって、FCF 法における、期間 FCF の算定が投資額の一括控除の影響を受ける、個別的かつ期間的な対応関係が成立しないといった欠点や、EVA 法の、期首簿価純資産に割り当てられた額によって総付加価値が変化する、資本費用が期間中の実際の投資を反映しない、予測期間の終了時点の税引後営業利益又は NOPAT に限って資本化する（つまり永続すると仮定する）、税引後営業利益 又は NOPAT の額そのものを価値創出額として取り扱う、といった欠点は SVA 法ではことごとく修正された結果、「VBM における企業評価の基本的要件」（(a) 継続価値の考慮、(b) DCF 法への依拠）、「企業評価理論の技術的要件」（(c) 企業価値の算定、(d) 事業価値の算定、(e) 株主価値の算定）、「管理会計要件」（(f) 期間業績の評価および (g) 事業部価値の算定（部門経営の業績評価）；すなわち事業部価値の増分の算定）という、本章において評価手法の比較と絞込みに用いられたすべての要件と基準を充足したのである。

　なお、整合的に計算された場合には、差額残余利益の最大化を企図する意思決定は、理論的には SVA の最大化をもたらす。SVA 法と差額残余利益法の結論が整合するのは、差額残余利益が税引後営業利益の増分から投下資本の変化額と資本コストの積を控除した残額で表現できるという理論的な成り立ちによる。というのは、整合的に計算された場合には、投下資本の増加額は SVA 法の増分投資と同じになるので、両社の関係式を資本コストで割れば、次式が示すように、経済モデルの企業評価の原則に則した年間の価値創造額を算出する SVA 法と同じものとなるからである。

$$\frac{差額残余利益}{資本コスト} = \frac{（NOPAT の変化額）}{資本コスト} - （増分投資） = SVA$$

　一方で、残余利益は税引後営業利益をベースとしているため、営業キャッシュ・フローないし現金ベースの NOPAT との整合が確保されるためには、クリーン・サープラス会計の成立を含む一定の条件が満たされる必要があるという制約により、同法は、SVA 法と同様に (a) ～ (g) の全ての基準を満たすものの、(f) の充足度は SVA 法よりも劣るといえる。また、計算が整合的であれば EVA は残余利益と同一となるため、増分 EVA 法

の結論もまた、一定の前提が満たされる限りにおいてはSVA法のそれと同様となる。

(ii) SVA法による事業（部）価値・企業価値・株主価値・SVAの計算例

次に、SVAの計算手順を事例で示す。企業A社の今後5年間の予想数値は次の通りである。

（資料）
1　売上高（今期実績）　　　200,000,000 千円
2　売上成長率　　　　　　　9.0%
3　営業利益率　　　　　　　7.0%
4　限界投資(*)率　　　　　　35.0%
5　実効税率　　　　　　　　50.0%
6　資本コスト　　　　　　　10.0%
7　非事業用資産　　　　　　5,000,000 千円
8　負債（**）　　　　　　　30,000,000 千円

　　＊ … 固定資本投資＋運転資本投資　　＊＊ … 時価＝簿価

この仮定に基づいた株主価値(すなわち株主資本の経済的価値の見積額)は、図表2－4最下段の47,812,042千円である。ちなみに予測期間初年度（1年次）のFCFは次のように計算される。

$$\begin{aligned}
FCF_1 &= [(今期の売上高)(1+売上成長率)(営業利益率)(1-実効税率)] \\
&\quad - [(今期の売上高)(売上成長率)(限界投資率)] \\
&= [(200{,}000{,}000\,千円)(1+0.09)(0.07)(1-0.50)] - [(200{,}000{,}000\,千円)(0.09)(0.35)] \\
&= 7{,}630{,}000\,千円 - 6{,}300{,}000\,千円 = 1{,}330{,}000\,千円
\end{aligned}$$

また、初年度末時点の残存価額は、次のように算出される。

第2章 企業価値評価法のVBM・部門経営との整合性の検討　43

$$\frac{\text{新規投資控除前キャッシュ・フロー}}{\text{資本コスト}} = \frac{7{,}630{,}000 \text{ 千円}}{0.10} = 76{,}300{,}000 \text{ 千円}$$

　永久定額年金等式に依拠して残存価額を計算しているのは、その後の投資のリターンが資本コストと見合い（同率）になると仮定していることによる。1年次の残存価額は76,300,000千円であるが、予測時点における現在価値は、これを1.10（＝1＋資本コスト10.0％）で除した69,363,636千円となる。

　予測期間中のFCFの現在価値累計額5,936,532千円（5年次における(a)）に予測期間終了時点における残存価額66,875,510千円（5年次における(b)）を加えた72,812,042千円（5年次における(a)＋(b)）が事業価値であり、これに非事業用資産5,000,000千円を加算した77,812,042千円が企業価値、そして、負債の価値30,000,000千円を控除した残額、すなわち47,812,042千円が株主価値となる。

　右端の列は、シナリオによってもたらされる価値創造額であるSVAの計算過程を示している。各年における価値の増加額は"(a)＋(b)"の変化額で計算される。例えば、2年次における増分567,521千円は、71,140,248千円から70,572,727千円を差し引いたものに等しい。従って、非事業用資

(単位：千円)

年	FCF	現在価値	累計額(a)	残存価額の現在価値(b)	(a)＋(b)	SVA
1	1,330,000	1,209,091	1,209,091	69,363,636	70,572,727	572,727
2	1,449,700	1,198,099	2,407,190	68,733,058	71,140,248	567,521
3	1,580,173	1,187,207	3,594,397	68,108,211	71,702,608	562,360
4	1,722,389	1,176,415	4,770,812	67,489,046	72,259,858	557,250
5	1,877,404	1,165,720	5,936,532	66,875,510	72,812,042	552,184
			非事業用資産		5,000,000	
			企業価値		77,812,042	
			－負債		30,000,000	
			株主価値		47,812,042	

図表2－4：　SVAの計算（1）

産と負債の価値が一定であるという前提において、SVAは、予測期間中の株主価値の増分(への貢献度)の測定尺度となる。同社の5年計画によってもたらされると予想される価値創造額は、シナリオの命数全体にわたるSVAすなわち各期のSVAの累計額である2,812,042千円で測られる。

図表2-5は、「価値は資本市場が要求する資本コストを超える投資率によってもたらされる」ということ具現化した、NOPATの増分の資本化額の現在価値から増分投資の現在価値を差し引くことによってSVAを算出するアプローチの例示である。各年のNOPATの増加額は資本化された上で現在価値に還元され、当然ながら、図表2-4と同じSVAの累計額を算出している。各年のSVAにおける若干の差異は、乗数の小数点以下の端数処理によるものである。

(単位:千円)

	実績	1年次	2年次	3年次	4年次	5年次
NOPAT	7,000,000	7,630,000	8,316,700	9,065,203	9,881,071	10,770,368
NOPATの増分		630,000	686,700	748,503	815,868	889,297
Δ NOPAT/K$(1+k)^{t-1}$		6,300,000	6,242,727	6,185,975	6,129,737	6,074,018
(=NOPATの増分の資本化額の現在価値)						
増分投資		6,300,000	6,867,000	7,485,030	8,158,683	8,892,964
増分投資の現在価値		5,727,273	5,675,207	5,623,614	5,572,490	5,521,831
SVA		572,727	567,520	562,361	557,247	552,187

[1〜5年次合計] 各期のNOPATの増分の資本化額の現在価値累計額	30,932,457
同期間の増分投資の現在価値累計額	28,120,415
SVAの累計額	2,812,042

図表2-5: SVAの計算(2)

なお、事業の清算価値がDCF価値よりも大きい場合は、SVAは、予測期間中のFCFの現在価値累計額と予測期間終了時点における清算価値の現在価値の合計額から、予測時点における清算価値を控除した残額となる。

(iii) 結論

このように、分権管理の代表的な形態である事業部制を前提におく場合の部門経営の目標・評価尺度となるべき価値指標は事業部価値の増分であ

り、その算定を、SVA 法、増分 EVA 法、差額残余利益法のいずれかで行うことが、管理会計目的に適うのである。Rappaport（1998, p.59）によれば、競争上の優位性の確保と SVA の創出とは同義であり、その要は生産性にある。整合的に計算された場合には、事業部価値の増分と SVA は同値となる。価値の創出は事業活動への追加の資源投入を可能にする。それが競争優位の獲得に貢献し、さらなる価値の創造をもたらすことになるのである。これらの3つの手法の中でも最適なのは SVA 法であるが、いずれの手法を採用するかは組織内における実施（測定）の容易さが鍵になる。これらの結論を整理すると、図表2－6のようになる。

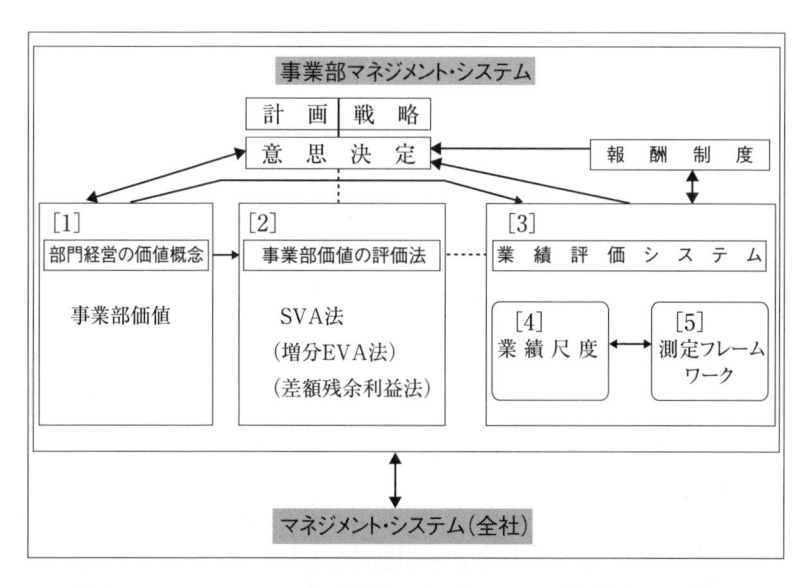

図表2－6： VBM と事業部マネジメントの関係性の概念図

注）→ は一方向的な作用　←→は双方向的な作用　──は直接的な関係　…は間接的な関係

図表2－6は、全社のマネジメント・システムの概念図（図表1－1）を事業部レベルに落とし込んだものである。事業部長の意思決定が彼（女）が経営を担当する事業部が創出しようとしている価値の概念［1］（すなわち事業部価値）に規定される一方で、彼（女）の意思決定によって実際の

事業部価値の増大（減少）が起こり、その値が適切な評価手法［2］（すなわちSVA法）によって測定される。全社経営の場合と同様に、業績評価はモチベーション効果を介して事業部長の意思決定に影響を与え、報酬制度は業績評価と連動しつつ、金銭的インセンティブ等を介して事業部長の意思決定に影響する。業績評価システム（［3］）内部では、様々な業績尺度（すなわち業績の目標・評価尺度）（［4］）と測定手法ないし測定フレームワーク（［5］）の双方向的な関係があり、それが全社経営と事業部マネジメントの相互作用に影響を与えている。このような図式が成り立つのは、VBMが「企業の価値の最大化を目的に企業内のすべての資源と経営管理プロセスを統合するアプローチ」（Copeland, Koller, & Murrin, 1994, p.93）であるためである。本章では、VBMと部門経営の関係性についての考察の前半部分として、これらのうちの［1］と［2］を整理し、分権的組織とりわけ事業部制組織において経営指標となるべき価値の概念と、その評価のための手法との関わりについて検討した。

　VBMにおいては、全社（経営者）レベルの計画、意思決定、業績評価、報酬制度の基準が株主価値であるのに対し、部門（事業部長）レベルの戦略の策定や投資の決定といった主要な経営判断の基準となるべき指標は事業部価値の増分である。したがって、事業戦略の策定においては、財務的意思決定と企業の価値を結びつけるバリュー・ドライバーのそれぞれが事業部価値にいかに影響するかを熟慮したうえで、資本コストを上回るリターンをもたらす投資機会をシナリオに反映させる必要がある。事業部価値の増大には、キャッシュ・フローならびに株主価値の最大化をもたらす最大の期待SVAを示す戦略の選択が勧められるが、戦略はあくまでも計画であって、価値は戦略が実施されて初めて実現するものである。戦略の実施を支援する最も強力なツールの1つが業績評価であり、経営管理プロセスを網羅して正しい業績尺度を整合的に用いるならば、（事業部長等の）管理者達に「価値創出」という強力かつ一貫したメッセージを伝えるとともに正しい意思決定へと導くことができる（Knight, 1997, p.295）。

　そのための最適な目標・評価尺度が、SVA等の長期的な価値をベースとする業績指標なのである。SVAは、事業部の活動が、どのように、また、

どれだけ企業価値に影響を与えるのかを明示して、事業部の競争戦略（事業戦略）および製品市場への関心と、本社の事業構造戦略（全社戦略）および株式市場への関心を整合させるので、事業部の業績を評価するうえでは最適な尺度である。最大の期待SVAを示す事業戦略の策定および実施は、財務的意思決定と企業の価値を結びつけるさまざまなバリュー・ドライバーが事業部価値に与える影響を分析することによって可能になる。

　Mills（1999, p.123）は、「VBMの主たる目的は価値創出のために全社レベルの戦略と部門管理者の業績評価をリンクさせることである」と述べている。また、業績評価においては、会社全体の価値指標と部門の価値指標は同じではないということも強調している。VBMの使命とは、結局のところ戦略を株主の富の創出へと至らしめることであり、富の創造プロセスを維持するために、株主価値創造に直結する指標である事業部価値ならびにその源泉であるSVAに基づいて、事業部長をはじめとする経営管理者の業績評価を行う必要があるのである。この点において、価値ベースの業績尺度と報酬制度との結合こそがVBMプログラムの中核であるとするMartin & Petty（2000, pp.159-160）の見解と意見を共有するものである。事業部価値の創出と業績評価システムとの関係（[3]・[4]・[5]）については、次章で追究したい。

注

(1) William E. Fruhan, Jr.は、Harvard Business SchoolのProfessorである。
(2) Alfred Rappaportは、J. L. Kellogg Graduate School of Management at Northwestern UniversityのProfessor Emeritusである。
(3) 1993年にコンサルティング及び教育事業をLEK/Alcar Consulting Group, LLC.に移管した。
(4) Rappaport, A. (1981). "Selecting strategies that create shareholder value." *Harvard Business Review.*

(5) Rappaport, A. (1986). *Creating shareholder value: The new standard for business performance.* NewYork: Free Press.
(6) チェース・マンハッタン銀行出身のJoel M. SternとG. Bennett Stewartが1982年に設立。当時は、主として財務コンサルティングや企業評価ソフトウェアの販売を手掛けていた。
(7) Stewart, G. B. (1986). *Stern Stewart corporate finance handbook.* New York: Stern Stewart.
(8) "EVA"はStern Stewart社の登録商標である。
(9) 先述の(3)を参照。
(10) 著名ジャーナリストのRandy Myersは指標・尺度を巡るこうした論争を"Metric Wars"(*CFO*, October 1996)という言葉で表現した。なお、Arthur Andersen社のSVAは"shareholders value added"、また、BearingPoint社のSVAは"shareholders' value added"の略である。いずれも1990年代半ば過ぎから「株主付加価値」の邦訳で訴求されたが、ともにStern Stewart社のEVAと同じ概念を呼び変えただけのもので、LEK/AlcarのSVAとは全く別ものである。そのようなこともあり、VBMの主要文献の中にArthur Andersen社のSVAやBearingPoint社のSVAを特段に取り上げているものはない。
(11) Bernard C. Reimannは実業界出身で、現在はCleveland State UniversityのProfessor Emeritusである。
(12) 先述の(5)を参照。
(13) Thomas E. CopelandはUCLA Business SchoolのProfessorからMcKinsey & Co.のPrincipalに就任した。該当する書は、Copeland, T., Koller, T., & Murrin, J.による *Valuation: Measuring and managing the value of companies* (John Wiley & Sons)の第1-4版(1990, 1994, 2000, 2005)。第4版(2005年, p.406)では、VBMの定義を「Stern Stewart社とRappaportが1970年代終盤に唱えた株主価値の創出と経営を強くリンクさせた業績管理のアプローチ」と紹介しており、VBMのルーツがStern Stewart社とRappaportだということを追認している(Copeland自身は第4版の著者陣からは外れている)。1992年のWestonとの共著というのは、Weston, J. & Copeland, T. (1992). *Managerial finance* (9th ed.). Orlando, FL: Dryden Pressのことである。
(14) James M. McTaggartは国際経営コンサルティング・ファームのMarakon AssociatesのChairmanである。また、Peter W. KontesとMichael C. Mankinsは、それぞれ同社のPresidentとVice Presidentである。
McTaggart, J., Kontes, P., & Mankins, M. (1994). *The value imperative: Managing for superior shareholder returns.* New York: Free Press.

(15) James A. KnightはBoston Consulting Groupの元幹部職員で、その後に戦略コンサルティング・ファームであるSCA ConsultingのManaging Partnerに就任した。Knightは、本書の表題を*Value based management*としたが、文中においては"value management"という表現を用いている。
Knight, J. (1997). *Value based management: Developing a systematic approach to creating shareholder value.* New York: McGraw-Hill.

(16) John Donovan、Richard Tully、Brent Wortmanは、いずれもDeloitte ConsultingのPartnerである。
Donovan, J., Tully, R., & Wortman, B. (1998). *The value enterprise: Strategies for building a value-based organization.* New York: McGraw-Hill.（本書は、文中で"VBM"の用語を使用しているが、特段の定義づけは行っていない。）

(17) Roger W. Millsは、Henley Management CollegeのProfessor of Accounting and Financeである。
Mills, R. (1999). *Managerial finance, shareholder value and value based management.* Lechlade, UK : Mars Business Associates.

(18) John D. MartinとJ. William Pettyは、共にBaylor UniversityのProfessor of Financeである。
Martin, J. & Petty, J. (2000). *Value based management: The corporate response to the shareholder revolution.* Boston: Harvard Business School Press.

(19) Glen Arnoldは英国のAston Business School のLecturerで、コーポレート・ファイナンス分野の優れた研究・教育で知られる。Matt Daviesは元Aston Business Schoolの教員で、現在は財務教育／コンサルティング会社のATC LimitedのDirector。
Arnold, G. & Davies, M. (2000). *Value-based management: Context and application.* Chichester, UK: John Wiley & Sons.

(20) S. David YoungはINSEADのProfessorでコンサルタント。Stephen F. O'Byrneは、Stern Stewart & Co.の前のVice Presidentで、後にShareholder Value Advisors Inc.のPresidentに就任した。
Young, S. & O'Byrne, S. (2000). *EVA and value-based management: A practical guide to implementation.* New York: McGraw-Hill.

(21) Roger MorinはRobinson College of Business Administration at Georgia State UniversityのProfessor。Sherry JarrellはBabcock Graduate School of Management at Wake Forest UniversityのAssistant Professor。

(22) この間、Rappaportは、1998年に*Creating shareholder value*（先述の(5)）の続編を刊行して、株主価値経営の確立と浸透にさらなる貢献をしている。

Rappaport, A. (1998). *Creating shareholder value: A guide for managers and investors, revised and updated.* New York: Free Press.

(23) 先述の(18)を参照。
(24) 先述の(19)を参照。
(25) 先述の(15)を参照。
(26) 先述の(17)を参照。
(27) 先述の(20)を参照。
(28) 日本における企業価値評価ガイドライン作成の起源は、国税庁が相続、遺贈又は贈与により取得した株式等の財産の課税目的の評価を定めた昭和39年の「財産評価基本通達」である。取引目的の評価や裁判目的のガイドライン作成については、日本公認会計士協会・経営研究調査会が平成5年に公表した「株式等鑑定評価マニュアル」（平成7年に同マニュアルの「Q&A」を公表）が最初の試みといえるものであったが、同マニュアルは、株式の評価の一般的な手続(手順、手続、記載内容、様式等)を記すに留まり、価格の算定式を示すことはしなかった。同調査会の活動は、その後の平成16年の「財産の価額評定等に関するガイドライン」及び「知的財産評価を巡る課題と展望」を経て、平成19年の株式等鑑定評価を含めた企業価値の算定を網羅した本ガイドラインの公表という形で結実を見た。これはM&Aや事業再編、会社法上の裁判所による株式の価格の決定等の企業価値評価ニーズの高まりに対応するべく、公認会計士が行う企業価値評価業務の実務上のガイドラインとして日本における評価実務をまとめたもので、M&A等の非対称情報環境下における企業の任意の行為ないしは相対取引においては、評価目的によって評価額は変わる(理論的に取引価格を定めることはできない)とする一物多価の企業評価を取り扱ったものである。客観的で合理的な価格(価格＝評価額)即ち一物一価の企業評価を追求したものではなく異なる評価額の算出を許容しているため、企業価値評価を実施する上で準拠するべき基準という性格のものではない。また、当ガイドラインの対象は、継続的な事業活動から生み出される価値(＝継続価値)の評価、とりわけ株主に帰属する価値(＝株主価値)の算定であり、課税目的の評価や処分目的での評価(＝清算価値の評価)等は対象外となっている。
(29) 2009年1月29日時点の東証500種平均PBR（後述の(33)）は0.96であったが、同指標の2010年3月1日現在の値は、1.26にまで回復している。効率的資本市場を前提とした場合、1.0未満のPBRは日本を代表する大半の大企業の株価が解散価値を下回っているとのシグナルと解し得るが、市場では、当時の株安の原因を米国を震源地とするサブ・プライム問題が引き起こした一時的な悪影響(アノマリー；市場の不規則性)に求める向きが多い。
(30) PER…price earnings ratio（株価収益率）

(31) EBIT…earnings before interest and taxes（利払前・税引前利益；税引前営業利益）
(32) EBITDA…earnings before interest, taxes, depreciation and amortization（利払前・税引前・償却前利益）
(33) PBR…price to book-value ratio（株価純資産倍率）
(34) EPS…earnings per share（1株当たり当期純利益）
(35) ROE…return on equity（自己資本利益率）
(36) NOPAT…net operating profits after taxes（発生主義会計の歪みを取り除いた税引後純営業利益）
(37) Rappaportは、その1998年の著書(Chap.7)の中で、残余利益法（経済的利益法）、EVA法、SVA法、増分EVA法、差額残余利益法のすべてが一定の条件のもとでは同じ価値を計算できることを、計算事例を用いて解説したうえで、残余利益法（経済的利益法）はもちろんEVA法でさえも、SVA法のようには期間業績の評価に関して整合的な解答を算出できないということを論証した。その詳細ならびにSVA法と増分EVA法、差額残余利益法の関連性の議論については、下記の文献を参照されたい。

Rappaport, A. (1998). *Creating shareholder value: A guide for managers and investors, revised and updated.* New York: Free Press, Chapter 7.

(38) 先述の(37)を参照。
(39) 先述の(37)を参照。
(40) 先述の(37)を参照。
(41) 先述の(37)を参照。
(42) $\dfrac{差額残余利益}{K} = \dfrac{（NOPATの変化額）}{K} -（増分投資）= SVA$

注)K＝資本コスト

したがって、SVAの現在価値は、

$$SVA\ (PV) = \dfrac{（NOPATの変化額）}{(K)(1+K)^{t-1}} - \dfrac{増分投資}{(1+K)^t}$$

(43) Stewart, G. B. (1994). "EVA™:Fact and fantasy." *Journal of Applied Corporate Finance* (Summer), 78
におけるBennett Stewartの記述は次の通り。
"簿価を用いているのは、歴史的原価の使用がもたらす問題を除去できる方法を発見したからである。例えば、経営者の報酬をEVAの絶対額ではなくて、EVAの年間の変化額に結びつけるというのがそれである。……(中

略)……EVAシステムは財務パフォーマンスの継続的な改善に焦点を当てた手法である。経営者達にEVAの改善額に基づき報いる場合には、資産にいくらの価値を割り当てるかということは関係なくなる。"

(44) IRR…internal rate of return（内部利益率）
(45) 先述の(37)を参照。

第3章

事業部価値創造のための業績評価システムの検討

3.1 はじめに

　第2章においては、「VBMと部門経営の関係性について、事業単位の観点から株主価値創出のためのマネジメント・システムの開発可能性を検討する」という本研究のメイン・テーマを、事業部制組織を対象に、①事業部（長）の業績の目標・評価尺度に用いるべき価値指標とその評価のための最適な手法の検討、②事業部の価値創出に貢献する業績評価システムの検討、という2つのサブ・テーマに細分し、まずサブ・テーマ①について検討した。したがって、本章の目的は、やはり文献研究を基礎に、サブ・テーマ②について明らかにすることである。本章は、本節と、「3.2 業績指標・尺度の系譜と展開」、「3.3 業績の測定フレームワークから業績評価システムへの展開」、「3.4 論点の整理と議論の展開」、の4節によって構成されている。

　前章の議論が、部門経営（とりわけその業績評価）の在り方について強く示唆するのは、(1) VBMの主たる目的は価値創出のために全社レベルの戦略と部門管理者の業績評価をリンクさせることにほかならないから、事業部制のような分権管理においては全社（経営者）レベルの業績評価と部門（事業部長）レベルの業績評価とでは対象となる価値指標は必然的に異なったものとなる、(2) VBM環境下における事業部マネジメントの正しい業績の評価尺度は、目標指標としての事業部価値[1]ならびにその代替指標であるSVA[2]にリンクした尺度である、(3) VBMを推進する事業部長の最適な意思決定を導く業績評価システムを設計する際には、事業部価値の源泉であるSVAと因果連鎖を成すバリュー・ドライバーを測定・評価

する財務的・非財務的指標を特定したうえで、適当な達成目標を設定し、統制していくことが確保されなければならない、(4) そのうえで業績尺度のパフォーマンスを報酬の決定に用いることが効果（＝事業部による価値創造）を確実にする、ということである。

VBMを志向する事業部マネジメントにおいては、事業部価値の創出（株主価値増大への貢献）を各事業部長に要求することになるので、彼（女）らの最適な意思決定を導くための適切な業績評価システムの設計が不可欠となる。そのためには、事業部価値の代替指標であるSVAの源泉を測定する財務的および非財務的指標・尺度を特定し、適当な達成目標を設定したうえで、統制していくことが確保されねばならない。結局のところ、VBMにおける業績評価の役割とは、SVA創出による競争優位性の確保にほかならない。

本章では、第2章の結論を踏まえて、VBMを推進する事業部の経営を効率的・効果的に事業部価値の創出に向けて相乗効果の発現へと至らしめる業績評価の手法を、文献研究に基づいて、業績評価システムの構成要素である業績尺度ならびに測定フレームワークの系譜の回顧における考察を踏まえて検討する。本章では、図表2－6の [3]・[4]・[5] を、「3.2 業績指標・尺度の系譜と展開」、「3.3 業績の測定フレームワークから業績評価システムへの展開」、および「3.4 論点の整理と議論の展開」において、[4]・[5]・[3] の順序で整理していく。その理由は、業績評価システム（[3]）の在り方は、業績尺度（[4]）と測定フレームワーク（[5]）の相互作用によって決定づけられるためである。

3.2　業績指標・尺度の系譜と展開

本節では、業績指標・尺度に関わる文献を回顧することによって、まず、「業績」という用語の意味するところを再確認するとともに、業績指標・尺度の区分にどのような観点があるのかを整理する。次に、財務指標による業績評価と、非財務指標を併用する業績評価の対比に焦点を当てる理由

を明確にしたうえで、本稿が取り扱う業績尺度の概念的フレームワークについて論説する。

ところでNeely(2002, Preface xii)[3]は、「業績評価の分野では、会計学、ファイナンス、マーケティング、オペレーション、人的資源管理などの様々な領域で個別に業績評価が考察されていることが進歩を阻んでいる」と言っているが、この表現は必ずしも業績評価の問題の本質を言い当てているとはいえない。Arnold & Davies (2000, p.9)、Young & O'Byrne (2000, p.18)らによる「企業の主要なプロセス及びシステムのすべてを株主価値の創出へと方向づける活動」というVBMの定義からも明らかなように、VBMが財務活動のみならずマーケティングやオペレーション、人的資源管理などの企業経営のすべての領域を統合することの結果として、企業の様々な活動がそれぞれ価値を形成し、結果的に株価に反映されているわけなのである。したがって、株価が企業の最終的な業績指標(すなわち企業経営ならびに経営者の評価尺度)であるということに合意する限りにおいては、「各学際分野における議論は、業績の個別の構成要素の探究に留まっている」という言い方がより正確であろう。

3.2.1 「業績」の定義に関わる論争

もっとも、業績指標・尺度やその測定フレームワークないし評価システムについて議論する際には、そもそも「業績」という用語には統一的な定義が存在しないという問題点が多くの文献において指摘されている事実に留意する必要がある。例えば、Lebas & Euske[4][5] (2002) は、経営管理のあらゆる領域で頻繁に使われている割には、文献の執筆者が業績の意味合いを明瞭に定義することはほとんどない、ということを指摘している。彼らによれば、一方で、業績を自らに適する概念を自由に云々することができる便利な用語ととらえる極論 (Bourguignon, 1995) もあれば、他方では、有効性や効率性と同義であるという主張 (Neely, Gregory, & Platts, 1995, 等) もある (p.67)。また、活動そのもの、又はその結果ないし何らかのベンチマークと比較した結果の出来具合を示すもの (Bourguignon (1995), Corvellec (1995), 等) とする (p.68) グループや、Kaplan & Norton (1992)

やLebas（1995）のように、様々な種類の成果及び結果が出るまでのプロセスを描いたものと位置づける向きもある（pp.71-72）。

とはいえ、多くの国（あるいは言語）の辞書に業績の意味合いが、①特定の意図をもって何かを達成すること、②ある活動の結果、などと記述されているという点に鑑みれば、上記のうちの「活動またはその結果ないし相対的な出来具合」というのが一般的あるいは基本的な解釈であると思われる。例えば、Meyer（2002, p.55）の「遂行する行為」ないし「機能すること」という業績の定義もこの範疇に入るといえよう。これらをVBMの文脈にあてはめた場合には、①は「価値の創造」、また②は「創造された価値」（測定されたもの）となる。

Lebas & Euske（2002, p.65）は、業績を、「意思決定に関連してのみ意味をもつ、因果関係モデルの認識・共有から生ずる社会的な構成概念」と位置づけたうえで、業績向上の必要条件として企業の内部及び外部の意思決定者間で整合性をとるということをあげた。業績と意思決定の関連については、Mills（1999, p.104）も、「過去に起こったことは、将来の意思決定に役立つ限りにおいてのみ関連性を有する」と述べている。これらの議論を総合すると、VBM環境下の部門業績評価においては、価値創出に鑑みて、「目標の達成度を測る際の尺度となる」、「意思決定に影響を与える」、の2点が業績指標・尺度の最低条件として浮かび上がってくる。

3.2.2 業績指標・尺度の区分についての論争

業績指標・尺度の区分についても、様々な見方がある。例えば、Keegan, Eiler, & Jones（1989）は、業績尺度を「コストか非コスト」および「外部か内部か」で分類した。Lynch & Cross（1991）も、組織の内部と外部に焦点を当てた業績指標の区分を行っている。Fitzgerald, Johnston, Brignall, Silvestro, & Voss（1991）は、「結果（競争優位性、財務業績）に関連する尺度」と「その結果の決定要因（品質、柔軟性、資源の利用とイノベーション）」という分類の仕方を提案した。Kaplan & Norton（1992）は、「短期と長期」、「財務と非財務」、「遅行と先行」、「企業外部と内部」等の尺度に係る視点を、バランスト・スコアカード（BSC）

のフレームワークで提唱しているが、そのうちの財務的指標と非財務的指標という区分は、20世紀初頭に既にタブロー・デュ・ボールの枠組みの中で示されていたものである。また、Brown（1996）は、業績指標を、インプット（従業員満足度、サプライヤーの業績、財務的尺度）、プロセス（プロセス及び業務の尺度、財務的尺度）、アウトプット（製品・サービスの尺度、財務的尺度）、成果（顧客満足度）、ゴールの5段階に沿って分類した。

　これらの区分は尺度のすべての属性を反映しているとはいえないが、少なくとも業績評価のフレームワークがあらゆる業績指標・尺度を受け入れられるように支援する。上記の区分のうち、今日の業績評価の分野における議論の中心は、BSCやビジネス・エクセレンス・モデル等の人気の高い業績評価手法が財務・非財務両方の業績指標・尺度の組合せ・統合を必要とするマネジメント・コントロール機能を発揮させるフレームワークとして開発されているということや、Meyer(6)（2002）等の業績の先行指標に関する研究の多くが、非財務指標がその後に生ずる財務業績を予測するという、財務指標（＝業績の遅行指標；lagging indicators）と非財務指標（＝業績の先行指標；leading indicators）の因果連鎖の側面に焦点を当てていることから、「財務 vs. 非財務」の区分であるといって差し支えないであろう。

　もっとも、尺度の区分や分類が何であれ、組織の成員を戦略の実行へと動機づけるためには、戦略立案の際の基準と業績指標体系の間に一貫性が維持される必要がある（門田, 2001a, 334頁）ことに加えて、達成可能性ならびに管理可能性のいずれもの条件が満たされるよう確保する必要がある。また、それが質的なものか量的なものかということに関わらず、業績指標は、実際のところは業績の表現形式または代用物に他ならず、業績そのものではない（Euske, 1983 等）ということも忘れてはならない。

　財務的業績指標では近代的な組織の競争的な状況や戦略の変化を示すことはできないとする主張の口火をきったのは Johnson & Kaplan（1987）である。財務的業績指標が集計時点で既に過去の情報となってしまいタイムリーに企業の業績を反映できなくなった理由として、Kaplan & Norton

(1996a)は技術の急速な変化や製品ライフサイクルの短縮化をあげている。さらに、将来の意思決定に役立つのでない限り、特定の業績指標のパフォーマンス（＝過去又は既に起こったこと）を振り返っても無意味だという見方は、デュポン・ピラミッドないしデュポン・システムを「企業経営者の短期志向を促した元凶」とする批判となって表面化した。Kennerley & Neely（2002, p.146）は、会計ベースのコストに焦点を当てたデュポン・ピラミッドでは過去の業績はともかく将来を示すことはできないとする主張の代表格に Bruns（1998）をあげている。こうした論陣の台頭が、近年の業績評価分野の発展過程において、最終的な結果を専ら示す財務指標への依存から脱却し、組織目標をより適切に示すとされる非財務指標の併用を促す、一方の原動力となったのである。

3.2.3 財務指標のみを用いた業績評価の系譜

Otley（2002, pp.3-4）は、財務的業績指標の機能として、(i) 財務機能の効果的かつ効率的な業務管理を行うための財務資源の効率的な準備・使用という財務管理のツールとしての機能、(ii) EVA といった包括的な財務指標によって組織目標の達成度を示す事業会社の主たる目標としての機能、(iii) 組織内の動機づけとコントロールのためのメカニズムとしての機能の3つをあげた。財務的業績指標のメリットについては、門田（2001a, 334頁）も、(ii) の経済的業績の測定機能に注目し、財務指標が業績尺度の中で最も重要であるとしたうえで、年次の業績測定には企業価値のような一定時点のストック概念の指標ではなく、期間内のフロー概念の尺度が必要であることを強調している。

ちなみに VBM の伝道者達による、会計数値を包含した財務的業績指標の分類の代表例には、Knight（1997）や、Mills（1999）、Young & O'Byrne（2000）等がある。Knight は、価値関連の指標を、EVA、EP、SVA、CVA といった期間業績の測定尺度と、株価、NPV、MVA、各種のキャッシュ・フロー乗数などの企業価値の測定尺度に2分した。Mills は、TSR、MVA といった投資家観点（＝外部）の尺度と、TBR、EVA／SVA、EP、CVA を含む企業観点（＝内部）の尺度に大別している。また、

Young & O'Byrne は、①残余利益指標（RI、Economic Profit、EVA、CVA 等）、②残余利益の構成要素（EBIT、EBITDA、NOPAT、RONA 等）、③市場ベースの指標（TSR、MVA、Excess Return、FGV 等）、④キャッシュ・フロー指標（CFO、FCF、CFROI、CVA、EBITDA 等）、⑤伝統的な利益指標（Net Income、EPS、EBIT 等）、の５つのグループに区分している。

　財務指標の中にあって、会計ベース（とりわけ財務会計ベース）の業績指標は、ディスクロージャー（情報開示）制度にリンクした指標であることも手伝って、戦後の資本主義経済で特別な地位を謳歌してきた。一般的には、信頼性や正確性、厳密性がその特性ないしメリットとされている。客観性と正確性、ならびに費用を上回る便益の存在が、業績指標の選択に最も大きな影響を与えており、中でも財務的業績に関するものは信頼性が最も高く、さらに報酬とのリンクが最も広く実施されているということを解明した文献に、Lingle & Schiemann（1996）や Malina & Selto（2004）の調査がある。彼らの研究は、成果主義における納得性を確保するにあたっての会計的業績指標の意義を実証するうえで大きな貢献をした。

　他方で、ファイナンスの論客達の間では、経営管理者や組織の業績を測定・評価する際に歴史的な会計数値によって達成できることには根本的に限界があるという指摘が、かなり前から行われていた。Johnson & Kaplan（1987）が、近代組織の競争的な状況や戦略の変化を示すうえでの財務的業績指標の能力に懐疑的な見方を表明する前に、財務指標のうち特に会計数値の限界に関しては、Rappaport（1986, p.27）や Stern Stewart 社の Bennett Stewart（1986, 2-2）が、「過去の会計数値は、価値の増大を促進する要素については実際には何も語らない」との言い回しで主張を展開していた。

　後に、Morin & Jarrell（2000）は、発生主義会計の業績指標が VBM に適さない理由として、(i) 将来の戦略や投資機会を評価するように設計されていない（p.47）、(ii) 部門計画を作成する際にゲームを誘発しやすい（同）、(iii) 会計システムは価値に対する影響の測定のために十分な貸借対照表・コスト情報を提供できない（p.251）、等をあげたが、そもそも会計上の利益の最大化は、理論的にも株価の最大化を意味しない。例えば、

会計上の利益を短期的に増加させるために教育や保守・点検関連の費用をきりつめれば当面の利益は増えるが、生産や売上が落ち込む結果として将来の利益は逆に減少し得る。また、利益を増やすためにハイ・リスクのプロジェクトに手を染めれば、分子のキャッシュ・フローの増大効果を相殺する以上に分母の資本コストないしハードル・レートが上昇するため、現在価値（ひいては株価）が下落する恐れがあるのである。

Otley(7) (2002, p.20) に至っては、「コスト、利益等の会計数値は多くの主観的な判断を必要とし、着手されている活動と結果に対する不完全なイメージを示すために組織を覗き込むウインドウを提供するのみである」と切り捨てている。彼は、財務会計ベースの業績指標によれば、組織の規模や複雑さに煩わされずに共通の言語（又は評価単位）で活動を表現し、異質の活動の影響を収益・費用・利益という尺度に統合できるという側面を評価しながら、肝心の投資家視点の業績評価に対しては背景とデータを提供することしかできないという機能的限界を問題視したのである。彼は、さらに、21世紀に入ってからの不確実性の増大によって、過去の業績を将来の業績の予測ベースとして用いることの意義が低下しており、将来の事象の分析における会計の働きはさらに低下したと述べている（Otley, 2007, P.21）。このように、株主価値経営ならびに VBM の草分けである Rappaport や Stern Stewart 社に端を発したファイナンス理論の観点からの会計数値の限界に関する批判も、「業績をコントロールするためには、会計ベースの成果尺度（outcome measures）に加えて財務および非財務の業績のドライバーを示す尺度が必要」という議論を後押ししたのである。

3.2.4 財務指標と非財務指標を併用した業績評価への展開

Kaplan（1983, 1984）は、伝統的に用いられてきた評価尺度が、現代的な製造環境では不適切なものとなっており、その結果、間違ったものが測定・評価されているということをいち早く指摘した。彼がその後の1987年に、Johnson と共同で、近代組織の競争的な状況や戦略の変化を示すうえでの財務的業績指標の限界を指摘したことは前述の通りである。Kaplan の指摘を皮切りに、その後の四半世紀の間に、業績評価システム

を設計・実行するためのプロセスが続々と提唱されるとともに、それらのプロセスを支援する様々なフレームワークが提案されてきた。Kennerley & Neely（2002, p.146）[8]は、それらのフレームワークの共通目標が「組織目標を示し適切に業績を測定する一連の尺度を組織が明確にできるようにする」ことだったと結論づけている。

　Meyer は、「顧客満足度を含む適切に測定された非財務指標のいくつかは財務的業績を予測する」とした研究成果（Andersen, Fornell, & Lehmann, 1994, 等）を根拠に、財務指標が遅行指標である一方で、非財務指標の多くがその後に生じる財務的業績を予測する業績の先行指標となるということが明らかになったと主張した。彼によれば、先行指標とならない非財務指標は、義務として監視の対象になる事項（例：コンプライアンス、倫理、安全性など）を除いて、副次的なものとなる（Meyer, 2002, p.53）。先行指標の遅行指標に対する優越性については、Lebas & Euske（2002）も、「業績を促進する状態を生み出すことを考慮に入れているという点で、業績を達成するための因果関係モデルの設計において先行指標は遅行指標よりも有用となる」、という表現で言及している（p.77）。過去の会計数値の価値増大を促進する要素に関する説明能力の欠如を指摘した Rappaport（1986, p.20）や Stewart（1986, 2-5）の議論を皮切りに、経営管理者及び組織の投資家観点の業績測定・評価における会計ベースの業績指標の機能的限界についての Otley（2002, pp.16-17）の指摘などが、非財務指標の重要性への関心を大いに高めていったことは前述した通りである。

　このようにして、業績評価が多機能的な領域だということが次第に明らかになるにつれて、多面的かつバランスのとれた業績評価のフレームワークやアプローチの開発・展開を求める傾向が強まり、1992 年の Kaplan & Norton の BSC の開発によって 1 つのピークを迎えた。Otley（2007, p.34）は、発表以来の BSC の爆発的な浸透の理由として、(i) 管理者が実際に管理することのできる事項に対しては非財務指標がより直接的なリンクを提供するということが広く認識されるようになった、(ii) BSC が戦略マップを通して非財務指標がその後に財務的業績に帰結するという関係性を理

論的に説明した、の2つをあげている。この傾向は、その後も続き、パフォーマンス・プリズム（Neely & Adams, 2001）に代表される多くの業績の測定フレームワークや評価システムが提案されるに至っている。

こうした業績評価の分野の展開は、「マネジメント・コントロール機能は明らかに財務と非財務両方の業績指標を組み合わせたものを必要とする」（Otley, 2002, p.21）ということが、管理会計の領域においては既成の了解事項であるとの見地に立つ場合には、驚くに値しないともいえようが、Meyer（2002, p.53）は、業績指標（すなわち財務指標と財務成果の先行指標であるとされる非財務指標の両方）は、成員の行動における長期目的と行動の一貫性に関する認識が維持されるようにデザインされなければならないが、この条件を満たす業績尺度や業績評価システムは未だ存在していないとして、既存の業績の測定フレームワークや評価システムのそれぞれに一長一短があるということを強調している。

3.2.5 本研究における業績尺度の概念的フレームワーク

本稿では、「3.2.1「業績」の定義に関わる論争」の結論である、(1) 業績指標・尺度は目標の達成度を測る際の尺度となる、および (2) 業績指標・尺度は意思決定に影響を与えるものでなければならない、という主張の観点に立ち、業績を「事業部価値創造の可能性」または「将来にわたって事業部価値を稼得する組織を作り出すために、現時点において事業部長が適切な行動をとるように導く全てのプロセスの総体」、業績指標・尺度を「業績をあげるように動機づけるためのツール」と定義する。なお、この場合の業績は、VBMという脈絡を外した場合には、Kaplan & Norton（1992）やLebas（1995）による「様々な種類の成果および結果が出るまでのプロセスを描いたもの」という定義と実質的に同じである。

Meyer（2002, p.56）によれば、現代の業績評価は、業績という用語の語源である「遂行する行為」ないし「機能すること」と、経済学上の概念である「将来の収益を現在価値に割り引いたもの」の結合物であるという。であれば、企業における業績の評価や管理において、キャッシュ・フロー・ベースで資本コストを超えるリターンを生むために何をするのかというこ

第3章 事業部価値創造のための業績評価システムの検討　63

との探索が、第一義的な関心事項になるのは必然であるといえよう。このことからも、VBM の脈絡における部門経営において、先述の様々な"業績"の条件に合う目標尺度は「事業部価値（の増分）の拡大」であり、その直接的な評価尺度となるものは「SVA の創出」をおいてほかにないとの前章の結論が裏付けられる。

　もっとも、会計ベースの業績指標の機能的な限界に対する批判を共有するにしても、SVA 法に依拠して将来のキャッシュ・フローを算定することは、会計的指標のケースとは逆に、「未だ起こっていないこと」を評価する営みであるということを忘れてはならないであろう。期待キャッシュ・フローの把握は、純粋に合理的で現実性のある仮定を前提にしているからである。戦略はあくまでも計画であり、その前提となるのは仮説の策定と検証、すなわち、将来に計画を実行する際の環境（SWOT；自社の強みと弱み／市場の機会と脅威）に関する分析である。仮説の考察は組織の全階層で行われる。事業部の場合であれば、資本支出予算の策定では経済の循環や物価水準の推移といったマクロ環境、販売計画では商品価格の安定性や他社の新製品導入、製造計画では労働者賃金や原材料価格の動向といったことについて仮説の策定－検証－修正の過程を通して、推測される結果が絞り込まれていくのでなければならない。

　ファイナンス理論に依拠した企業の業績は、結局のところ将来に稼得されると期待されるキャッシュ・フローの現在価値への還元ということにつきるといえるが、期待キャッシュ・フローを正確に測定することは不可能なので、実際には、財務的業績としての過去又は現在のキャッシュ・フローが測定ベースに用いられる。過去又は現在のキャッシュ・フローは不完全な尺度であるわけなので、将来の企業価値を予測するための代理変数として用いることの前提には、あくまでも合理的かつ客観的、現実的な仮定が置かれているのである。

　Rappaport（1998, p.132）は、期待 SVA が最大となる戦略が採択されることを前提に、事業単位の価値創造パフォーマンス（すなわち a ）が SVA 又はその同等物で測定されるべきであるということと、投資と増分キャッシュ・フローとの間に時間的なずれが伴う事業の評価（及びその尺

度）には SVA とその先行指標となるもの（value leading indicators；価値先行指標）の達成目標水準を併せて用いるべきであるということを主張した。業績評価の主たる目的の1つが組織の将来の業績改善である以上、業績の先行指標が認識できる場合には、それらの管理が重要なテーマとなることは論を待たない。

　したがって、VBM の脈絡における部門経営の業績評価システムひいては事業部マネジメント・システムを検討する本稿における業績尺度は、企業価値の構成要素としての事業価値における各事業部の貢献額（すなわち事業部価値）の源泉としての SVA ならびにそのマクロおよびミクロ・バリュー・ドライバーにリンクした財務、非財務指標ということになろう。VBM 環境下の事業部マネジメントにおける事業部（長）の業績評価に関して、Rappaport（1998, p.178）は、"業績測定階層"（performance measurement hierarchy）という表現を用いて、企業全体（経営者）レベルでは TSR（total shareholder return；株主総合利回り）、事業部長のレベルでは SVA 及びその価値先行指標、下級管理者のレベルではさらに落とし込んだキー・バリュー・ドライバーのパフォーマンスによって業績を測定することを勧めている。また、Morin & Jarrell（2000）は、マクロ・バリュー・ドライバーを "generic value driver" と呼び、ミクロ・バリュー・ドライバーを "strategic drivers" と "operational drivers" に区分（pp.359-360）したうえで、VBM において認識されるべきキー・ドライバーを「成功するためによい成果をあげるべき3つから5つの要素」と解釈し、コア・スキル、資産、顧客ニーズ、競合企業の行動、技術、を例示（p.47）した。

　もっとも、こうした先人達の理論的枠組みが、事業部価値の代替指標としての成果・結果の評価尺度たる SVA と、事業部マネジメントの努力レベルの測定・管理尺度（作用因）であるバリュー・ドライバーや価値先行指標のそれぞれにどれだけのウエイトをかけるのかという点（重みつけ）に触れていないのは、実際の運用においては、重みつけが企業のミッション（とりわけ価値観）や組織文化の影響を色濃く受けることを強く反映していると考えられる。一般的に、「米国企業は結果を重視する傾向が

強い」とか、「日本企業は目標の達成に至るプロセスを重視する」とかいわれるのは、この"重みつけ"を別の言葉で表現したものであると言ってもよい。業績評価の実務への応用に際して重要なことは、事業部のミッションやビジョンを反映させた重みつけなどの工夫を加えることにより、適格な「手段→目標」の因果関係をデザインすることである。なお、本研究では、目標の達成度合を測定する指標である「業績指標（performance measures）」に対し、目標の達成に至る過程における努力レベルの測定指標を「プロセス指標（process measures）」と呼び分ける。

　本節では、業績評価に関わる文献を回顧することによって、まず、「業績」の意味合いを再確認し、業績指標・尺度の区分を整理したうえで、財務指標による業績評価と非財務指標を併用する業績評価を対比させつつ、本稿における業績尺度の概念的フレームワークを明確にした。これまでの先行研究の文献レビューに基づいた考察の結果を整理・統合すると、VBM環境下の部門経営における事業部価値創造を支援する業績評価システムの基本的要件は、「価値創造のバリュー・ドライバーないし先行指標を財務指標と非財務指標にもつ測定・評価手法」ということになろう。それでは、既存の業績の測定フレームワークや評価システムの中に、これらの要素を包括的に評価できるものはあるのだろうか。この課題については、次節で追究することにしたい。

3.3　業績の測定フレームワークから業績評価システムへの展開

　前節では、本章の研究課題である「事業部価値の創出という事業部マネジメントの目的の遂行に最適な業績評価システムは何か」（[5] ひいては [3]）に取り組むに際して前提となる、業績尺度（[4]）について検討すべき文献の確認ならびに用語の定義づけを行った。本節では、この研究課題を解決するために、各種の業績の測定フレームワークや評価システムの本質および特徴を明らかにしたうえで、VBMの基本的要件と、多面的な事業業績測定・評価の技術的要件、事業単位の期間業績評価という管理会計

要件を基準に各手法の優劣を比較し、VBM 環境下の事業部マネジメントに最適な業績評価システムを検討する。

　Lingle & Schiemann（1996）によれば、経営管理のベースにバランスがとれた業績評価システムを導入している企業の方がそうでない企業よりも業績を伸ばしているという調査結果は、効果的な業績評価システムの遂行が業績の向上の実現をもたらすという因果関係の存在を強く示唆している。一方、Meyer（2002, p.53）は、業績は財務指標と非財務指標の両方に関するものであるとしたうえで、組織の成員に関わる長期目的と行動の一貫性を維持できるように業績指標を設定している業績評価システムは存在しないと主張した。いわば、本節での検討課題は、Meyer が否定した理想的な業績評価システムの存在の再検証である。

　ところで、VBM システムの主たる目的は企業の戦略と管理者の業績評価を株主価値の創造にリンクさせるということであるが、見逃してならないのは、企業が長期的に株主を含む全ての利害関係者（stakeholder；ステークホルダー）のために価値を最大化するべく管理運営・統治されなければならないという点である（Mills, 1999, p.100）。VBM が株価の上昇や株主価値の創造を最終的な目的に置く経営のあり方を総称するということは、必ずしも企業の価値創造が株主だけの関心事であるということはいっていない。株主価値の創出と競争優位性の確立は理論的には同義（Rappaport, 1998, p.58）であり、株価の上昇が反映する企業の生産性の改善や競争力の向上は、最終的には雇用の拡大や納税額の増加を通じて企業のすべてのステークホルダーに利益をもたらすので、広く経済社会全体の発展にも寄与するからである（Rappaport（1998, p.7）, Morin & Jarrell（2000, p.49）, 等）。このことは、株式会社制度上の唯一の企業ならびに経営者の社会的責任は株主価値の創出であるが、様々な法規制や市場の圧力が結果的に全ステークホルダー間の利益のバランスをはかる必要を生じさせるとも表現できよう。

　実際に企業は、様々な市場で競争力の発揮を求められる。例えば、消費財市場では品質に優れた製品・サービスを低価格で提供するよう期待されるし、従業員（労働市場）では魅力的な賃金を支払わないと優秀な人材が

第3章 事業部価値創造のための業績評価システムの検討　67

確保できない。サプライヤー（とりわけ原材料市場）に対しては企業間信用の条件にしたがってタイムリーかつ確実な支払いを行う必要があるし、債権者には、約定に忠実に利息の支払いや元本の返済を行わないと運転資金や投資資金の調達（ひいては利益の実現や拡大・成長）がおぼつかなくなる。

　こうした様々なステークホルダーの要求に応え続けていくために必要なものは、結局のところキャッシュ（現金）にほかならないという意味において、経営者が事業を効率的に運営しつつ、競争力を維持するために十分なキャッシュ・フローを稼得し続けることこそが、VBMならびに株主価値経営の本質にほかならない。このことと「事業活動の前提となる戦略の有効性はそれによって生み出されるフリー・キャッシュ・フローをベースとする将来の期待SVAによって決まる」という第2章の重要な主張を重ね合わせれば、VBM環境下の事業部長の責任というものが、株主価値創造に直結する指標である事業部価値およびその源泉であるSVAの増大に資するバリュー・ドライバーにリンクした業績尺度に基づいて意思決定を行うとともに、その目標値を長期にわたって達成し続けるということに集約されることが明確になるであろう。

　業績評価の方法論については、本研究が、「VBM環境下の部門経営の観点に立った事業単位価値創出のためのマネジメント・システムの開発可能性の検討」をテーマにしていることに鑑みて、VBMのフレームワークならびに部門経営の期間業績評価という管理会計の枠組みに沿って議論を展開することが有用であろう。そこで、本節では、各業績評価手法の本質を明らかにしたうえで、図表3－1の(a)「全てのステークホルダー（利害関係者）の観点の反映」ならびに(b)「バリュー・ドライバー（価値作用因）ないし因果連鎖の認識」というVBMの基本的要件と、(c)「財務指標の測定・評価」及び(d)「非財務指標の測定・評価」という業績評価システムの技術的要件、さらに、(e)「部門業績評価への適応」、(f)「期間業績評価への適応」という管理会計要件を基準にそれぞれの手法の優劣を比較することによって、VBMを推進する事業部マネジメントに最適であると考えられる業績評価手法を検討する。

区　分	基　準		
基本的要件	(a) 全利害関係者の観点を反映		(b) 価値作用因又は因果連鎖を認識
技術的要件	(c) 財務指標を測定・評価		(d) 非財務指標を測定・評価
管理会計要件	(e) 部門業績評価に適応		(f) 期間業績評価に適応

図表3－1： 最適な事業部業績評価（マネジメント）システムの選定基準

3.3.1 事業部価値／SVA創出のための業績測定・評価の基幹的フレームワーク——株主価値ネットワーク

　株主価値ネットワーク (shareholder value network) は、Rappaport (1986, pp.76-77 & 1998, pp.55-57) が、株主価値を操作可能にすることを企図して提唱した企業経営の最終目的（＝株主価値の創出）と基本的な価値評価パラメーター（＝バリュー・ドライバー）のリンクを描き出すための理論フレームワークであり、その本質は、「バリュー・ドライバーに働きかける意思決定がSVAの創出をもたらす」という彼の主張に集約されている。したがって、第2章「2.3.3 (xii) SVA法」の基盤を成す概念的フレームワークである株主価値ネットワークは、企業戦略立案のための有効なツールであるのと同時に、SVAの創出（事業部価値の増大）を図る部門経営を支援する業績評価システムのベースにも使えるということになる。

　Rappaportは、まず1986年の初版（Chap.3）で、「業務決定」、「投資決定」、「財務決定」、の3種の経営意思決定に働きかけて企業価値に影響を及ぼす要因として、図表3－2にある、①売上成長率、②営業利益率、③法人税率、④運転資本投資、⑤固定資本投資、⑥資本コスト、⑦価値成長持続期間、の7つの財務的な（financial）マクロ・バリュー・ドライバーを特定した。そして、1998年の第2版（P.172）で、それらに影響を与える19の業務関連の（operational）ミクロ・バリュー・ドライバーを例示したうえで、「株主価値創出への管理者の寄与度は、その業績や報酬を、成長可能性がある事業や長期的な投資を行っている事業の価値創出能力を基礎としない限り正しく評価できない」として、長期的な価値創造に直結する目

標管理システムである「価値先行指標アプローチ」(leading-indicators-of-value approach) を提唱 (p.129) している。

そこでは、少数の先行指標が長期的な価値創出可能性の大部分を占めることが多いという自身の経験則に基づいて、顧客満足度、品質改善度、新製品開発計画の期間内達成率、新規出店計画や新規設備配置計画の達成率、顧客定着率、生産性向上、の6つの先行指標が例示されている。なお、ここでいう「先行指標」とは、長期的に企業 (事業) 価値に大きな正の作用を及ぼす、現時点において測定可能かつ伝達が容易な実績尺度を指している。

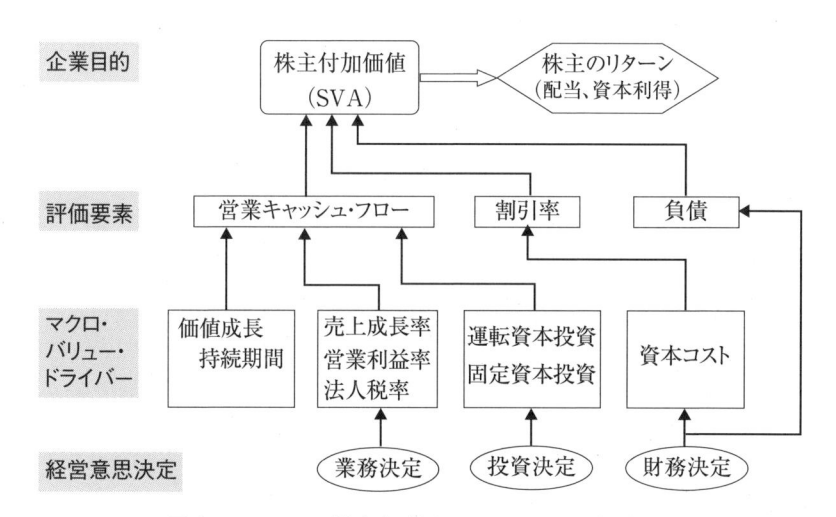

図表3－2： 株主価値ネットワークの概念図

出典) Rappaport, A. (1986). *Creating shareholder value : The new standard for business performance.* New York : Free Press. (Figure 3-1. The Shareholder Value Network [p.76] を一部修正)
岡野光喜監訳・古倉義彦訳『株式公開と経営戦略：株主利益法の応用』62頁（東洋経済新報社, 1989). (「図3－1：株主利益の構造図」を一部修正)

Rappaport (1998) は、さらに、「事業単位バリュー・ドライバー分析 (business unit value driver analysis) によるキー・ミクロ・ドライバーの把握が、価値へのインパクトが大きく統制が容易な事業単位の運営への注力を可能にすると同時に価値先行指標の認識も容易にする」と主張してい

る（p.171）が、図表3－3からも明らかなように、上記の6つの先行指標は彼が例示した19のミクロ・バリュー・ドライバーには含まれていない。また、それらのミクロ・バリュー・ドライバーの中には、単にマクロ・バリュー・ドライバーの構成要素か同時指標（concurrent indicators）であると見受けられる要素も含まれていて、それらの中に純粋に先行指標に該当するものがあるのかということは明確にされていない。

もっとも、業績指標が業績の先行指標となるのは、組織がその因果関係の知識と専門的技能を得て将来の成果や結果を生むことができるようになる場合に限られる（Lebas & Euske, 2002, p.72）という前提においては、先行指標の特定は難度の高い作業といえるから、Rappaportが1998年の時点で上記のような基本的な考え方の提示に留まったことは、先述した業績測定・評価のフレームワーク発展のプロセスと時系列に重ね合わせてみれば、無理からぬことであったといえよう。

このように、株主価値ネットワークは、基準（b）、（c）、（e）、（f）を充足するが、VBM環境下の部門経営（ここでは事業部価値の増大（SVAの創出）を目指す事業部マネジメント）の基幹的な業績測定・評価のフレームワークではありながらも、資本コストの方程式に組み込まれている株主（投資家）、そして債権者を除く（a）の勘案があくまでも間接的であるということに加えて、（d）について十分に追究できていないという限界を有している。したがって「事業部長がVBMを有効に推進する」という部門経営の脈絡においては、他の業績測定・評価のフレームワークとの合体・併用による概念的・技術的な補強が不可欠となるのである。

3.3.2 その他の有力な業績測定・評価のフレームワーク

業績測定・評価の方法論については、Neelyが2002年と2007年に編集した業績測定・評価に関する研究論文集である *Business performance measurement* の初版（副題：*Theory and practice*（Cambridge University Press））[10]ならびに同書の第2版（副題：*Unifying theories and integrating practice*（Cambridge University Press））[11]（以下、両者を「Neely（2002 & 2007）」と称する。）に沿って、議論を展開することが有用であろう。

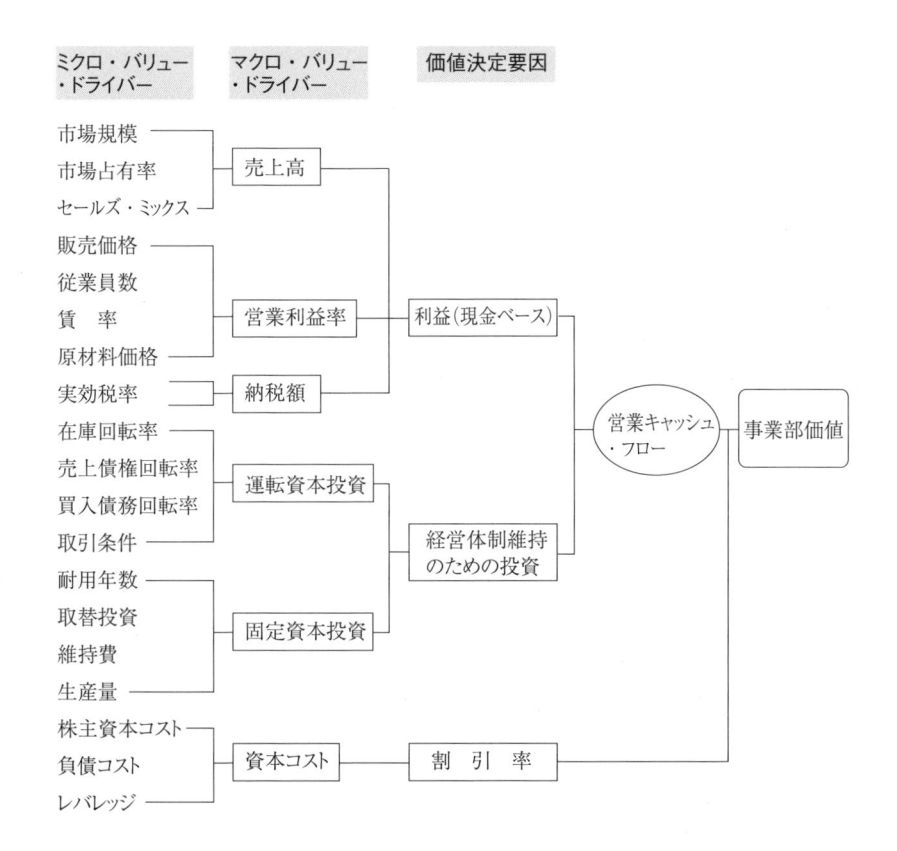

第3章 事業部価値創造のための業績評価システムの検討　71

ミクロ・バリュー・ドライバー	マクロ・バリュー・ドライバー	価値決定要因		
市場規模 市場占有率 セールズ・ミックス	売上高			
販売価格 従業員数 賃　率 原材料価格	営業利益率	利益(現金ベース)		
実効税率	納税額		営業キャッシュ・フロー	事業部価値
在庫回転率 売上債権回転率 買入債務回転率 取引条件	運転資本投資	経営体制維持のための投資		
耐用年数 取替投資 維持費 生産量	固定資本投資			
株主資本コスト 負債コスト レバレッジ	資本コスト	割　引　率		

図表3－3：　事業部価値の創出とマクロ・バリュー・ドライバー、ミクロ・バリュー・ドライバーの関係図

出典）Rappaport, A.（1998）. *Creating shareholder value: A guide for managers and investors, revised and updated*. New York: Free Press.（Figure 9-3. Micro and Macro Value Drivers［p.172］を一部修正）

Neely は、会計学、経済学、人的資源管理、マーケティング、業務管理（オペレーション）、心理学、社会学などの業績評価に関係する様々な学際領域の研究者や実務家が参加する PMA（Performance Measurement Association；業績測定（評価）学会）の 1998 年の発足以来、議長として中心的役割を担ってきた業績評価の分野を代表する研究者の一人である。

「Neely（2002 & 2007）」は、90 年代に入ってからの一層の業績測定・

評価に対する学界および実業界における関心の高まりに呼応して、彼が各関連分野の専門家の研究成果をとりまとめたものであり、Neely 自身も、"Performance measurement frameworks：A review"（以下「Review」と称する。）の題目で業績測定・評価のフレームワークと方法論のレビューを寄稿しており、2007年の第2版では Kennerley と Adams と共同で内容を刷新している。「Review」は先行研究の文献レビューの結果の考察に基づいて各フレームワークの長所・短所および関係性に言及しているという点で、本章の議論と深い関わりを有しているから、主として同文献に則して議論を展開する。

なお、Neely らの論文では、下記の手法のうちタブロー・デュ・ボール、マルコム・ボルドリッジ国家品質賞、業績測定マトリックス、SMART ピラミッド、結果・決定要因モデル、ビジネス・エクセレンス・モデル、BSC、インプット－プロセス－アウトプット－成果・フレームワーク、パフォーマンス・プリズムだけを取り扱っている。つまり、「Review」では、SVA の創出をはかる部門経営の基幹的な業績測定・評価のフレームワークである株主価値ネットワークはもとより、伝統的な業績評価及びマネジメント・コントロールのツールである予算管理や目標管理、90年代以降に多くの企業が導入した Stern Stewart 社の EVA 経営システムや、マルコム・ボルドリッジ国家品質賞の日本版である日本経営品質賞などは網羅していない（「Review」に記載されていない手法は＊印で表示）。なお、本項における各手法の掲載順位は、基本的に開発の時系列によっているが、(vi)、(vii)、および (viii) の3者は同じ年に提唱されたものである。

(i) 予算管理 (budgeting)＊

責任会計のコンセプトを基盤とする伝統的な業績評価ツールならびにマネジメント・コントロール・システムの代表格。予算 (budgets) は、「予算期間における企業の各業務分野の具体的な計画を貨幣的に表示し、これを総合編成したものをいい、予算期間における企業の利益目標を指示し、各業務分野の諸活動を調整し、企業全般にわたる総合的管理の用具となるもの」あるいは「業務執行に関する総合的な期間計画[12]」と定義されており、

事業計画を数値化したものであることから、全社および事業部別もしくは部門別に（(e)に準拠）会計数値で示される。予算目標の設定時には、(iii)目標管理を用いて組織と予算管理者との目標のすり合わせを行うとともに、予算への参加制度を導入して動機付けをはかる。

20世紀初頭頃より米国の大規模企業を中心に専ら予算統制（budgetary control）として用いられてきたために、伝統的には、計画機能、調整機能、統制機能、の3つの基本機能のうちの統制機能が重視され、管理責任単位である事業部や部門ごとの業績評価は、予算実績差異分析の結果に基づいて行われることが多かった。予算管理には戦略を再検討する機能がないため、そもそも戦略と予算との連携は脆弱である。

年次予算と実績を比較（(f)に適応）して差異を分析し、差異の発生原因を明確にして措置を講じ、次年度以降に向けた予算編成に有効な情報をフィードバックしようとする統制機能は、差異を計数的に測定しようとするものである（(c)に準拠）ため、非財務情報の測定・評価には向いていない（(d)に不適応）。また、あくまでも企業内部の視点に立つものであり、ステークホルダーという観点はない（(a)への準拠なし）。バリュー・ドライバーの発想はないが、間接費の配賦等に関して限定的に因果関係が勘案されている（(b)への適応は限定的）。VBMの脈絡においては、Neely, Sutcliffe, & Heyns（2001）やHope & Fraser（2003）が、価値創造よりも原価削減を主眼としている点が予算管理の弱点であるということを指摘している。[13]

(ii) タブロー・デュ・ボール（tableau de bord）

20世紀初頭のフランスにおいて開発された財務指標と非財務指標を併用する業績評価システム（(c)、(d)を充足）。業績評価を組織の戦略に関連付けるための責任会計の手法で、「財務情報と非財務情報を一覧できるダッシュ・ボードないし組織階層別の情報指示盤」が名称の由来とされている。初期のBSCは機能面でタブロー・デュ・ボールに酷似している。

責任や目標が異なる各事業単位が独自のタブロー・デュ・ボールをもち（(e)に準拠）、財務指標よりも業務関連の尺度などを因果関係の観点から

重視する（(b) に依拠）。作成は、①各事業単位のミッション、ビジョンから一連の目標を設定する、② KSF（key success factors；重要成功要因）を絞り込む、③定量的な KPI（key performance indicators；主要な業績指標）を設定する、④各期間のターゲットを設定する、⑤業務計画を策定する、という手順を踏む。管理者の意思決定の支援が主な目的であるので、各事業単位が管理可能なものを業績指標としたうえで、管理者に実績値を報告し、目標値と比較する（(f) に適応）。

経営課題の構造化や経営管理上のフォーカス・議論の洗い出しへの貢献、定期的な業績の報告による事業単位責任者の意思決定の支援、全社の戦略や他の事業単位の業務との関連の可視化による適切な KSF や KPI の設定への支援、等のメリットが期待できるとされるが、指標間の関係や戦略との結びつきについての検討は不十分である（加登＆河合, 2002, 73 頁）。実際の企業での使用に際しては非財務指標の活用が軽視されがちだったということが指摘されている（Epstein & Manzoni, 1997, p.36）。また、BSCにある測定領域の区分がないため領域間の因果関係を規定しているとまではいえず（Bourguignon, Malleret, & Norreklit, 2004, p.118）、非財務指標を考慮しているものの、財務指標に変換する（非財務的指標を財務的指標に関連付ける）ことまではしていない。なお、(a) は考慮されていない。

(iii) 目標管理 (management by objectives；MBO)*

管理者 – 部下間のコミュニケーションを重視した組織目標達成のための行動科学的、責任会計的な自己管理システム。結果管理（results management）とも呼ばれ、McGregor の Y 理論（Theory Y）を基盤に 1954 年に Drucker が提唱した。トップ・マネジメントのコミットメントの下で相互信頼と尊敬の企業文化を形成し、コーチ役（facilitator）である管理者と部下の間の自由かつ正直なコミュニケーションの確立と従業員の参加をベースにモラルの向上をはかり、従業員自身による全社目標に整合的な業務目標の設定と徹底的な自己管理を通して目標の達成をめざす。期間終了時に部下の成果を評価し、結果の確認・差異の分析に基づき原因を討議、報奨と具体的なフィードバックを行う（(f) に適応）。

今日では、責任会計の考え方と合体し、(i) 予算管理システムや「3.3.1 株主価値ネットワーク」をはじめとする多くの業績評価のフレームワークに組み込まれている ((i) 上埜, 2001, p.232；「3.3.1」Rappaport, 1998, p.129)。目標や業績基準のバランスを重視し、財務指標に加えて非財務指標も採用する ((c)、(d) に準拠)。仕事と成果について目標を設定すべき事業の領域として、顧客（マーケティング）や経営管理者、従業員、社会的責任が盛り込まれていることから、ある程度は (a) を充足しているといえる。ただし、因果関係には触れておらず ((b) への準拠なし) 指標間の関係や戦略との結びつきは十分検討されていない（加登&河合, 2002, 73 頁）。また、(e) 部門業績評価への対応も間接的である。

(iv) マルコム・ボルドリッジ国家品質賞
(Malcolm Baldridge National Quality Award)

マネジメント・コントロール機能の発揮を目的に、財務・非財務両方の業績指標の組合せ・統合をはかる経営管理のフレームワーク ((c)、(d) を充足)。日本企業の成功に大きな貢献をした品質管理活動とその基盤であったデミング賞の仕組みを解析し、品質の向上を支援して製造業の競争力の再生を図るべく、米国政府主導の国家プロジェクトとして 1988 年に制定された。技法やツールは規定していないため、企業が自由に品質管理ツールを選択できる。

日本の品質管理活動が優れた製品・サービスと、生産プロセスに注目したのに対して、全体としての活動の優秀性が品質の向上をもたらすという「経営品質」の観点から品質向上への取り組みを展開するもので、財務的成果は第二義的なものとされる。そのため、実際には、過剰品質等の問題が顕在化して品質の向上にも関わらず期待したほどの利益が生み出せず、財務的に経営が安定しない企業も少なからず発生した（加登&河合, 2002, 72 頁）。経営品質の向上が業績の向上に結びついているか、品質管理活動が継続的に効果を生んでいるか、などの測定項目と配点を盛り込んだ表で達成レベルを評価し、高得点の企業が受賞の対象となる。

顧客の製品やサービスの品質・価格・性能への満足度を重視し、品質向

上のための諸活動に関する業務フロー、知識、知恵等を組織に蓄積させるべくマニュアル化を重視する。基準項目に「公共」、「顧客と市場」、「社員」、「サプライヤーとパートナー」の表現でステークホルダーの観点を広範に盛り込んでおり、(a)を満たしているといえる。また、得点を、戦略の実行やプロセス・マネジメントといったプロセス観点の項目と、①顧客重視の成果、②財務的成果及び市場成果、③人的資源に関する成果、④サプライヤーとパートナーに関する成果、⑤組織有効性に関する成果、に区分された経営成果との合計としてとらえるため、経営品質の向上が製品やサービスの品質に至る因果関係を特定しているとはいえないまでも、(b)は勘案されている。基本的には自己評価のフレームワークであり、必ずしも業績評価のフレームワークとして設計されたものではない（Kennerley & Neely, 2002, pp.148-149；Neely, Kennerley, & Adams, 2007, p.149）ため、(e)、(f)への適応は限定的である。

(v) 業績測定マトリックス（performance measurement matrix）

広範な支持を得た初期の業績評価のフレームワークで、Keegan, Eiler, & Jones（1989）がバランスのとれた業績の測定システムをテーマに開発した。尺度を、マトリックス上に、横に「コスト」と「非コスト」、縦に「外部」と「内部」に分類して、座標軸上にプロットするという単純なフレームワークであるが、それ故に、理論的にはあらゆる業績指標の受入れが可能となる（(c)および(d)に適応）。

区分は、①非コストで外部の尺度（リピート顧客の増加率、苦情処理回数、市場占有率）、②非コストで内部の尺度（設計サイクル、配送予定達成率、新製品開発件数）、③コストで外部（原価率の競争優位性、相対的な売上高研究開発費比率）、④コストで内部（設計費、材料費、製造原価）、となっている。(f)には適応し得るが、現実をあまりにも簡素に表現しているため、(e)への活用は困難である。(a)は不十分であり、(b)は考慮されていない。

(vi) SMART（戦略的測定・報告技法）ピラミッド
(strategic measurement and reporting technique pyramid)

　Lynch & Cross が 1991 年に提唱した業績評価のフレームワークで、"業績ピラミッド"（performance pyramid）とも呼ばれる。(v) 業績測定マトリックス同様に、組織の内部及び外部の視点の業績指標を網羅する。ピラミッドに見立てた組織の下方に、全社→事業単位→コア・ビジネス・プロセス→部課等→従業員、のように各階層に尺度を分解・展開していくことによって、事業単位レベルの内部的・外部的な目的に加えて企業ビジョンも、部・課や現場での尺度に反映させることができるとされている。
　ピラミッドの左半分は外部に対する有効性を、また、右半分は内部の効率性を表現している。評価要素として、企業ビジョン、市場、財務、顧客満足、柔軟性、生産性、品質、配送、サイクルタイム、ムダ・ムリ・ムラ、業績管理システム、の 11 項目をあげている。(c)、(d)、(e)、(f) を満たしており、(b) についてもある程度勘案されているといえるが、(a) の範囲は必ずしも明示的でない。

(vii) 結果・決定要因モデル (results − determinants framework)

　Fitzgerald et al. が 1991 年に提唱したフレームワークで、業績指標を①結果（競争優位性、財務パフォーマンス）に関連する尺度、②結果の決定要因（品質、柔軟性、資源の利用度、イノベーション）の 2 つの基本タイプに分類している。因果関係の概念を反映させたもので、現在の結果は、特定の決定要因についての過去の業績の関数であることを示す。成果目標を達成するためには業績ドライバーを認識する必要があるという、その後の業績評価システムの設計における議論の先駆けとなった。したがって、(b)、(c)、(d)、(f) を満たしているが、これだけでは (e) での活用は困難である。また、(a) については勘案されていない。

(viii) ビジネス・エクセレンス・モデル (business excellence model)

　1991 年にスタートした、企業競争力の向上を目的にマネジメント・コントロール機能を発揮させるべく、財務・非財務の業績指標を組み合わせ

て統合化する経営管理システム（(c)、(d) に適応）。"EFQM Excellence Model" とも呼ばれ、欧州経営品質協会（European Foundation for Quality Management；EFQM）が、"EFQM Excellence Award" を授賞する。達成目標であるビジョンを具体的かつ測定可能な形で策定し、目標と現状のギャップを認識した上で、因果関係の観点から KSF の絞込みを行って解決策の導出を支援するためのフレームワーク。

業績の改善をもたらす要素を広範に網羅しており、将来の経済的業績のドライバーに会計的指標以外にも多くの要素を考察している（(b) に準拠）。作用因（enablers）を、リーダーシップ、人材、政策と戦略、パートナーシップと資源、プロセス、結果（result）の尺度を、人的な結果、顧客に対する結果、社会的な結果、主要な業績（key performance）に関する結果、にそれぞれ区分して、リーダーシップによって導出された政策や戦略が従業員や資源、プロセスによって遂行されて結果が生まれるという仮定をモデル化したもので、規制当局や地域社会等もステークホルダーとして考察の対象に入れている（(a) を充足）。

測定の対象となるカテゴリーが多岐にわたる点が強みとされるが、成功（excellence）のレベルを自己評価により測定する経営診断のツールであり、(iv) マルコム・ボルドリッジ国家品質賞と同様に、客観的な業績評価のフレームワークとして設計されたものではないために (e)、(f) への適応は限定的であり、結果の領域の尺度は総じて容易に測定できるものであるが、作用因には測定不可能なものが混在している（Kennerley & Neely, 2002, pp.148-149；Neely, Kennerley, & Adams, 2007, p.149）。

(ix) BSC（balanced scorecard）

Kaplan & Norton が 1992 年に提唱した、主要な業績ドライバー（performance drivers）をモデル化して目標管理を促すアプローチ。財務、非財務両方の業績指標を統合し（(c)、(d) に準拠）、業績評価を組織の戦略に関連付ける。非財務指標を最終的に財務指標に関連付けて体系的なスコアカードを完成させるという、(ii) タブロー・デュ・ボールにはない特性を有する。開発当初の部門業績評価のモデルから、戦略目標の達成の

ために進捗状況を測定して（(f) に対応）、全社目標への準拠を評価する戦略経営システムへと発展した。BSC の「バランス」は、Drucker（1954）が先鞭をつけた業績基準及び尺度をバランスさせた測定システムという概念を発展させて、財務指標と非財務指標との間のバランス、遅行指標と先行指標、短期目標と長期目標、企業外部の視点と内部の視点、などのバランスを包含する。

　運用は、①ミッション、ビジョンに基づく企業戦略の構築、②事業部門ごとの事業戦略の策定、③ビジョン、戦略を実現するための視点の策定、④戦略目標の設定、⑤ KSF の絞込み、⑥業績評価のための成果尺度の設定、⑦各視点における業務遂行のターゲット設定、⑧アクション・プランの策定、⑨具体的実行、⑩ BSC による実績評価、⑪フィードバックと学習の促進、という手順を踏む。各事業単位の機能をリンクさせて実行することにより戦略に基づいた事業目標の達成を図るツールであるため、事業部制であれば事業部ごとの BSC が作成される（(e) に対応）。「財務」、「顧客」、「内部（業務）プロセス」、「学習と成長」、の４つの視点は因果（相互依存）関係にあり、業績を示す遅行指標である結果指標と、今後の成長の源泉である先行指標としての業績ドライバーの両方が業績指標に用いられ、関連性を勘案した組合せが行われる（(b) を充足）が、サプライヤー、政府機関等の重要なステークホルダーの視点が盛り込まれていないために (a) に関する網羅性は十分とはいえない。

　VBM の脈絡においては、事業部価値の成長を BSC の財務の視点の目的に据えたうえで、業績尺度に SVA を採用し、実績を測定・評価するといったアプローチが考えられる。BSC は、企業価値を測定するという目的には応えられないものの、経営管理者が価値創造という目的の遂行のために何をすべきなのかということや、そのために管理すべきバリュー・ドライバーを明確にするうえでは有用なフレームワークである（Morin & Jarrell, 2000, p.335）。

(x) EVA 経営システム／EVA 報酬制度
　　(EVA management system ／ EVA incentive program)＊

　測定、経営プロセス、動機づけ、意識改革、の 4 要素で構成される EVA 経営システム[14]の核心は、EVA によって測定された業績に対する評価に基づいて報酬を支払うということであるから、業績評価と報酬制度のリンクこそが EVA 経営システムの本質に他ならない。Stern Stewart 社の業績のとらえ方は、EVA アプローチの開発者である Bennett Stewart 氏の 1994 年の論文（p.78）を境に絶対額ベースから増分ベースへと大きく舵をきっている。

　報酬やボーナスが目標達成度に応じて支払われることは、同社の当初からの主張であった「組織の成員は評価尺度で表現された業績に基づいて報酬を受けるべきである」(Stern Stewart, 1986, 3-13 等) という哲学を具現化したものには違いないものの、その後の、「EVA 経営システムで重要なのは EVA の絶対額ではなく改善額であるから、業績は EVA 改善目標に対する達成度で測られるべきである」(スターンスチュワート社，2001, 150 頁) との主張は、経営管理者の報酬を EVA の改善額、すなわち年間の変化額ないし増分に結びつける（(f) に適応）ことによって、EVA 評価モデルの欠点である、簿価ベースの期首純資産に人為的に価値を割り当てることによって総付加価値額が変化するという歴史的原価の使用がもたらす問題や、NOPAT の絶対額を各期間の価値創出額として取り扱っているという理論的な矛盾点の除去を企図したものである。実際には、同社は、「絶対額ベースの EVA を業績評価の基準やインセンティブのベースに採用してはならない」という Rappaport (1998, p.127) の指摘に先んじて、1994 年頃からモデルの修正を図り、EVA アプローチの管理会計ならびに財務管理上の有用性を死守することに成功したのである。

　EVA 経営システムは、マーケティング EVA ドライバー、製造 EVA ドライバー、スタッフ EVA ドライバー、R&D EVA ドライバー等のマクロ・バリュー・ドライバーの各々に対してミクロ・バリュー・ドライバーを導出し、管理の対象とする（(b) を充足）ことによって、EVA（の増分）を全社ならびに部門業績評価のツールとする（(e) に準拠）。そのうえで

報酬制度へのリンクを図ることによって、企業価値の増大をもたらすマネジメント・システムとして機能することを可能にしている。

EVA のフレームワークは、バリュー・ドライバーとして、財務指標((c) を充足)だけでなく非財務指標も認識してはいるものの、株主価値アプローチと同様に後者((d))の考慮は限定的である。また、株主価値経営の代表的なフレームワークの1つに数えられる EVA アプローチは経営の最終目的(＝経営管理者の使命)を株価の上昇ないし株主の富の最大化においているため、(a) への対応は間接的である。

(xi) 日本経営品質賞 (Japan Quality Award)*

経営そのものの品質向上が結果として製品やサービスの品質向上をもたらすという、(iv) マルコム・ボルドリッジ国家品質賞(以下"MB 賞"と称する)に啓発され、過去の日本的品質管理活動の限界に対する認識と反省を踏まえて、新時代の日本における品質管理運動となることを企図して 1995 年に創設された自己評価による経営管理のためのフレームワークで、日本経営品質賞委員会が授賞する。MB 賞を参考にして設計されたという経緯もあり、趣旨や審査項目には大きな差異は見られないものの、配点面では際立った違いを見せている。

MB 賞が経営品質向上活動の成果としての経営成果に全体の半分近いウエイトを置いているのに対し、日本経営品質賞では、「顧客・市場の理解と対応」や「顧客満足」により大きな配点ウエイトが置かれていて、経営者のリーダーシップが推進力となる経営全体の仕組みを顧客の観点からとらえ直すという姿勢が強調されている。(a) ～ (f) の基準への適応は、(iv) MB 賞の場合と全く同様である。

(xii) インプット－プロセス－アウトプット－成果・フレームワーク
(input－process－output－outcome framework)

Brown が因果関係を通して業績尺度を関係づける概念を発展させたフレームワークとして 1996 年に提唱したモデル。組織にインプットされたものがどのように処理システムひいてはゴール(組織のトップレベルの目

的）の遂行に影響を与えるのかを表現する所謂「組織のマクロプロセス・モデル」で、ビジネス・プロセスを、①インプット、②処理システム、③アウトプット、④成果、⑤ゴール、の5つに区分したうえで、それぞれの段階と業績指標の間の関係性を示した。各区分の要素は、①（意欲的かつ満足度の高い熟練労働者、顧客の要求、原材料、資本）、②（製品・サービスの設計、製品の製造、サービスの履行）、③（製品、サービス、財務的な結果）、④（顧客の満足、顧客ニーズの充足）、⑤（リピートビジネスの獲得）、とされている。また、各段階の業績指標は、インプット（従業員満足度、サプライヤーの業績、財務指標）、プロセス（プロセスおよび業務の尺度、財務指標）、アウトプット（製品・サービスの尺度、財務指標）、成果（顧客満足度）、である。

　各段階の間に、前に位置する要素が次の要素を決定する（ある段階は次の段階の業績ドライバーとなる）という一方向的な流れが仮定されている。同モデルにおけるアウトプットの尺度と成果尺度の区分は、公共部門などの強い支持を得ている（Neely, Kennerley, & Adams, 2007, p.147）。(b)、(c)、(d)、(f)を満たしているが、(a)ならびに(e)の充足は限定的である。

(xiii) パフォーマンス・プリズム (performance prism)

　BSCを含む既存の業績評価ツールの短所を修正して、あらゆる尺度をマッピングできるようにした多面的かつ包括的な業績評価のフレームワークとして、Neely & Adamsが2001年に提唱した。組織の機能横断的にも階層的にも統合可能で、いかなる組織レベルにも使用できる（(e)を充足）。業績評価に関して、株主及び株主以外の投資家、顧客、従業員、サプライヤー、規制当局、地域社会といった広範なステークホルダーを網羅したうえで、フレームワークの中心に置いているのが特徴（(a)を充足）。

　その展開は、①組織の重要なステークホルダーを確認し、その要求を明らかにする、②それぞれのステークホルダーの要求を満足させるための適切な戦略を検討する、③ステークホルダーの満足という目標の達成に不可欠なプロセスを認識する、④各ステークホルダーに価値をもたらすべく、プロセスを支え強化するのに必要な能力（ケイパビリティ）を評価する、

⑤組織に対する各ステークホルダーの貢献度（支援）の最大化を促す、という5つのステップによって行われ、それぞれが業績指標として明確化される。例えば、企業は、顧客（①）満足を図る見返りとして、顧客のロイヤルティや購買（利益）等の便益（⑤）を要求する、といった具合である（(f)に対応）。5つの視点の間には関連性があり（(b)に準拠）、組織の結果としてのステークホルダー満足が決定要因としての他の側面の関数であることを表現している。

　戦略のトップダウンによる展開を前提に、ケイパビリティを明確にしたことにより、資源ベースの観点との調和がはかられている。この結果、特定の目的の達成のために用意されたケイパビリティから然るべき戦略が導出されることが確保されるため、全社目標への準拠を評価する戦略経営システムとしても適格である。

　外部（ステークホルダー）・内部（戦略、プロセス、ケイパビリティ）尺度、財務・非財務尺度（(c)、(d)を充足）、効率性・有効性尺度などによって、組織業績に影響を与えるすべての領域を包含し、事業をバランスよく描写することが可能であり、成功マップ（success map）をはじめとする分析手法を駆使して、区分ごとに尺度を洗い出すといったことが行われる。Neely, Adams, & Kennerley (2002, p.153) 及び Neely, Kennerley, & Adams (2007, p.144) は、パフォーマンス・プリズムが既存の業績評価のフレームワーク並びに方法論の長所を統合したものだということを強調したが、実際に、パフォーマンス・プリズムは、これらの手法の中では唯一、すべての基準を充足するという検討結果を示している。

3.4　論点の整理と議論の展開

本節では、これまでの論点を次項で整理・要約し、議論を展開する。

3.4.1　論点の整理

VBMにおいては、資本市場を意識して企業の全活動を株主価値の向上

に向けた取組みに整合させていくことが不可欠であるため、部門経営に株主価値の尺度を導入するということが経営者の基本的な関心事となる。企業経営の最終的な目的である株主価値最大化の前提となる企業価値向上の源は究極的には事業価値の増大であるから、VBMのための部門経営の目標というのは、結局のところ事業価値の構成要素（各事業部の貢献額）である事業部価値の創出とその長期的な成長ということになる。このように、VBM環境下の事業部マネジメントにおいて主要な経営判断の基準となるとともに目標・評価尺度となるのは事業部価値の増分であるから、各々のドライバーがどのように事業部価値に影響を与えるのかを考慮したうえで、戦略策定や投資判断に反映させていく必要がある。

　Rappaport（1998, p.132）は、VBM（および株主価値経営）の進め方は、トップ・マネジメントの支持の度合や事業ポートフォリオの性格・多様性、分権化の程度、規模、地理的要因、従業員構成、組織文化、経営スタイル、危機感のレベル等によって企業ごとにユニークなものにならざるを得ないとはしながらも、すべての企業に共通することとして、VBMが、株主を含む全てのステークホルダーに価値をもたらすということを強調している。彼はまた、事業単位の価値創造パフォーマンス（すなわち業績）は、SVAまたはその同等物を尺度として測定することが（理論的には）正しいと述べるとともに、投資とその後の増分キャッシュ・フローの間に時間的なずれが伴う事業の評価には、SVAと価値先行指標の達成目標水準をミックスして用いるべきであると主張している。

　これまで重ねて述べてきたように、VBMを推進する事業部マネジメントにおいて、先述の様々な"業績"の条件に合う目標尺度は「事業部価値の増分」であり、その直接的な評価尺度となるものは「SVAの創出」をおいてほかにない。また、期待SVAが最大となる戦略の採択を前提とすれば、業績評価の主たる目的の1つが組織の将来の業績改善である以上、業績の先行指標が認識できる場合には、それらの管理が重要になることは明らかである。

　したがって、VBMの脈絡における業績評価システムを検討する本稿における業績の評価尺度は、事業部価値の源泉としてのSVAならびにその

マクロ及びミクロ・バリュー・ドライバーにリンクした財務・非財務指標（とりわけ価値先行指標）ということになろう。なお、本研究においては、前述（「3.2.5」）した通り、厳密には、これらのうち、目標の達成度合を測定する尺度となるSVAが「業績指標」(performance measures)、後者の価値先行指標を含む各バリュー・ドライバーとその関連指標が目標の達成に至る過程における努力レベルを測定する尺度である「プロセス指標」(process measures)、という位置づけになる。

　図表3－4は、前節までの考察に基づいて、上記の多様な業績評価手法の中で、VBMの2つの基本的要件と業績評価システムの2つの技術的要件への適応、ならびに「部門業績の測定」および「期間業績の測定」（すなわち管理会計要件）への準拠という、厳しい条件に適格な手法の絞込みを行った結果をまとめたものである。上記のデータから、これらの業績評

区分 手法の名称	基本的要件		技術的要件		管理会計要件	
	全ての利害関係者	価値作用因／因果連鎖	財務指標を測定評価	非財務指標を測定評価	部門業績評価に適応	期間業績評価に適応
株主価値ネットワーク	×	○	○	△	○	○
予算管理*	×	△	○	×	○	○
タブロー・デュ・ボール	×	○	○	○	○	○
目標管理*	△	×	○	○	△	○
MB国家品質賞	○	○	○	○	△	△
業績測定マトリックス	×	×	○	○	△	○
SMART	△	△	○	○	○	○
結果・決定要因モデル	×	○	○	○	△	○
ビジネス・エクセレンス・モデル	○	○	○	○	△	△
バランスト・スコアカード	△	○	○	○	○	○
EVA経営システム*	×	○	○	△	○	○
日本経営品質賞*	○	○	○	○	△	△
I-P-O-O フレームワーク	△	○	○	○	△	○
パフォーマンス・プリズム	○	○	○	○	○	○

図表3－4：　業績評価システムのVBM・部門経営との整合性の分析
　注）○は完全な準拠・適応　△は条件付／限定的準拠・適応　×は不準拠・不適応

価手法の中で、VBMの実行を支援する強力なツールとなることができ、そのうえで期間業績の測定および部門業績の測定という管理会計上の目的に最も高いレベルで応え得る（すなわちすべての項目が○である）ものは、パフォーマンス・プリズムだけであるということが明らかになった。このことは同時に、全てのステークホルダーの要求に対する充足度を最も高い精度で測定できるパフォーマンス・プリズムが、株主価値ネットワークを補完する業績評価ツールとして最適（すなわちVBMを推進する事業部マネジメントのための最適な業績評価手法である）ことを意味している。

3.4.2 議論の展開

図表3－5、3－6ならびに3－7は「3.3.2（xiii）パフォーマンス・プリズム」で触れたパフォーマンス・プリズムのフレームワークを図示したものである。Neely, Adams, & Kennerley（2002）は、概念図〔A〕および〔B〕をベースにパフォーマンス・プリズムの概念的枠組みの成り立ちと応用を論説するに際して、投資家、顧客及び仲介業者、従業員、規制当局と地域社会、サプライヤー、の各ステークホルダーについて、「満足度」、「貢献度」、「戦略」、「プロセス」、「ケイパビリティ」、の区分ごとに尺度を洗い出し、パフォーマンス・プリズムのユーザーである組織が適切にその成功を評価するために必要な業績指標を考案する際に役立たせるべく、全体では200にも及ぶ尺度を例示した。これは、Rappaport（1998, p.129）が株主価値アプローチの主張の中で、彼自身の経験則に基づいて、「実際に管理すべき価値先行指標」を3～6としたこととは対照的である。

パフォーマンス・プリズムと株主価値ネットワークとの関わりは、引き合いに出されることの多いBSCとEVAのそれと相似形を成すものである。Otley（2002, p.18）は、「BSCにおける財務的業績の尺度の使用は財務管理における会計情報の使用と調和するものであり、BSCの仕組みの中にEVAを財務指標の1つとして用いることは極めて適切である」と述べているが、本研究の結論として、パフォーマンス・プリズムと事業部価値／SVAの組合せがもたらされるのは、第2章においてEVAのVBMにおける有効性が否定されたという事実と、パフォーマンス・プリズムの、

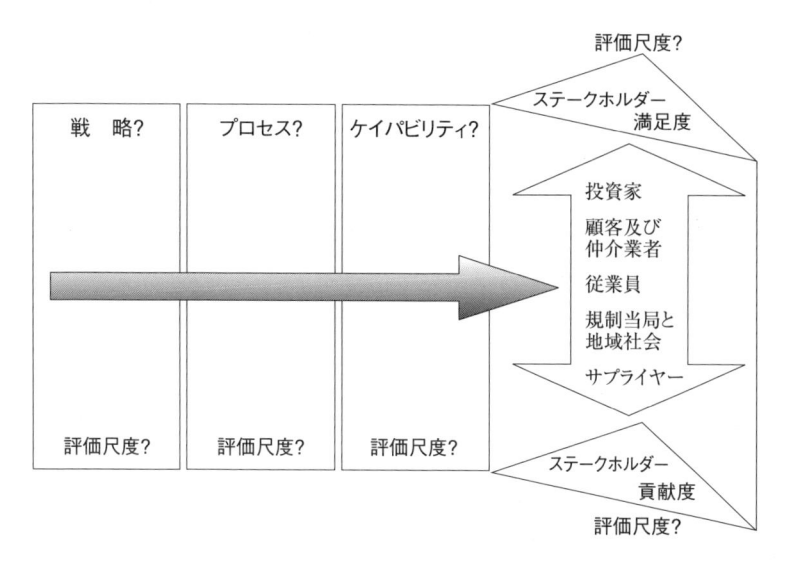

図表3－5： パフォーマンス・プリズム・フレームワークの概念図〔A〕

出典）Neely, A., Adams, C., & Kennerley, M. (2002). *The performance prism: The scorecard for measuring and managing stakeholder relationships.* London, UK: Financial Times/Prentice Hall. (Figure 5.1. The Performance Prism [p.161] を一部修正)

主にBSCよりも多くのステークホルダーの視点を盛り込むことができるという優位性による。なお、BSCでは顧客セグメント別の売上高が顧客満足度の尺度として測定されるなど、財務指標が財務の視点以外の視点でも使用されるのが特徴的とされるが、そうしたBSCの特性は、パフォーマンス・プリズムにおいても、財務尺度の投資家関連以外での使用という形で継承されている。

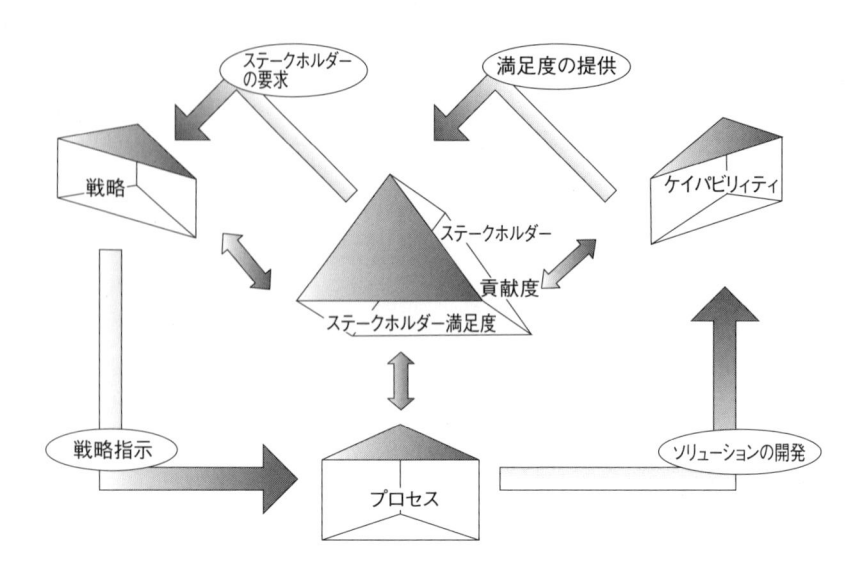

図表3-6: パフォーマンス・プリズム・フレームワークの概念図〔B〕

出典）Neely, A.（2002）. *Business performance measurement: Theory and practice.* Cambridge, UK: Cambridge University Press.（Figure 9.1. Delivering stakeholder value [p.153] を一部修正）
清水孝訳『業績評価の理論と実務』177頁（東洋経済新報社, 2004).（「第9-1図 ステイクホルダー価値の提供」を一部修正）

　株主価値ネットワークとパフォーマンス・プリズムを合体させる場合には、上記概念図〔C〕の「投資家の満足度の尺度」に事業部価値やSVA（ならびにそれにリンクした尺度）が盛り込まれることになるが、当該区分ならびにその他の区分において、Neely, Adams, & Kennerley（2002）が例示した多くの尺度が本稿のテーマである部門経営の評価尺度になり得ると考えられるため、企業がその実務において、実際にそれらの中のどれがRappaportのいう価値先行指標であると認識しているのかということは、今後のVBMおよび業績評価システムの領域における有意味な研究テーマであると思われる。

　なお、本章の「パフォーマンス・プリズムが事業部マネジメントにおける最適な業績評価システムである」という結論は、比較の対象となった手法が相互に排他的であるということは意味しない。例えば、上記の文中に

第3章　事業部価値創造のための業績評価システムの検討　89

```
┌─────────────────────────────────┐
│       規制当局／地域社会の尺度        │
│  ┌─────────────────────────────┐ │
│  │    サプライヤー／パートナー関連の尺度   │ │
│  │ ┌─────────────────────────┐ │ │
│  │ │      従業員関連の尺度        │ │ │
│  │ │ ┌─────────────────────┐ │ │ │
│  │ │ │    顧 客 関 連 の 尺 度    │ │ │ │
│  │ │ │ ┌─────────────────┐ │ │ │ │
│  │ │ │ │  投 資 家 関 連 の 尺 度 │ │ │ │ │
```

満足度の尺度
投資家は何を求め、必要としているのか？
● 事業部価値
● SVA
・・・

貢献度の尺度
我々は投資家に何を求め、彼らから何を得ようとしているのか？
● ?

戦略の尺度
投資家ならびに組織内部の要求・必要を充足するのはどのような戦略なのか？
● ?

プロセスの尺度
戦略はどの内部事業プロセスによって効果的かつ効率的に遂行されるのか？
● ?

ケイパビリティの尺度
そのためにはどのようなケイパビリティを確立・維持する必要があるのか？
● ?

図表3－7：　パフォーマンス・プリズム・フレームワークの概念図〔C〕

出典）Neely, A., Adams, C., & Kennerley, M. (2002). *The performance prism: The scorecard for measuring and managing stakeholder relationships.* London, UK: Financial Times/Prentice Hall. (pp.182-343 の記述を基に作成)

もあるように、目標管理は多くの企業において責任会計の考え方と合体して予算管理システムに組み込まれているし、株主価値アプローチはその本質において目標管理システムそのものにほかならない。また、BSC を導入している場合には、業績指標の選択と目標値の立案プロセスが短期経営計画における業務計画策定プロセスの一部を代替するので年次予算との統合が可能であるし、Hendricks & Singhal（1996, pp.415-436）等をはじめとする、ビジネス・エクセレンス・モデルに代表される全体論的なモデルの採用と業績改善との間に正の相関関係があることを確認した研究も存在する。

　本稿が株主価値ネットワークを補強できる業績評価のフレームワークの絞込みを行っているのは、ひとえに時間や労力といった投入に対する産出の最大化という効率性の追求、ならびに費用に対する便益の最大化すなわち費用対効果の追求の観点に立脚したものである。理論的には、事業部価値の創出を目的とする場合に、株主価値ネットワークと合体することによって最適な（＝最もコストパフォーマンスの高い）事業部マネジメント・システムを形成し得る業績評価システムはパフォーマンス・プリズムであるが、実際にいずれの手法を採用するかは組織文化との整合を含む実施の難易度が鍵になると考えられる。また、経営資源の制約のレベルと経営者の嗜好の兼ね合いによっては、あえて3つ以上の手法を組み合わせる企業もあるだろう。

　いずれにせよ、SVA や、それにリンクしたプロセス指標であるマクロおよびミクロ・バリュー・ドライバーならびに価値先行指標の目標値は、あくまでも様々なステークホルダーの希求水準をクリアする数値でなければならないから、事業部価値目標を達成するためには、それぞれのステークホルダーの視点をバランスよく目標設定の前段階で考慮し、制約となる各ステークホルダーの必要（要求）額を設定したうえで、パフォーマンス・プリズムに組み入れる必要がある。そして、ひとたび最適な業績評価システムをデザインすることができたならば、①最大の期待 SVA を示す戦略の採択、②SVA 及びそのプロセス指標の評価尺度および報酬ベースへの採用、③目標レベルの設定、④業績評価の実施、というステップを踏んで

第3章　事業部価値創造のための業績評価システムの検討　91

PDCAサイクルを回していけばよいのである。

　このように、分権管理の代表的形態である事業部制組織を前提にした場合、部門経営の目標尺度である事業部価値（の増分）の拡大および評価尺度としてのSVAの創出を図るために、パフォーマンス・プリズムを業績評価システムひいてはマネジメント・システムに用いることが、管理会計目的に適うのである。これらの結論を整理すると、図表3－8のようになる。

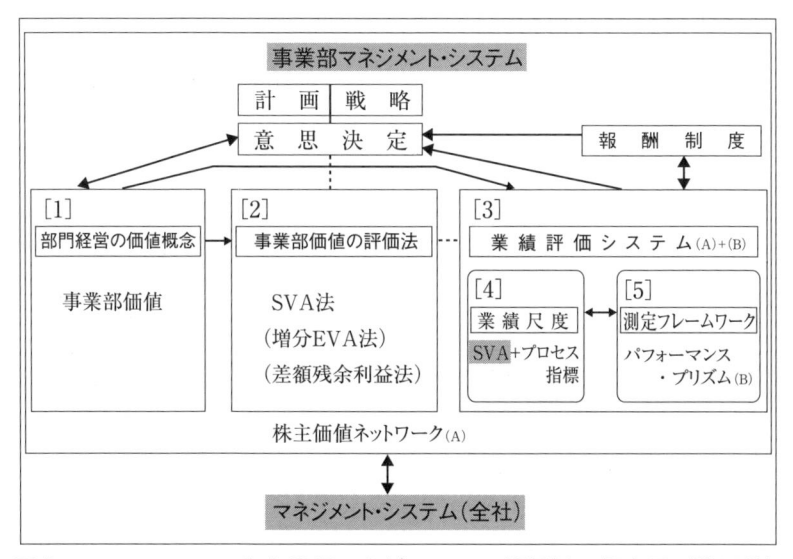

図表3－8：　VBMと事業部マネジメントの関係性の概念図（修正後）

注）→は一方向的な作用　←→は双方向的な作用　──は直接的な関係　…は間接的な関係

　もっとも、RappaportやMorin & JarrellといったVBMの先人達の理論的枠組みと同様に、本稿もまた現段階では、事業部価値の代替指標としての成果・結果の評価尺度であるSVAと、事業部マネジメントの努力レベルの測定・管理尺度（作用因）であるバリュー・ドライバーや価値先行指標のそれぞれにどれだけのウエイトをかけるのかという点（重みつけ）については明確化できないでいる。それは、第3章「3.2.5本研究における業績尺度の概念的フレームワーク」で触れたように、実際の運用においては、各要素の重みつけが企業のミッション（とりわけ価値感）や組織文

化の影響を色濃く受けるということが明らかなためである。業績評価のフレームワークを実務に応用するに際しては、事業部のミッションやビジョンを反映させた工夫を重みつけに加えることにより、適格な「手段→目標」の因果関係をデザインするということが欠かせないわけであるから、この点に関しては、実態調査研究等によるさらなる検証が必要である。

　また、業績尺度の認識には主観が入り込む余地がかなり大きいという問題もある。図表3－9は、キー・バリュー・ドライバーや評価尺度の析出のために有用な手法とされる「バリュー・チェーンの事業プロセス・マッピング分析」の一例である。門田（2001a, 344-346頁）は、個々の事業について、(i) 事業プロセスを価値連鎖に従って職能別に大きなプロセスに分解し、個々のプロセスごとに主要なコスト項目や収益項目に対して影響を与える要因（バリュー・ドライバー）を列挙する、(ii) バリュー・ドライバーの中から事業価値の向上への影響度の大きいもの[15]（キー・バリュー・ドライバー）を選択する、(iii) キー・バリュー・ドライバーをさらに階層別・部門別の業績の詳細な評価尺度となるKPI（key performance index）ないしKPM（key performance measure）に分解する、という手続きを提唱した。

　この考え方によれば、各階層の管理者達が、自らに割り当てられた業績尺度の目標値を達成すれば、部門経営の目標たる事業部価値の増大ないしその源泉であるSVAの創出ひいては会社全体の最終目標である株主価値の目標値が自動的に達成されることになるが、図表3－9の事業プロセス・マッピング分析におけるバリュー・ドライバーおよびKPIと、図表3－3の株主価値ネットワークのマクロ・バリュー・ドライバーおよびミクロ・バリュー・ドライバーが、評価の対象となるべき指標の認識において大きな差異を見せていることは甚だ印象的である。これは、目標尺度に対する感度・影響度の大きさに改善可能性の程度に関する認識を加味した場合には、主観が入り込む余地がかなり大きいということを強く示唆しているといえるから、この点についても実態調査研究等による検証が必要であろう。

　本章では、「VBMと部門経営（とりわけ事業部マネジメント）の関係性についての考察」の後半部分として、事業部価値創造のための業績評価

第3章 事業部価値創造のための業績評価システムの検討　93

	開発 〉 生産 〉マーケティング〉 営業 〉 物流
バリュー・ドライバー	・顧客ニーズの開発　・製造原価削減　・広告宣伝費の削減　・流通チャネルの拡大　・輸送費削減 ・新製品の早期投入　・仕入原価削減　　　　　　　・流通在庫削減 　　　　　　・商品のJIT調達　　　　　　　・迅速な納品
KPI（評価尺度）	・新製品寄与率　・製造原価低減率　・広告宣伝費用対効果など　・顧客訪問効率　・輸送率 ・開発リードタイムなど　・生産リードタイム　　　　　　　・販促費効率など　・在庫回転率など 　　　　　　・不良品発生率など

図表3－9：　バリュー・チェーンとバリュー・ドライバー、KPIの関係図

出典）門田安弘『管理会計――戦略的ファイナンスと分権的組織管理』345頁（税務経理協会，2001）．（「図表18－1　バリュー・チェーンの事業プロセス・マッピング分析」を一部修正）

システムについて検討してきた。上記の考察の結果、VBM環境下の事業部の経営においては、財務指標と非財務指標を有効に管理できる業績評価手法であるパフォーマンス・プリズムをマネジメント・システムへと発展させて、SVAの創出ひいては事業部価値の増大をはかることが部門経営の目的に照らして最も望ましいということが明らかになったわけであるが、各事業部長は、最適な業績評価システムやマネジメント・システムが必ずしも結果を約束するわけではないということを肝に銘じておく必要がある。Neely & Austin (2002, p.43)[16]がいみじくも指摘したように、業績評価は、単に1つの目的達成のための手段に過ぎず、業績指標が供給してくれるデータによって進捗度を評価することが可能になるとはいっても、業績指標が戦略やプロジェクトの進捗そのものを保証してくれるわけではないからである。業績の測定や評価といったものは、データが分析されたうえで行動が伴うのでない限り価値を生まないのである（Neely, 2007, p.75）。過度な統制や調整、がんじがらめの管理に陥らないように、成長と価値創出の持続に役立つ業績評価システムを構築することが求められる所以である。

注

(1) 第2章「企業価値評価法のVBM・部門経営との整合性の検討」では、事業単位価値(business unit value)が事業部に該当する場合の特段の呼称を、「事業部価値(division value)」と命名した。

(2) この点については、Roger MorinとSherry Jarrellが2000年の著作の中(Chap. 12)で、様々な価値の指標を、正確性、複雑性、意思決定有用性、報酬基準としての妥当性、頑健性、組織階層への対応、という6つの基準で評価し、結果的に、徳崎同様に、「株主価値経営における最善の事業部および事業単位レベルの指標はSVAである」(p.323)との結論に至っている。二人は、その際に、(マクロ)バリュー・ドライバーへの注力がSVAの最大化、ひいてはTSRの向上をもたらすという主張(p.341)を展開した。
Morin, R. & Jarrell, S. (2000). *Driving shareholder value: Value-building techniques for creating shareholder value.* New York: McGraw-Hill.

(3) Andy Neelyは、英国のCranfield School of ManagementのProfessor of Operations Strategy and Performance。

(4) Michel Lebasは、フランスのGroupe HECのEmeritus Professor Accounting and Management Control。

(5) Ken Euskeは、Naval Postgraduate SchoolのProfessor of Accountingである。

(6) Marshall Meyerは、Wharton SchoolでRichard A. Sapp Professor and Professor of Management and Sociologyを務める。

(7) David Otleyは、英国のLancaster University Management SchoolのProfessor of Accounting and Management。

(8) Mike Kennerleyは、Cranfield School of Managementのリサーチ・フェローである。

(9) Chris Adamsは、Accentureに所属し、Cranfield School of Managementの客員フェローも務めている。

(10) Neelyが自身を含む延べ43名の学識者・実務家の叡智を結集して業績評価の系譜の整理を試みた。業績評価の意義・理論的フレームワーク・問題点等を、学際領域を超えて検証しようとした彼の2002年の編著は、業績評価の発展史において最も大規模かつ包括的な研究業績集の1つである。

(11) 初版の内容を更新するとともに10の新しい章を加え、延べ37名を動員して出版された。

(12) ともに「原価計算基準」一(四)。

(13) Jeremy Hopeは、Beyond Budgeting Round Tableの創設者であるととも

に、リサーチ・プログラム・ディレクターを務めている。
(14) "EVA"はStern Stewart社の登録商標である。
(15) 門田(2001)によるキー・バリュー・ドライバー探索のための手法である「キー・プロセス・マッピング」の議論は「事業部門ごとのEVAや事業価値」を目標値としており、厳密に株主価値ネットワークやSVA法を前提に置いたものではない。しかしながら、その議論は、本稿同様に「株主価値に連動する社内的な総合業績評価指標の確立」を企図したものであるから、そこで例示されたバリュー・ドライバーや評価指標をRappaport（1998）が導出したマクロ・バリュー・ドライバーやミクロ・バリュー・ドライバーの比較対象とすることは、あながち合理性を欠くものとはいえない。
(16) Rob Austinは、Harvard Business SchoolのAssociate Professorである。

第4章

VBM環境下における事業のライフサイクル・ステージと業績評価システムの関係性に関する実証的研究

　第2・3章では、「VBMと部門経営の関係性について、事業単位の観点から株主価値創出のためのマネジメント・システムの開発可能性を検討する」という本研究のメイン・テーマを、主として事業部制組織を対象に、①事業部（長）の業績の目標・評価尺度に用いるべき価値指標とその評価のための最適な手法の検討、②事業部の価値創出に貢献する業績評価システムの検討、という2つのサブ・テーマに細分したうえで、理論的観点から追究した。したがって、本章の目的は、VBMと部門経営の関係性を実証的観点から明らかにすることである。本章は、「4.1 はじめに」、「4.2 先行研究のサーベイと仮説モデルの設定」、「4.3 研究方法」、「4.4 分析結果」、「4.5 議論の展開」、の5節で構成されている。

4.1　はじめに

　VBMシステムの主たる目的は企業の戦略と経営管理者の業績評価を株主価値の創造にリンクさせるということにあるが、株主の残余資産請求権は最後位に位置づけられており、企業は様々な法規制や社会の要求にもさらされるため、実際には、株主価値の増大に先行して他の全ての利害関係者の希求水準を満たす（価値をもたらす）ということが制約条件になる。したがって、VBMの遂行は、株主を含めたすべてのステークホルダー[1]のために価値を最大化しようとする戦略と管理運営・統治によってのみ可能となる（Mills, 1999, p.100）。

　業績評価は戦略の実施を支援する最も強力なツールである。Lingle & Schiemann (1996) は、マネジメントの基盤としてバランスがとれた業績

評価システムを使用している組織の方がそうでない組織よりも業績を伸ばしているという自らの調査結果を根拠に、効果的な業績評価システムの遂行が業績の向上をもたらすという主張を展開した。また、Morin & Jarrell (2000, p.359) は、多角化企業の市場業績の低迷は、企業価値創造に不可欠な構成要素である事業業績の正確で容易に観察可能な尺度を有していないことに起因していると指摘した。では、株主価値の創造に直結する適切な業績尺度を装備した「バランスのとれた」業績評価システムというのはどのようなものなのだろうか。

(i) 第2・3章の論点と結論——再掲

第2章および第3章では、「VBMと部門経営の関係性について、事業単位の観点から株主価値創出のための業績評価システムひいてはマネジメント・システムの開発可能性を追求する」というメイン・テーマを、①VBM環境下の事業部制組織が目標・評価尺度に用いるべき価値指標を確認しその評価のための最適な手法を提示する、②VBMを推進する事業部の経営を効率的・効果的に価値創出に向けて相乗効果の発現へと至らしめる業績評価手法を業績評価システムの構成要素である業績尺度並びに測定フレームワークの系譜の回顧における考察を踏まえて提唱する、という2つのサブ・テーマに落とし込んで追究した。その結果、第2章における①VBMの系譜の整理によるVBMのドメインの明確化と体系化、及び企業価値の諸概念と企業評価手法とのリンクの整理による事業部の適切な経営指標である事業部価値の増分の算定にSVA法が最適であることの論証、さらには、第3章の②業績指標・尺度ならびに業績測定・評価のフレームワークの系譜の整理を踏まえた、VBMに最適な業績評価システムとしての株主価値ネットワークとパフォーマンス・プリズムの融合の有効性の論証、という2つの成果に立脚した、VBMのための最適な事業部マネジメント・システムの概念的フレームワークの提唱に至った。

かくして、この基本的なデザインに沿って、(i) 最大の期待SVAを示す戦略の採択、(ii) SVAとそれにリンクしたマクロおよびミクロ・バリュー・ドライバーならびに価値先行指標を包括するプロセス指標[4]の評

価尺度・報酬ベースへの採用、(iii) 目標レベルの設定、(iv) 業績評価の実施、というステップを踏んで PDCA サイクルを回していくことにより、富の創造プロセス維持のための、株主価値創造に直結する指標である事業部価値ならびにその源泉である SVA と因果連鎖を成す財務的・非財務的尺度に基づいて事業部長の業績評価を行う最適なシステムの構築が可能になる、というのが第 3 章までの結論であった。これは、「業績尺度は、財務尺度と財務成果の先行指標と認識されている非財務尺度の両方に関する業績に関して、企業の従業員の行動における長期目的と行動の一貫性に関する認識が維持できるようにデザインされる必要があるが、これらすべての条件を満たす特定の尺度や業績評価システムは未だ存在していない」とした、2001 年の Meyer の主張に対する反証でもある。

(ii) 本章の研究課題とフレームワーク

　管理会計システムには、経営管理者が経営を行う上で有用な情報を提供する「情報システム」としての側面と、戦略の実現に向けて経営管理者の意思決定や戦略の実行に影響を与える「影響システム」としての側面があるが、1 つの管理会計システムが両方の機能を同時かつ自動的に果たすと考えることは妥当である（廣本, 1988, 605-611 頁）という見地に立てば、管理会計システムの構成要素である業績評価システムにも両方の側面が備わっていると考えることができる。したがって、本研究では、経営管理者の意思決定に有用な情報を提供するとともにその行動に影響を与えることを目的としている業績評価システムには必然的に情報システムと影響システムの両側面が備わっているという前提に立って、部門管理者あるいは部門経営を対象とした業績評価システムについて検討を加えている。なお、本章では、事業本部制や SBU、カンパニー制、子会社等の事業部制組織以外の分権的組織を含むという脈絡において、事業部長を「部門管理者」(事業部長、事業本部長、カンパニー・プレジデント、事業会社社長、等の事業単位の責任者)、また、事業部価値を「事業単位価値（business unit value）」と総称している。

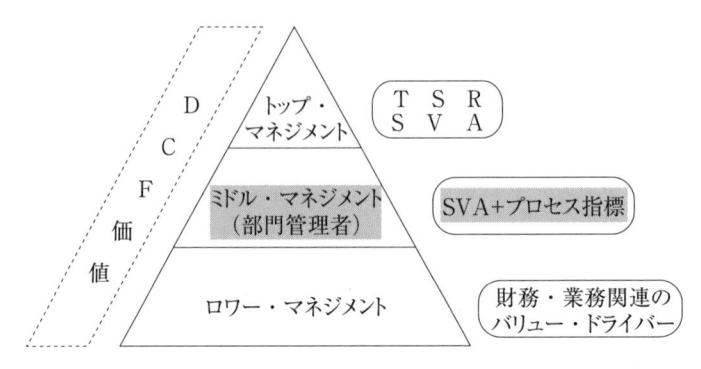

図表 4 − 1：部門経営における業績尺度のピラミッド

出典）Morin, R. & Jarrell, S. (2000). *Driving shareholder value: Value-building techniques for creating shareholder value.* New York: McGraw-Hill. (Figure 4-11. BioTech: The metric pyramid [p.103] を参考に作成)

　図表 4 − 1 は、第 3 章の図表 3 − 8 「VBM と事業部マネジメントの関係性の概念図（修正後）」中の［4］「業績尺度」部分を抽出して発展させ、①全社経営を担当するトップ・マネジメントの業績尺度、②ミドル・マネジメントである部門管理者の業績の評価尺度、③部門管理者の配下で事業単位の運営を分担するロワー・マネジメントの業績尺度、を対照させた図表へと展開したものである。これは、「企業（経営者）レベルでは TSR （株主総合利回り）、部門管理者レベルでは SVA および価値先行指標、ロワー・マネジメントのレベルではさらに落とし込んだキー・バリュー・ドライバーのパフォーマンスをもって評価すべき」とした、Rappaport (1998, p.178) の「業績評価階層」の考え方をベースにしたものであり、その本質は、組織の階層によって該当する評価尺度が異なる（Morin & Jarrell, 2000, p.380）という言葉に集約されている。VBM において、価値創出のために全社レベルの戦略と部門管理者の業績評価をリンクさせる際に全社（経営者）の業績評価と事業単位（部門管理者）の業績評価の価値指標が異なるということは、Mills (1999, p.123) も強調している。このことから、これらのうちの部門管理者の管轄に属する②と③が本稿の対象となる。また、本研究では、部門管理者は、担当する事業単位の運営を自律的に行うことができ、そのために戦略・計画を主体的に策定する権限を付与されて

いるものと想定している。

　VBM環境下の部門管理者の責任は、「株主価値創造に直結する指標である事業単位価値ないしSVAの増大に資するバリュー・ドライバーにリンクした業績尺度に基づいて意思決定を行うとともに、その目標値を長期にわたって達成し続ける」ということに尽きる。そこで、本研究が提唱した業績評価並びに部門経営のフレームワークを実務に応用できるようにするためには、少なくともベースとなる「手段→目的」の因果関係のデザインの構築が提示される必要があろう。具体的には、VBMを推進するにあたり、部門管理者が自らに割り当てられた評価尺度のみに注目して目標値の達成を目指すことが自動的に事業単位の経営の最終目標である事業単位価値の目標値（ひいては会社全体の最終目標たる株主価値の目標値）の達成に結びつくようにするべく、株主価値に連動・直結する事業単位価値の代替指標であるSVAの目標値を、これを高めるマクロ・バリュー・ドライバー、さらにはミクロ・バリュー・ドライバーやKPI又はKPMへと落とし込んだ詳細な業績尺度体系の設計である。

　そこで、本研究の実証的研究部分を担う本章では、この点に関して、実態調査による検証に基づき、事業のライフサイクル・ステージを軸に、パフォーマンス・プリズムの枠組みに沿った業績尺度体系のプロトタイプの提示を試みた。研究の実施にあたっては、先行研究の検討を踏まえて、「業績評価システムの設計・運用の適否が組織のパフォーマンスに影響を与える」という基本的な枠組みのもとで2つの仮説から成る因果連鎖を想定し、企業への質問調査から得られたデータを共分散構造分析の手法により検証した。

4.2　先行研究のサーベイと仮説モデルの設定

　コンティンジェンシー理論は1950〜1960年代に隆盛を極めた「普遍的に成り立つ理想的な組織構造が存在する」という主張に対抗するべく出現した。その基本的な主張は、企業の状況要因（contextual factors）が組

織構造を決定する（Pugh, Hickson, & Hinings, 1969)、組織構造と状況要因との間で調和がとれている企業は効果的である（Lawrence & Lorsch, 1969)、といったものである。組織構造の諸側面に影響すると仮定されている状況要因には、技術や環境、企業規模などがある。

4.2.1 企業環境とマネジメント・コントロール・システムの適合関係

　企業環境と管理会計システムないしマネジメント・コントロール・システム（management control system／MCS)の適合関係についての議論は、「不確実な環境下における柔軟な有機的組織では、公式的なMCSへの依存が最小限になる」としたBurns & Stalker (1961) 等の主張に端を発する。その後、1980年代以降に、分権的組織とりわけ事業部制組織を対象に「業績測定・評価システムを含む会計システムは外部環境に適合する必要がある」とする、コンティンジェンシー理論に基づいた管理会計や財務的コントロール・システムの研究が米国を中心に展開されていくことになる。

　Chenhall (2003, pp.138-158) は、MCSの設計及び運用に影響を及ぼす要素として、外部環境、一般的技術概念、現代の技術、組織構造、規模、戦略、文化の7つをあげたうえで、MCSの設計にとりわけ大きな影響を与える外部環境として不確実性の存在をあげた。彼によれば、外部環境が不確実になるほど従来よりも焦点を外部に向けた開放的なものになることがある(p.138)という。VBMの研究者の中では、Rappaport(1998, p.163)が、「株主価値（経営）の実施は、トップ・マネジメントの支持の度合や事業ポートフォリオの性格や多様性、分権化の程度、規模、地理的な展開、従業員の構成、組織文化、経営スタイル、危機感のレベルなどによって、企業ごとに異なってくる」と述べており、コンティンジェンシー理論の議論をいち早く財務管理に導入した様子がうかがえる。

4.2.2 戦略とマネジメント・コントロール・システムの関係性

　基本戦略のタイプごとに利用されるMCSは異なるとしたMiles & Snow (1978) の主張は、その後に経営戦略と管理会計との関係性を明ら

かにしようとしたSimons（1987）をはじめとする多くの研究の基礎となった。この分野における他の代表的な研究には、PPM（product portfolio management）の各ステージにおかれた事業が追求すべき戦略とMCSの適合関係を考察したGovindarajan & Shank（1992）などがある。

挽・松尾・伊藤・安酸・新井（2008, 64頁）は、競争戦略のタイプと財務的管理システムの関係を扱ったGovindarajan（1988）・Bruggeman & Van der Stede（1993）や、戦略ミッションと管理者に対する業績測定・評価システムおよび報酬システムの関係を扱ったGupta & Govindarajan（1984）・Govindarajan & Gupta（1985）等のコンティンジェンシー理論に基づいた戦略タイプと管理会計システムの適合関係に関する一連の実証研究の結果から、「事業部レベルで追求される戦略が異なれば適切なMCSも異なる」という一般的な仮説は支持されたと結論づけている。

いうまでもなく、経営者はタイムリーに戦略の実行状況および結果を把握する必要がある。戦略の実行は組織の成員を動機づけることによって初めて可能になるわけであるから、企業においては事業運営の効率性を測定したうえで、改善を管理者や職員に動機づける仕組みが不可欠となる。門田（2001a, 334頁）は、これらのニーズを同時に可能せしめる仕組みが業績尺度体系[6]であるとして、戦略の実行を動機づけるためには業績尺度体系が戦略立案の際の基準と一貫性を有している必要があるということを強調した。VBMの研究者の中では、Morin & Jarrell（2000, p.359）が、コスト・リーダーシップ（low-cost leadership）戦略と差別化（differentiation）戦略との比較の議論の中で両者の間では重要なドライバーが異なるという主張を展開している。

4.2.3 プロダクト・ライフサイクル・ステージに対応する業績評価システムの要素

プロダクト・ライフサイクル（product lifecycle／PLC）は、製品ないし事業には寿命があり、売上高や利益は導入期（introduction）・成長期（growth）を通して拡大した後に成熟期（maturity）にピークアウトし、衰退期（decline）に至って減少するという仮説である。導入期には、

製品需要や市場が未だ小さいために売上高が低水準で推移する一方で、生産コストや流通コストがかさむために利益は出ないうえにキャッシュ・フローもマイナスであるが、成長期に入ると重要が伸びて販売量および売上高が急増、市場規模が拡大する。成長期には、新規参入は増えるものの、大量生産によるコストの低下も手伝って利益率が上昇し利益が増大するが、キャッシュ・フローはかろうじて収支が釣り合う程度に留まる。成熟期に入ると、需要増加率が下がって売上高が頂点に達する一方で、価格競争が激しくなるために、やがて利益率が低下し始め、利益もステージ中途でピークアウトする。そのため、コスト削減や生産性向上が重要になるが、設備投資が急減する恩恵でキャッシュ・フローは潤沢である。その後、代替品や新製品が出現する衰退期には、当該製品への需要の衰退傾向の定着による採算の悪化から撤退が課題になる、というのがその概略であるが、製品寿命の長さは製品によって異なる。なお、本章では、PLCの概念を製品の集合体（製品群）としての事業に拡大した場合を"事業ライフサイクル"、また、同一のライフサイクル・ステージに属する事業（群）のみで構成される企業を、該当するステージの名称を冠して"成熟企業"や"成長企業"のように称することによって、製品と産業（業界）の中間に議論の軸を置いている。

　MCSとPLCの各ステージとの関連については、Utterback & Abernathy（1975）・Hayes & Abernathy（1980）・Kaplan（1983）が「財務的なコントロールはPLCの初期段階を重視することとは部分的には相容れない」とする主張を展開した。また、加護野（1988）は、分権的組織の業績評価システムの設計論理としては他の要因も考慮する必要があるとしながらも、PLCの発想が戦略とMCSの適合関係を説明する根拠になっているということを認めている。Johnson & Kaplan（1987）・Merchant（1988）・Kaplan & Norton（1996a）は、技術の急速な変化やPLCの短縮化などによって集計時点で既に過去情報となっている財務指標への偏重が近視眼的経営を促しているとして、業績測定に非財務指標を併用してタイムリーに企業の業績を反映する業績管理システムの必要性を主張した。VBMの論者の中では、Morin & Jarrell（2000, p.26）が「PLCや競争を

はじめとする要因は営業キャッシュ・フローの規模や変動性に影響を与える」と言及している。わが国における業績評価システムの最近の研究では、丹生谷（2008, 2頁）が、事業ごとにPLCが異なることが事業部門ごとにユニークな業績評価システムの設計・運用を必要せしめるという指摘を行っている。

　PLCの4つのステージと適合するMCSの諸要件について追究した研究の代表的なものにWard（1992）がある。彼によれば、製品展開の初期段階である導入期に適した財務的なコントロール・システムや尺度といったものは存在しない（pp.238 & 249）。導入期には先行投資が不可欠であるため、R&D等の戦略的な部門をコスト・センターに設定してはならない（p.246）とWardは強調する。次に、マーケティング活動が重要成功要因になる成長期の基本的な競争戦略は差別化戦略であり（p.249）、マーケティング活動の成果を把握できるようMCSを設計するとともに（pp.252-253）、非財務指標を評価尺度に加えるべきである（p.256）としている。第三に、それまでの投資が実を結ぶ段階である成熟期の最適な競争戦略はコスト・リーダーシップ戦略であり（p.269）、わずかな相対的なコスト面での優位性が大きな売上増をもたらす時期である（p.266）から、鍵となる生産性の向上（p.271）や顧客の製品に対するロイヤルティの形成（p.265）を評価するために、財務指標と非財務指標の両方を評価尺度に用いたMCSが必要になる（p.273）という。最後に彼は、衰退期には投資ベースの維持という暗黙の前提が崩れるために、会計ベースの財務比率は評価尺度としては使えなくなる（pp.275 & 277）ということを強調した。Wardは、さらに、近年の市場の変化に対応する上でPLCの仮定を産業（業界）レベルにまで拡大してとらえる必要性が増している（pp.35-36）ことについても論及したが、業績尺度体系のプロトタイプの設計・提示には踏み込んでいない。

4.2.4　コストマネジメントと業績評価システムの対応

　Ward（1992, p.269）が「成熟期の製品（事業）の競争戦略として適切なのはコスト・リーダーシップ戦略のみである」として、成熟事業におけるコスト低減の重要性を強調したことは先述の通りである。多品種少量生

産に特徴づけられる今日のマーケット・インの事業環境では、製品の販売価格決定の主導権は、真にユニークかつ革新的な新製品を保持している場合は例外としても、消費者側に握られていることが多い。その場合、企業は、消費者の納得価格を達成するために利幅を削るかコストを削減するかの二者択一に直面する。利益の稼得ないし実現は将来の運営原資の確保のためには欠かせないため、競争優位性を獲得して成長を維持するための道は多くの場合、目標コストの実現に限定されることになる。このことは、利益目標の達成のために長期的な視点で原価を分析し、利益の負の代理変数たる損失を除去・回避するコストマネジメント[7]の製造業における重要性がこれまで以上に増していることを意味している。

伊藤（2001, 16頁）は、原価を確実に利益に至らしめるために、特定のビジネス・プロセスのみに焦点を当てるのではなく、原材料の調達から商品の流通・販売に至る業務の流れを価値創造活動の連鎖（価値連鎖；バリュー・チェーン（value chain））として認識し、その全体にわたって資源の有効活用をはかる戦略的コストマネジメントの充実を訴えた。こうしたコストマネジメントの重要性の増大は、業績評価システムの内部においてコスト関連の指標・尺度の位置づけがかつてなく高まっている可能性を示唆するものであるが、山田・吉村（2008, 231頁）は戦略的コストマネジメントを、「戦略管理のための原価計算」又は「戦略の形成・実行に役立つ戦略的な情報を展開・管理する活動」と位置付けたうえで、原価等の財務情報のみならず、非財務情報の提供をも支援できるものにすることを求めている。

4.2.5 分析の枠組みと仮説1・2の設定

VBM環境下の部門経営のための汎用的な業績フレームワークの提示という本研究の目的は、「事業部制を採用しているような企業は企業規模が大きく、分権化が進んでいるために、公式的なマネジメント・コントロールに重点を置き、情報を集計し統合した業績評価が有効」というChenhall（2003, pp.146-147）の主張と整合するものである。また、丹生谷（2009, 42頁）は、マネージャーの注意力は有限であるというSimons（1995）

の指摘に関して、事業部門ごとに業績評価システムの設計や運用をアレンジするよりも、統一的なシステムを用いながらやり取りされる業績情報の質を高める方が、効率的かつ的確な意思決定のためには有効であると主張したが、本研究の主張は、いわば丹生谷の主張（2009）の下線部分を「体系を事業のライフサイクルの特性に応じて調整する」と読みかえたものである。

このため、本研究では、以上の先行研究の検討を踏まえて業績評価システムの情報システム及び影響システムという2つの側面に着目し、事業のライフサイクル・ステージの特性に適合した業績尺度の選定と適切な管理会計ツールの採用を通して株主価値向上の源泉となる事業単位価値の創出に貢献する業績評価システムを、どのように設計・運用していくべきかということを実証的に明らかにすることを目指した。その基盤となったのは、コントロール・システムとしての測定システムは活動の測定を通じて構成員の行動に影響を与えるため、システムによって誘発される行動や意思決定が戦略と一貫しているかどうかがシステム設計における中心的課題となる（Shank & Govindarajan, 1993, pp.93-94）という考え方である。

図表4－2は、本研究における分析の枠組みである。本研究では、「業績評価システムの設計および運用の適否が組織のパフォーマンスに影響を与える」という基本的な枠組みのもとで、業績評価システムの設計および運用に際して、「事業単位のライフサイクル・ステージの特性を考慮した業績尺度の選定」が「事業単位の適切な管理会計ツールの採用」に影響を

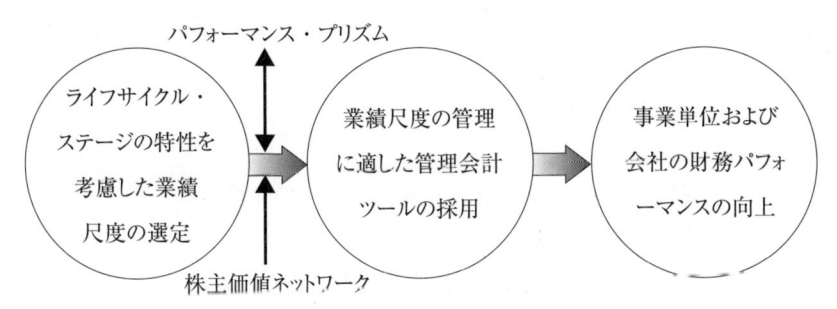

図表4－2：分析の枠組み「事業単位の業績評価システムの設計・運用」

与え、それが「事業単位ひいては会社の財務パフォーマンスの向上」に繋がる、という因果連鎖を想定している。

(1) 業績評価システムの設計および運用に関する仮説

部門経営をより有効に行うためには、株主価値ネットワークの概念的フレームを基盤とするパフォーマンス・プリズムの構築プロセスにおいて、管理可能性基準および達成可能性原則に則した業績尺度の設定と事業単位の管理会計ツールの選択の整合をはかることが不可欠である。部門管理者が自らに課せられた活動に対して割り当てられた業績尺度の目標値を達成するならば、部門経営の目標である事業単位価値の増大ないしその源泉であるSVAの創出をもたらし、最終的に会社全体の最終目標である株主価値の目標値の達成に寄与するという好循環が期待できるためである。その際、業績尺度を的確に定めるためには、事業単位が担当する製品(群)のライフサイクル・ステージとの関係に特段の注意を払うべきである。あらゆる項目について業績尺度を設定することは達成可能性に鑑みれば困難であるといえるから、ライフサイクル・ステージの特性に適合した尺度を中心に選定したうえで目標を設定し、事業単位がその達成を管理するために自ら適切な管理会計ツールを採用できるようにすることが、費用・便益の観点からも効率的であるといえる。これにより、事業単位内部における合理的な意思決定や適正な業績評価が可能になると考えられるためである。そこで、次の仮説が設定された。

仮説1：事業のライフサイクル・ステージの特性を考慮した業績尺度の選定は、事業単位の適切な管理会計ツールの採用に有意な正の影響を与える。

(2) 業績評価システムの設計・運用と会社の財務パフォーマンスの関連に関する仮説

本稿では、部門管理者に有用な情報を提供する「情報システム」とその行動に影響を与える「影響システム」の両側面を兼ね備えた業績評価シス

テムを検討している。取扱製品のライフサイクル・ステージの特性に適合する財務的・非財務的業績尺度を測定・管理できるように業績評価システムを設計して運用するならば、その成果は部門管理者による適切な意思決定や業績評価として現れ、事業単位ひいては全社の財務パフォーマンスの向上に寄与するであろう。そこで、次の仮説が設定された。

> 仮説2：ライフサイクル・ステージに対応する測定尺度を組み込み設計・運用されている業績評価システムは、会社の財務パフォーマンスに有意な正の効果をもたらす。

4.3　研究方法

上記の仮説を経験的に明らかにするために、2009年6～7月に、アンケート方式による「価値創造をもたらす部門業績評価システムの開発・設計に関する調査」を実施した。

4.3.1　質問調査票の構成

本研究の質問調査票は、(a) 回答企業の事業の概要等に関する質問群、(b) 事業ライフサイクル・ステージと事業単位の業績評価の関係性に関する質問群、(c) 事業単位の組織形態と業績評価の関係性に関する質問群、(d) 経営意思決定や業績評価に活用されている管理会計手法に関する質問群、(e) 会社の財務パフォーマンスに関する質問群、で構成されている。(a) の回答企業の事業の概要等に関する質問群は、採用している分権的組織の形態や事業のライフサイクル・ステージ、経営目的等についての質問から成り、今回の調査目的に合致した回答企業であるかを確認するために設定された。(b) の事業ライフサイクル・ステージと事業単位の業績評価の関係性に関する質問群では、成熟期の事業と成長期の事業のそれぞれについて、25のグループの財務的および非財務的業績指標・尺度をどの程度重視しているのか尋ねた。(c) の事業単位の組織形態と業績評価

の関係性に関する質問群では、該当する分権的組織形態ごとに（b）と同様の 25 の業績指標・尺度が重視されている度合をきいた。(d) の経営意思決定や業績評価に活用されている管理会計手法に関する質問群では、10 グループに区分された管理会計ツールを社内の経営管理手段としてそれぞれどの程度重視しているのかということについて尋ねた。(e) の会社の財務パフォーマンスに関する質問群では、2 つの株主価値関連指標について、自社の過去 3 年間の競合他社に対する相対的なパフォーマンスの評価を求めた。

4.3.2　調査対象の設定と集計データ

(1) 調査票送付先の選定

本研究では、様々な分権的組織の形態が複合的に採用されているという想定のもとに、『ダイヤモンド データベースサービス D-VISION』を通じて、2009 年 6 月 1 日現在の東証 1 部上場製造業（建設業を除く）847 社の経営企画部門の責任者をリストアップし、質問調査票を 2009 年 6 月 25 日付けで発送した。投函締切は 7 月 31 日に設定した。

対象を製造業に絞ったのは、製造業が管理会計の題材として歴史的に一般的であることに加えて分権的組織形態や事業ライフサイクル・ステージとの対応関係が最も如実かつ広範であり、さらに、業績指標・尺度に関する質問群に生産・製造に関するものが数多く含まれているためである。また、本研究は多くの先行研究と同様に、①企業グループ内における統一的な業績評価システムの運用、ならびに②本社経営企画部門は各事業単位を鳥瞰できる立場にある、という前提に則りグループの全体像を把握するうえでは本社経営企画部門に対する質問調査が最も有効という立場をとっている。

(2) 回答企業のプロフィール

回答数は 60 社で、回答率は 7.1％であった。回答企業の業種別の内訳は、図表 4 - 3 の通りである。回答企業がゼロの 3 業界はもともと構成企業数が少なく、回答企業の業種の構成比は東証 1 部製造業の業種構成比に近似

業種(企業数)	度数	構成比
食料品 (68社)	4	6.7%
繊維製品 (45社)	3	5.0%
パルプ・紙 (12社)	1	1.7%
化学 (121社)	13	21.6%
医薬品 (33社)	3	5.0%
石油・石炭製品 (11社)	0	0.0%
ゴム製品 (11社)	0	0.0%
ガラス・土石製品 (30社)	0	0.0%
鉄鋼 (35社)	2	3.3%
非鉄金属 (26社)	3	5.0%
金属製品 (38社)	1	1.7%
機械 (124社)	6	10.0%
電気機器 (160社)	10	16.7%
輸送用機器 (62社)	8	13.3%
精密機器 (24社)	2	3.3%
その他製品 (47社)	4	6.7%
合計 (847社)	60	100.0%

図表4−3:回答企業の業種別内訳

している。

　回答企業の事業の概要等に関する質問群(a)では、企業の社会的使命ないし企業経営の目的について、(i) 消費者(社会)が求める製品・サービスの適正価格での継続的な提供、(ii) 経営資源の提供者(経営者・管理者・従業員・取引先・資金拠出者等)への正当な対価の支払い、(iii) 社会福祉(雇用・環境保全・納税等)への貢献、(iv) 価値(企業価値・事業価値・株主価値)の創造・株価の上昇、という4つの質問を設定し、それぞれにつき「極めて重視している」を5、「かなり重視している」を4、「普通」を3、「あまり重視していない」を2、「全く重視していない」を1とする5件法のリッカートスケールにより回答を求めた。図表4−4は各質問項目の度数分布を棒グラフに描いたものである。

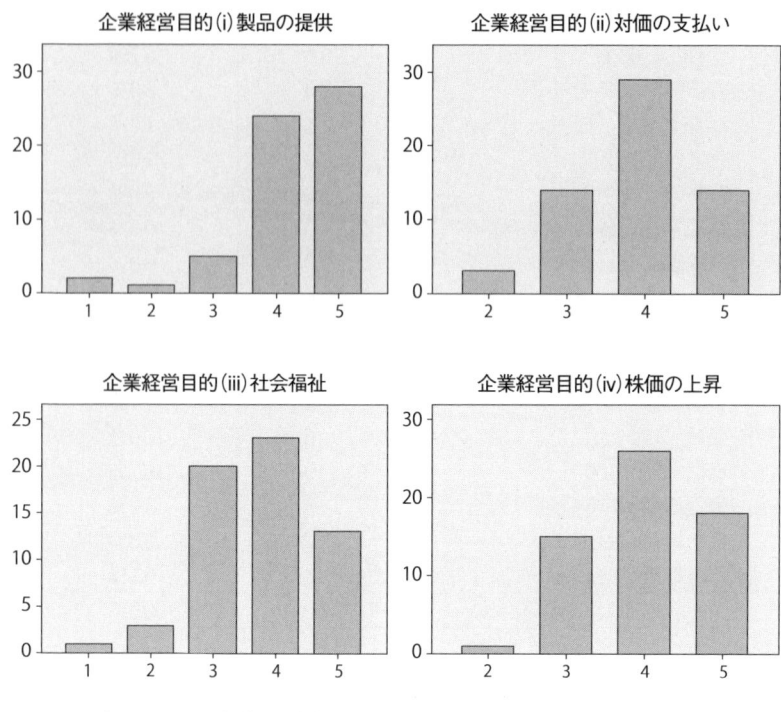

図表 4 − 4：企業の社会的使命／企業経営の目的の度数分布

図表 4 − 4 において、(i) の「消費者（社会）が求める製品・サービスの適正価格での継続的な提供」の分布が極端に右側に偏っているのは、調査の対象がモノを造る企業であるという背景を如実に反映している。また、(ii) の「経営資源の提供者（経営者・管理者・従業員・取引先・資金拠出者等）への正当な対価の支払い」と (iv) の「価値（企業価値・事業価値・株主価値）の創造・株価の上昇」は、いずれも右側に偏った山型の曲線を描いており、ステークホルダーの要求の充足と VBM 推進に対する関心の高さをよく表している。なお、(iii) の「社会福祉（雇用・環境保全・納税等）への貢献」の分布がやや左に寄っているのは、これらの企業が営利企業であるという事実に鑑みれば驚くには当たらないといえるだろう。したがって、回答企業群の回答は、母集団である東証 1 部上場製造業の経営目的に関する認識と大きな隔たりはないと判断した。これら 4 つの経営目的のう

ち、「ライフサイクル・ステージが VBM を推進する事業単位の利益管理や原価管理への取組みに及ぼす影響を経験的に明らかにする」という本稿の目的に最も関わりが深いのは、(iv) の「価値（企業価値・事業価値・株主価値）の創造・株価の上昇」である。

この結果、60 の有効回答のうち、企業の社会的使命ないし企業経営の目的について、「価値の創造・株価の上昇をあまり重視していない」と回答した 1 社を除いた 59 社を分析の対象とした。理由は、SVA 法は、同じ経済モデルの企業評価手法である FCF 法や EVA 法と同様に、VBM における企業評価の根本原則である「企業の価値は将来の期待 FCF を資本コストで割り引いた現在価値合計と等しい」（Miller & Modigliani, 1961）という考え方を精緻化したものであるから、これらの手法の概念ベースは共通であるということによる。第 2 章の結論は、この前提に立って、企業評価の原則とファイナンス理論に整合的に事業が生み出す価値を計算できるとともに、期間業績の評価および部門経営の業績評価という管理会計上の目的に高いレベルで応え得る企業価値評価手法の中で、各期間の企業（事業／株主）価値の変化額について最も信頼性の高い推定値を算出することができるという意味において、SVA 法が最適であるというものであった。したがって、同法が日本で未だ浸透していないことは明らかであるとしても、「価値の創造および株価の上昇」を経営目的にあげた企業は、無意識のうちに SVA 経営を行っていると考えても差し支えないはずだというのが、本調査の底流にある考え方である。

4.3.3 分析の方法

本章では、第 3 章で積み残した、企業ないし事業のライフサイクル上の位置の違いに踏み込んで、ライフサイクル・ステージの異なる事業を有する企業が同様に事業（単位）価値の創出をめざしている場合に利益管理や原価管理への取組みが本質的に異なったものになるか否かの確認を含めて、「事業のライフサイクル・ステージの特性を考慮した業績尺度の選定と適切な管理会計ツールの採用が事業単位並びに会社の財務パフォーマンスに影響を与える」という仮説を、共分散構造分析によって経験的に検証

する。本来であれば、ライフサイクルの各ステージの事業単位に対してモデルを作成し検証作業を実施すべきであるが、回答企業の中には、所有する事業単位群が、導入期・成長期・成熟期・衰退期という4つのライフサイクル・ステージの2つ以上の区分に属しているものが少なくない。

丹生谷（2009, 41頁）は、PLC上の導入期にある事業部門について、(a)事業の重要成功要因が必ずしも明確ではないために戦略目標およびKPI（key performance indicator）[10]の選択は試行錯誤の中で探索していかざるを得ないという制約と、(b)適切な業績尺度を見出すことができた場合にも測定・収集に莫大なコストがかかるという接近可能性（accessibility）の問題をあげて、初期の段階で設定した業績尺度が組織成果に逆行する危険性を指摘した。これは、「財務的なコントロールはPLCの初期段階を重視することとは部分的には相容れない」というUtterback & Abernathy（1975）・Hayes & Abernathy（1980）・Kaplan（1983）の主張や、「プロダクト展開の初期段階に用いるうえで適したMCSというものはない」としたWard（1992, p.238）の見方にも通ずるものであり、この点は、撤退の検討対象である衰退期の事業部門についても同様と考えられるから、合理的な業績尺度を設定できない可能性が高い導入期の事業単位と衰退期の事業単位の2つについては分析の対象から除外することとした。もっとも、実際に、調査の対象となった東証1部上場製造業においては成熟事業を有しているものが最も多く、第二位の成長事業をあわせると実に60社中の59社を占めていた。

また、PLCや競争をはじめとする要因は営業キャッシュ・フローの規模や変動性に影響を与える（Morin & Jarrell, 2000, p.26）ので、製品の集合体としての事業単位のライフサイクル上の位置と部門経営の業績評価の関係性を追究するためには、異なる複数のPLC間の、株価で測られるグループ全体のパフォーマンスへの貢献における相互作用の影響を除去する必要がある。その最も簡単なやり方は会社全体が単一の事業ライフサイクルに属している企業を分析対象とするということであろう。複数のライフサイクル・ステージに関わっている企業の株価（すなわち全社経営の業績指標）のパフォーマンスは、それらの複数の異なるライフサイクル・ステー

ジの事業の影響を同時に受けた結果であるわけなので、「業績評価システムの設計・運用の株価(すなわち会社の財務パフォーマンス)に対する影響の検証」という脈絡においては、因果関係の前提は標本企業の事業単位群のすべてが単一の事業ライフサイクル・ステージに属している場合にしか妥当性をもちえないことは、理論的にも明らかである。

しかるに、分析の対象となった59社中、成熟事業を有する回答企業は55社あったが、そのうち成熟事業のみからなる企業は38社であった。そこで、(イ)成熟事業のみの企業38社と、(ロ)成熟事業および他のライフサイクル・ステージの事業で構成されている企業17社(うち1社は当該質問群への回答なし)の2つの回答者グループごとに、先述の25の業績指標・尺度のそれぞれに対する重視の度合いの平均値を求め、両者の乖離を計算したうえで、1サンプルのt検定を検定値0で実施したところ、t値は11.447、また、有意確率(両側)は0.000と、99%信頼区間において有意であったことから、企業群(イ)のみを分析の対象とするのが妥当であることが確認された。

4.3.4 測定尺度

(1) 事業のライフサイクル・ステージの特性を考慮した業績尺度の選定

各事業単位のライフサイクル・ステージの特性に対応した業績尺度の選定については、作業仮説の枠組みに最大限に沿ったモデルを構築するために事前に25の尺度の様々な組合せを試みたうえで、成熟事業については最終的に①投資利益率(ROI・ROA・ROE)、②営業キャッシュ・フロー、③フリー・キャッシュ・フロー、④資産(売上債権・在庫)回転率/回転期間、⑤納期短縮率/納期順守率、⑥歩留り率、⑦生産リードタイム、⑧残余利益/EVA/SVA、の8種の業績指標・尺度に関する質問を設定し、それぞれについて、「極めて重視している」を5、「かなり重視している」を4、「普通」を3、「あまり重視していない」を2、「全く重視していない」を1とする5件法のリッカートスケールによって回答企業の評価を求めた。各質問項目の記述統計は図表4-5の通りである。

次に、これら8つの質問項目に基づいて探索的因子分析を行った。主成

記号	観測変数	N	平均評定値	S.D.
X1	投資利益率（ROI・ROA・ROE）	38	3.34	0.745
X2	営業キャッシュ・フロー	38	3.55	0.891
X3	フリー・キャッシュ・フロー	38	3.45	0.795
X4	資産（売上債権・在庫）回転率／回転期間	38	3.45	0.828
X5	納期短縮率／納期順守率	38	3.45	0.891
X6	歩留り率	37	3.46	1.043
X7	生産リードタイム	38	3.50	0.830
X8	残余利益／EVA／SVA	38	2.79	0.875

図表4－5：成熟事業単位のライフサイクル・ステージの特性を考慮した業績尺度の選定（1）

分分析によって因子を抽出し、バリマックス回転を行ったところ、2つの因子が採択された。第1の因子は、「コスト削減」、また、第2の因子は「生産性向上」と解釈された（図表4－6）。

　成熟期における顕著な現象は、需要増加率が下がって売上高が頂点に達する一方、価格競争が激しくなるために利益率が途中で低下し始め利益もステージ中途でピークアウトする、そのためコスト削減や生産性向上が課題になるが設備投資が急減する恩恵でキャッシュ・フローは潤沢になる、などである。

　Ward（1992）は、わずかな相対的なコスト面の優位性が大きな売上を生む（p.266）成熟期の適切な競争戦略はコスト・リーダーシップ戦略である（p.269）として、利益性の改善とキャッシュ・フローの創出力に焦点が移行する（pp.265 & 269）同ステージのMCSの評価尺度にROA等のROI関連指標（①）や営業キャッシュ・フロー（②）をあげた（p.266）。特にROIについては、「最も安定的なステージである成熟期のみに用いられるべきである」（p.237）と述べている。ROIの改善は、利益の増加と投資というコスト要因の減少の産物である（p.273）から、営業キャッシュ・フローから投資キャッシュ・フローをネットしたフリー・キャッシュ・フロー（③）や会計上の利益から営業キャッシュ・フローを算出する際に加減の対象となる運転資本投資関連項目（④）等がコスト削減の代替指標

記号	観測変数を略したもの	各因子の負荷量	
		因子1 コスト削減	因子2 生産性向上
X1	ROA等の投資利益率	0.877	0.000
X2	営業キャッシュ・フロー	0.815	0.370
X3	フリー・キャッシュ・フロー	0.835	0.377
X4	在庫等の資産回転率	0.835	0.250
X5	納期短縮率	0.283	0.782
X6	歩留り率	0.173	0.860
X7	生産リードタイム	0.131	0.882
X8	EVA等の残余利益指標	0.566	0.631
累積説明率		40.933%	76.799%

図表4－6：成熟事業単位のライフサイクル・ステージの特性を考慮した業績尺度の選定（2）

（注）1.因子抽出法：主成分分析　2.回転法：Kaiserの正規化を伴うバリマックス法
　　　3.絶対値が0.5以上の因子負荷は色塗り（両方が0.5以上の場合は高い方を採択）

になるのは至極当然のことであるといえよう。彼はまた、成熟期には生産性の向上が鍵になる(p.271)ことも強調した。納期短縮率／納期順守率(⑤)や歩留り率(⑥)、生産リードタイム(⑦)やEVA等の残余利益指標(⑧)は、いずれも生産性の向上と顧客のロイヤルティ形成の両方にリンクした尺度である。なお、EVA等の残余利益指標の因子1（コスト削減）の負荷量が因子2（生産性向上）の負荷量よりも低いながらも0.5を超えているのは、それらが生産性／効率性指標であると同時に、脈絡によってはコスト管理／収益性指標にもなるという特性を反映したものと考えられる。

(2) 業績尺度の管理に適した事業単位の管理会計ツールの採用

　成熟期に属する事業単位が経営管理のためにどの管理会計ツールを重用しているかについては、20世紀終盤以降に普及した代表的な原価管理会計手法である① ABC／ABM／ABB、②原価改善／原価企画、③ BPR（ビジネスプロセス・リエンジニアリング）、④ TQC／TQM／ISO9000／ISO14000、⑤ JIT／リーン生産／SCM、の5種の質問項目を設定し、各々

記号	観測変数	N	平均評定値	S.D.
Y1	ABC／ABM／ABB	36	2.47	0.810
Y2	原価改善／原価企画	38	3.87	0.777
Y3	BPR	37	2.49	0.804
Y4	TQC/TQM/ISO9000/ISO14000	37	3.59	0.956
Y5	JIT／リーン生産／SCM	37	2.76	1.116

図表4－7：成熟事業単位の管理会計ツールの採用（1）

について、「極めて重視している」を5、「かなり重視している」を4、「普通」を3、「あまり重視していない」を2、「全く重視していない」を1とする5件法のリッカートスケールによって回答企業の評価を求めた。それぞれの記述統計は図表4－7の通りである。

次に、これらの質問項目に基づき探索的因子分析を行った。主成分分析により因子を抽出したところ、ただ1つの因子が採択された。この因子は、「戦略的コストマネジメント（への傾注）」と解釈された（図表4－8）。

記号	観測変数を略したもの	各因子の負荷量 因子1 戦略的コストマネジメント
Y1	ABC／ABM	0.665
Y2	原価企画	0.643
Y3	BPR	0.718
Y4	TQC／TQM	0.618
Y5	JIT／SCM	0.796
累積説明率		47.722％

図表4－8：成熟事業単位の管理会計ツールの採用（2）

（注）1.因子抽出法：主成分分析　2.絶対値が0.5以上の因子負荷は色塗り

(3) 会社の財務パフォーマンス

本研究では、会社の財務パフォーマンスの尺度に回答企業の株価のパフォーマンスに関する指標を用い、①過去3年間の連結決算ベースの株価収益率（連結PER）の業界内競合他社に対する相対的伸び率、及び②過去3年間の株主の総合利回り（TSR）の業界内競合他社に対する相対的伸

び率、の2つの質問を設定して、5件法のリッカートスケールにより回答を求めた。業界内の競合他社と比べた場合の①および②について、「上回っている」を5、「やや上回っている」を4、「ほぼ同じ」を3、「やや下回っている」を2、「下回っている」を1の5点尺度によって、過去3年間の回答企業の株価のパフォーマンスの評価を尋ねた。その記述統計は図表4－9の通りである。

　このうち、前者の連結PERは、長く機関投資家に重視されてきたという経緯に鑑みて予備的な業績尺度として質問項目に加えられたが、(i) 分母である税引後当期純利益（EPS）が財務レバレッジに影響される、(ii) 異常な要因でEPSが一時的に低下している場合でも高くなる、(iii) 金利水準が低下した際には必要収益率の低下によって株価が上昇するために高くなる、等の多くの要因によって変動する。企業ごとに固定的な水準のPERが存在するというわけではなく、理論的には株価とのリンクは脆弱である。このため、①は本分析のデータからは除外し、②のみを分析の対象とすることとした。

記号	観測変数	N	平均評定値	S.D.
Z1	TSRの相対的伸び率	37	2.81	1.151

図表4－9：成熟企業の財務パフォーマンス

4.4　分析結果

　質問調査票のデータを用いて、事業のライフサイクル・ステージと業績評価システムの関係性に関する仮説1および2について、共分散構造分析によって分析の枠組みに沿ったモデルの適合性を評価する。

4.4.1　モデルⅠ「事業ライフサイクルと管理会計システム」による仮説1の検証

　仮説1の検証に当たっては、「4.3.4-(1) 事業のライフサイクル・ステー

ジの特性を考慮した業績尺度の選定」の探索的因子分析の結果として確認された潜在変数と、「4.3.4-(2) 業績尺度の管理に適した事業単位の管理会計ツールの採用」の探索的因子分析の結果として確認された潜在変数を用いて、因果関係を含むモデルⅠ「事業ライフサイクルと管理会計システム」を作成し、確認的因子分析を行った（図表4－10）。適合度指標はCFIが0.970、RMSEAが0.051、IFIが0.974、また、TLIが0.956であった。これらの適合度指標は、CFI ≧ 0.95、RMSEA ≦ 0.08の各条件を満たしているほか、IFIおよびTLIの値がどちらも1に近い水準にあるので適合度は

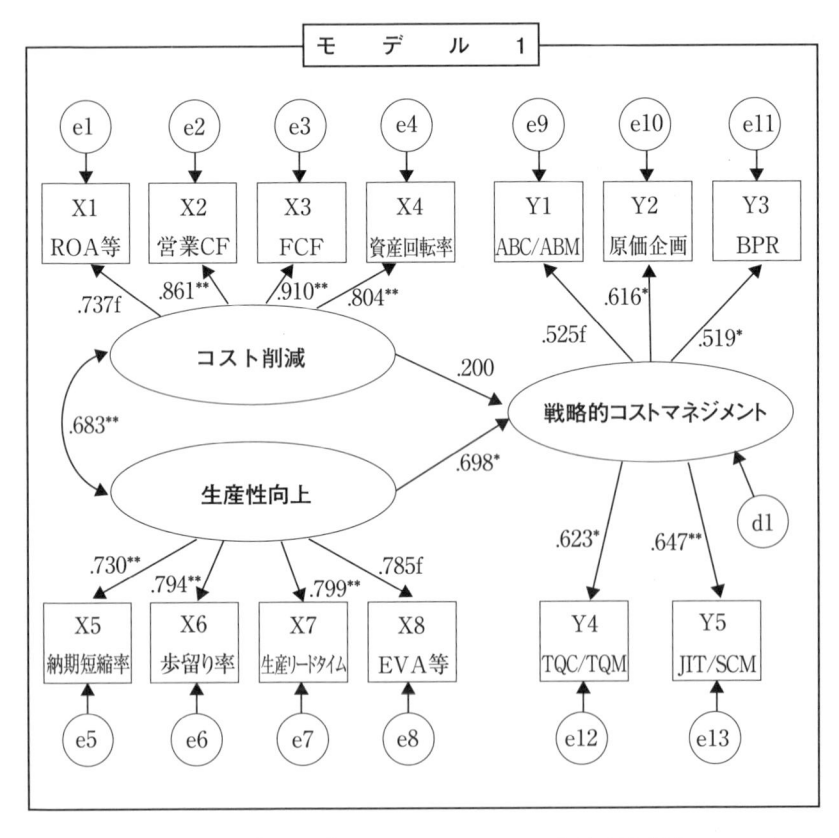

図表4－10：モデルⅠ「事業ライフサイクルと管理会計システム」

＊：5%有意水準　＊＊：1%有意水準　f：パス係数を1に固定した変数
適合度指標：　CFI = 0.970　　RMSEA = 0.051　　IFI = 0.974　　TLI = 0.956

高いと考えられ、モデルⅠは棄却されない。すなわちモデルⅠは、ライフサイクル・ステージの特性を考慮した業績尺度の選定が適切な事業単位の管理会計ツールの採用に繋がるということを示している。

　アンケート中の業績尺度に関する質問ではほとんどの項目の平均評定値が3.0を超えており、成熟事業単位が平均してこれらの尺度を重視していることがわかる。EVA等の残余利益指標の平均評定値が3.0をやや下回っているのは、（ロ）成熟事業および他のライフサイクル・ステージの事業で構成されている企業群の数値（3.31）の高さから、その歴史の浅さや理論の難解さ故に十分に普及していないことを反映しているものと推定される。業績尺度の各項目はいずれも成熟期の特徴を説明する2つの潜在変数に対して高いパス係数を示した。業績尺度の①〜④の項目（X1〜X4）は、「ライフサイクル・ステージの特性を考慮した業績尺度の選定」に関わる2つの潜在変数のうち「コスト削減」に0.737〜0.910という高いパス係数を示しており、⑤〜⑧（X5〜X8）もまた、潜在変数「生産性向上」に対して0.730〜0.799と前者と遜色ない水準のパス係数である。業績尺度の選定におけるこれら2つの潜在変数から「適切な業績尺度の特性に対応した管理会計ツールの採用」の潜在変数である「戦略的コストマネジメント（への傾注）」への「生産性向上」のパス係数は0.698と、「コスト削減」からのパス係数0.200よりもかなり高く、5％水準で有意であった。「管理会計ツールの採用」の潜在変数である「戦略的コストマネジメント」と各観測変数の間のパス係数は総じて業績尺度の選択の場合ほどには高くないものの、①〜⑤（Y1〜Y5）のすべてが0.50を超える高い水準のパス係数を示している。モデルⅠが示唆するのは、成熟期の事業特性に対応した業績尺度の選定を行うことによって戦略的コストマネジメントの重要性が高まり、それが適切な管理会計ツールの採用に繋がるということである。これらの結果は、本作業仮説1「事業のライフサイクル・ステージの特性を考慮した業績尺度の選定は、事業単位の適切な管理会計ツールの採用に有意な正の影響を与える」を支持するものである。

4.4.2　モデルⅡ「事業単位の業績評価システムの設計・運用」による仮説2の検証

　モデルⅠおよび「4.3.4-(3) 会社の財務パフォーマンス」を用いてモデルⅡ「事業単位の業績評価システムの設計・運用」を作成し、確認的因子分析を行った（図表4－11）。なお、モデルⅡについては、全体像を見やすくするために潜在変数のみを記載している。TSRの相対的伸び率で表わされる会社の財務パフォーマンス（Z1）は、0.208とやや低い水準のパス係数ではありながらも有意味と思われる水準を示した。適合度指標はCFIが0.969、RMSEAが0.048、IFIが0.973、また、TLIが0.956であった。これらの適合度指標は、CFI≧.95、RMSEA≦.08の条件を満たしているほか、IFIとTLIの値がどちらも1に近い水準にあることから、データへの当てはまりがよいと解釈され、モデルⅡは棄却されない。RMSEAについては、その値が約0.05以下であれば自由度に関して高い適合性を示しているとされているため、モデルⅡのRMSEA（0.048）がモデルⅠの0.051からさらに低下していること（＝適合度の一層の改善）は注目に値する。この結果、TSRの相対的伸び率で表わされる会社の財務パフォーマンスのパス係数は0.208となった。すなわち、モデルⅡは、ライフサイクル・ステージの特性を反映した指標を業績尺度に用いた事業単位の適切な管理会計ツールの採用が自社の株価のパフォーマンスに繋がることを示している。

　なお、モデルⅠにおいて、成熟企業群の業績尺度項目（X1～X8）の平均評定値が、X8（2.79）のみを例外として3.21～3.55という高い水準を示している一方で、管理会計ツール項目のY2（3.87）およびY4（3.59）以外の項目の平均評定値が2.47～2.76という低いものであったことは、モデルⅡの株価のパフォーマンスの項目Z1が2.81と芳しくない水準であったことに照らせば、本分析の意義を損なうものではないと考えられる。というのは、ライフサイクル・ステージの特徴に沿った業績尺度を選定しながら、その管理に適した管理会計ツールを必ずしも採用していないために株価のパフォーマンスがあがらないということは、裏をかえせば適切な

管理会計ツールを採用していれば株価の上昇に繋がったと解釈し得るからである。また、株価のパフォーマンスのやや低いパス係数が5%水準では有意でなかった（30%弱の水準で有意）ことは、実際には他の要因が混合している可能性を示唆するものである。これらの結果より、本作業仮説2「ライフサイクル・ステージに対応する測定尺度を組み込み設計・運用されている業績評価システムは、会社の財務パフォーマンスに有意な正の効果をもたらす」は、モデルⅡによって支持されたといえる。

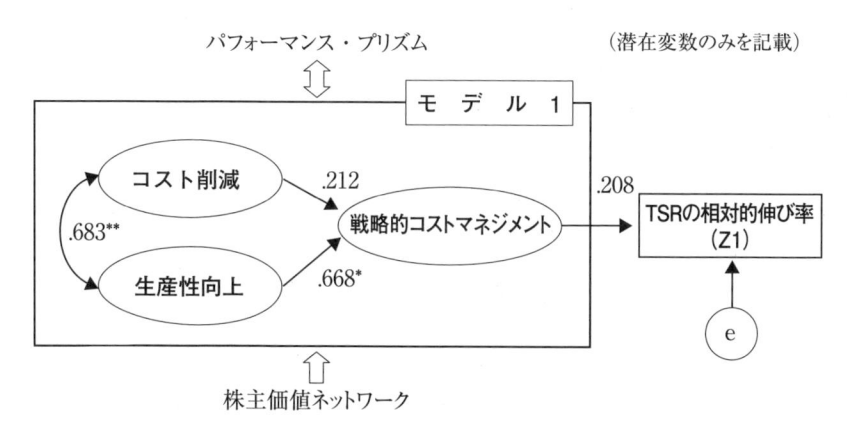

図表4－11：モデルⅡ「事業単位の業績評価システムの設計・運用」

＊：5%有意水準　　＊＊：1%有意水準
適合度指標：　CFI = 0.969　　RMSEA = 0.048　　IFI = 0.973　　TLI = 0.956

4.4.3　発見事項

(1) 成熟事業（企業）の業績評価システムの設計・運用と財務パフォーマンス

本章では、分権的組織を対象に、事業ライフサイクル・ステージの特性に対応した業績尺度を用いた業績評価システムについて考察してきた。「事業単位の業績評価システムの設計・運用の適否が会社の財務パフォーマンスに影響を与える」という基本的な枠組みのもとで、業績評価システムの設計および運用に際しては「事業のライフサイクル・ステージの特性を考慮した業績尺度の選定」、「業績尺度の管理に適した事業単位の管理会計

ツールの採用」の2つの測定尺度を、また、「会社の財務パフォーマンス」については株価のパフォーマンスの測定尺度を設定して、仮説1および2について作業仮説の検証を行った。

　仮説1は、事業のライフサイクル・ステージの特性を考慮した業績尺度の選定が事業単位の適切な管理会計ツールの採用に影響を与えるか否かを確認しようとするものであった。最大限の業績尺度数による説明力の高いモデルの構築を企図して、事前に25の尺度の様々な組合せを試みたうえで、最も有意な結果が得られた8尺度によるモデルを作成して確認的因子分析を行ったところ、適合度指標はいずれも所定の条件を満たし、事業のライフサイクル・ステージの特性を考慮した業績尺度の選定が事業単位の適切な管理会計ツールの採用に正の影響を与えるという検証結果が得られた。

　仮説2では、仮説1のモデルを発展させて会社の財務パフォーマンスを織り込んだモデルを作成した。株価に関わる指標を用いて確認的因子分析を行ったところ、適合度指標はいずれも所定の条件を満たし、ライフサイクル・ステージに対応する測定尺度を組み込み設計・運用されている業績評価システムは事業単位および会社の財務パフォーマンスに正の効果をもたらすという検証結果が得られた。

　なお、因子2（生産性向上）の負荷量が上回っていながらも因子1（コスト削減）の負荷量が0.5を超えていたEVA等の残余利益指標（X8）を外した場合のモデルの適合度指標は、CFIが0.999、RMSEAが0.010、IFIが0.999、またTLIが0.998と数値上は一層の改善を示した。これは、生産性／効率性指標であるEVA等の残余利益指標が同時にコスト管理／収益性指標の側面も有するという特性の影響を排除したことによる説明力の向上と解し得るが、業績尺度のパス係数の推定値はX1～X4が0.746～0.908、X5～X7が0.713～0.857と、確率とともに大差はない。また、「戦略的コストマネジメント」への「生産性向上」からの潜在変数間のパス係数は0.509で、以前同様に「コスト削減」からのパス係数（0.393）よりもかなり高く、5％水準で有意であった（後者は引き続き5％水準では有意でなかった）。「戦略的コストマネジメント」と各観測変数の間のパス係数

は 0.50 超を維持し、以前とほぼ同水準の統計的有意性を示した。さらに、TSR の相対的伸び率 Z1（会社の財務パフォーマンス）も 0.213 と変化は微小であり、やはり 5％水準では有意でなかった（30％弱の水準で有意）ことから、結論的にはモデルⅡと全くかわらない。

(2) 成長事業（企業）における業績評価システムの設計・運用と財務パフォーマンスの関係

分析対象となった 59 社には成長事業をもつものが 19 社あったが、そのうち「他のライフサイクル・ステージに属する事業も有している」と回答した企業は 16 社にのぼった。そのため、本来であれば、(1) の成熟事業のケースと同様に、（イ）成長事業のみの企業（3社）と（ロ）成長事業および他のライフサイクル・ステージの事業で構成されている企業（16社）の回答者グループごとに 25 の業績指標・尺度の各々に対する重視の度合いの平均値を求め、両者の乖離を計算したうえで、t 検定を実施した結果が統計的に有意であった場合には、成長事業単独の影響を抜き出すべく企業群（イ）のみを分析の対象とすることになる。しかしながら、度数がわずか 3 では成熟事業（企業）同様の作業仮説を設定した共分散構造分析による検証作業のためには標本数が不足しているといわざるを得ないから、成長事業（企業）については、成熟事業（企業）における仮説モデルの検証作業における発見事項との共通点とデータの大まかな特徴から類推するにとどめる。そのため、図表 4 − 12 には（図表 4 − 5 とは異なり）、（イ）・（ロ）両方のグループの記述統計を併記した。

まず、成長期に位置する事業単位のライフサイクル・ステージの特性に対応した業績尺度の選定については、①セグメント（部門・流通チャネル）別・顧客 1 人当たり売上高（成長率）、②新規顧客の獲得率／顧客のリピート購買率、③顧客満足度調査、④従業員 1 人当たり売上高、⑤新規出店計画・新製品開発計画の達成率、⑥標的市場セグメントの市場占有率、⑦各種利益（成長率）／製品（群）別・地域別・顧客セグメント別利益（率）、⑧新製品の上市件数、の 8 つの質問のそれぞれについて、5 件法のリッカートスケールによって評価を求めた。各質問項目の記述統計は次の通りで

あり、いずれも平均評定値が3.0を超えている（重視されている）ことが見てとれる（図表4－12）。また、予想通り、（イ）成長事業のみの企業3社と（ロ）成長事業及び他のライフサイクル・ステージの事業で構成されている企業16社の2つのグループの業績指標・尺度の重視の度合いの平均値はかなり乖離しているように見える。

記号	観測変数	N	平均評定値	S.D.
XX1	セグメント（部門・流通チャネル）別・顧客1人当たり売上高（成長率）	3(16)	4.00(3.38)	1.000(0.957)
XX2	新規顧客の獲得率／顧客のリピート購買率	3(16)	3.67(3.56)	0.577(0.892)
XX3	顧客満足度調査	3(16)	3.67(4.25)	0.577(0.683)
XX4	従業員1人当たり売上高	3(15)	4.00(3.40)	1.000(0.986)
XX5	新規出店計画・新製品開発計画の達成率	3(16)	3.33(3.25)	0.577(0.856)
XX6	標的市場セグメントの市場占有率	3(16)	3.67(4.19)	0.577(0.544)
XX7	各種利益（成長率）／製品（群）別・地域別・顧客セグメント別利益（率）	3(16)	3.67(4.19)	0.577(0.655)
XX8	新製品の上市件数	3(16)	3.33(3.75)	0.577(0.931)

図表4－12：成長事業単位のライフサイクル・ステージの特性を考慮した業績尺度の選定

注）（　）内は成長事業及び他のライフサイクル・ステージの事業で構成されている企業群の記述統計

　成長期に特徴的な現象は、重要が伸びて販売量及び売上高が急増し市場規模が拡大する、大量生産によるコストの低下が相まって利益率が上昇し利益が増大する、などである。現金収支はかろうじて釣り合うに留まるため、キャッシュ・フロー関連指標は評価尺度には馴染まない。Ward（1992）は、「成長期における一般的な競争戦略は差別化戦略である」（p.249）として、重要な評価尺度の1つに需要の伸び率（p.250）をあげるとともに、重要成功要因をマーケティング活動（p.249）とした。セグメント（部門・流通チャネル）別または顧客1人当たり売上高／売上高成長率（①）や新規顧客の獲得率／顧客のリピート購買率（②）、顧客満足度調査の評点（③）

や従業員1人当たり売上高（④）は、需要の伸びとマーケティング活動の成功レベルの測定に役立つ指標である。彼はまた、もう1つの重要な尺度に製品の相対的な市場占有率（p.250）をあげ、重要成功要因を高い相対的市場占有率の確保（p.254）とした。新規出店計画や新製品開発計画の達成率（⑤）、標的市場セグメントの市場占有率（⑥）、各種の利益／利益成長率ならびにセグメント（製品（群）・地域・顧客）別利益／利益率（⑦）、新製品の上市件数（⑧）は、いずれも市場セグメントにおけるシェアの改善の代理変数として解釈可能な項目である。

次に、事業単位が業績尺度に対応した経営管理のためにどの管理会計ツールを重用しているかについては、一般的な利益管理会計手法である①貢献利益分析／貢献利益法／スループット会計、②CVP分析／損益分岐点分析、③線形計画法／数値計画法、④DCF法（IRR法・NPV法・PI法）に基づく投資決定、⑤予算統制、の5つの質問項目を設定し、それぞれについて5件法のリッカートスケールによって評価を求めた。各々の記述統計は、図表4－13の通りである。③を例外として、いずれも3.0を超えている（重視されている）ことは、「伝統的利益管理（の踏襲）」を示唆しているという印象を強く与える。

記号	観測変数	N	平均評定値	S.D.
YY1	貢献利益分析／貢献利益法／スループット会計	3	3.67	1.528
YY2	CVP分析／損益分岐点分析	3	4.87	0.577
YY3	線形計画法／数値計画法	3	2.67	1.155
YY4	DCF法（IRR法・NPV法・PI法）に基づく投資決定	3	4.67	0.577
YY5	予算統制	3	4.67	0.577

図表4－13：成長事業単位の管理会計ツールの採用

最後に、成熟事業（企業）の場合と同様に、組織の財務パフォーマンスの尺度に"TSRの相対的伸び率"を用いて過去3年間の株価のパフォーマンスについての評価を尋ねた（図表4－14）。

これらの成長事業（企業）のデータは、事業の拡大をはかるべく、成長

記号	観測変数	N	平均評定値	S.D.
ZZ1	TSRの相対的伸び率	3	3.00	0.000

図表4－14：成長企業の財務パフォーマンス

期の事業の特徴である「売上の増大」および「収益性の向上」にリンクした指標を業績尺度に設定した上で、伝統的手法で利益管理を推進することによって株価の上昇をもたらそうとする、成長事業（企業）の平均的な経営像を断片的ながらも随所で描き出している。

4.4.4 結果の解釈

4.4.3-(1) より、業績評価システムの設計および運用に際して、事業のライフサイクル・ステージの特性を考慮した業績尺度の選定が事業単位の適切な管理会計ツールの選定に影響を与え、それが会社の財務パフォーマンス向上をもたらすということが確認されたということができる。すなわち、上記の分析の結果、分析対象となった成熟事業のみの企業の場合では、事業の維持・拡大をはかるべく、成熟期の事業の特徴である「生産性向上」および「コスト削減」関連の指標を業績尺度に設定したうえで、戦略的コストマネジメントに注力することによって、株価の上昇を実現できるという関係性ないし平均像が合理的に解明された。また、事業の拡大をはかるべく、成長期の事業の特徴である「売上の増大」および「収益性の向上」にリンクした指標を業績尺度に設定した上で、伝統的手法で利益管理を推進することによって株価の上昇をもたらそうとする、成長事業（企業）の平均的な経営像を断片的ながらも随所で描き出した4.4.3-(2) のデータは、「事業のライフサイクル・ステージに対応する業績尺度の選定と適切な管理会計ツールの採用が相まって会社の財務パフォーマンスに正の効果を与える」という関係性の存在を示唆するものといえ、4.4.3-(1) における成熟事業（企業）のデータに基づく本章の検証結果の信頼性をさらに高めるものである。

なお、経営企画部門へのアンケート調査に基づいた本研究は、先述の3つの区分の測定尺度をいずれも回答企業の本社観点の評価に委ねている。

客観的な評価が確保されたことによって、本稿におけるモデルの因果関係は妥当に検証されていると判断するものである。

4.5 議論の展開

　連結ベースでの企業価値（ひいては株主価値）の向上を目指す本社にとって、目標の実現に向けて各事業単位の状況を的確に把握できる業績評価システムの設計及び運用は極めて重要である。そのため、過去四半世紀ほどの間に様々な業績指標・尺度や測定・評価のフレームワーク、経営管理システム等の管理会計手法の導入が盛んに行われてきた。第3章では、これまで最も有効とされていたものの1つであるEVAとBSCの組合せ等を凌駕するものとして、SVAとパフォーマンス・プリズム[15]の合体の有用性について論説した。

　第3章の結論を受けて、ここでは、成熟事業及び成長事業という、2つのライフサイクル・ステージに対応したパフォーマンス・プリズムを、(i) 組織の重要なステークホルダーを確認しその要求を明らかにする、(ii) それぞれのステークホルダーの要求を満足させるための適切な戦略を検討する、(iii) ステークホルダーの満足という目標の達成に不可欠なプロセスを認識する、(iv) 各ステークホルダーに価値をもたらすべく、プロセスを支え強化するのに必要なケイパビリティを評価する、(v) 組織に対する各ステークホルダーの貢献度（＝支援）の最大化を促す、という5つのステップに沿って展開し、今回の質問調査の結果の分析を踏まえてそれぞれを業績尺度として明確化することによって、ライフサイクル・ステージに対応するパフォーマンス・プリズムのプロトタイプの導出を試みる。

　図中の評価尺度のうち通常の明朝体のものは、Rappaport（1998, pp.129 & 172）において展開されたSVA[16]のバリュー・ドライバーおよび価値先行指標、斜体のものはNeely, Adams, & Kennerley（2002, pp.182-343）で例示された評価尺度である[17]（太字表示のものは両者に共通する尺度）。また、枠で囲っているのは筆者が加筆した尺度、アミカケ部分は今回のアンケー

ト調査の質問に盛り込まれた尺度（うち下線が引いてあるものは実際に検証された成熟事業単位が重視すべき尺度）である。プロトタイプAおよびBの双方に導入された尺度は、さらに、Ward（1992）のPLCの各ステージとMCSの適合関係に関する研究成果とも整合しており、とりわけ非財務指標が数多く盛り込まれていることは、彼の「成熟期のMCSには非財務指標を含む他の評価尺度（p.273）が、また、成長期のMCSには適切な非財務指標（p.256）が併用されるべきである」という見解にも高いレベルで沿うものである。

(1) プロトタイプA：　VBM環境下の成熟事業単位のためのパフォーマンス・プリズム

投資家関連の尺度
満足度の尺度

①株主は何を求め、必要としているのか？
　　　　⇒　SVA／事業単位価値創造による株主価値最大化
②株主以外の投資家は何を求め、必要としているのか？
　　　　⇒　PLUG（実情に応じて追求）

評価尺度：
① ●事業単位価値　●SVA　●営業キャッシュフロー　●売上成長率　●営業利益率　●法人税率　●運転資本投資　●固定資本投資　●資本コスト　●価値成長持続期間　●生産性　●フリーキャッシュフロー　●ROA／ROCE
② PLUG（銀行の場合：　●流動比率　●インタレスト・カバレッジ・レシオ　●貸倒引当金　●正味運転資本　●売上債権／棚卸資産／買入債務回転率（期間））

貢献度の尺度

①我々は株主に何を求め、彼らから何を得ようとしているのか？
　　　　⇒　株式の購入・保有

②我々は株主以外の投資家に何を求め、彼らから何を得ようとしているのか？
　　　　⇒　PLUG

評価尺度：
①　●固定株主比率　●転換率　●行使率
②　PLUG　（銀行の場合：　●借入利子率　●クレジット・ライン
　●社債引受額）

戦略の尺度

①株主ならびに組織内部の要求・必要を充足するのはどのような戦略なのか？
　　　　⇒　SVAの創出（競争優位の獲得）をもたらす戦略の採択
　●新製品開発　●新規出店／新規設備配置　●最適セールズ・ミックス
　●価格政策　●ダウンサイジング　●グローバル・ソーシング
　●在庫管理　●与信政策　●仕入政策　●資本支出計画
　●負債政策　等

②株主以外の投資家の要求・必要を充足するのはどのような戦略なのか？
　　　　⇒　PLUG

評価尺度：
①　●新製品開発計画の期間内達成率
　●新規出店計画／新規設備投資計画の達成率　●市場占有率　●人件費
　●在庫費用　●回収費用　●購買費用　●製品（群）別収益性
　●研究費率　●1人当たり売上高／生産性　●資本回転率
②　PLUG

プロセスの尺度

①戦略はどの内部事業プロセスによって効果的かつ効率的に遂行されるのか？
②株主以外の投資家に該当する部分　　⇒　PLUG

評価尺度：
①　●新製品・サービス売上高　●新市場売上高　●財務計画／予算達成率
　●リストラクチャリング／リエンジニアリング計画の進捗度
②　PLUG

ケイパビリティの尺度

①そのためにはどのようなケイパビリティを確立・維持する必要があるのか？

②株主以外の投資家に該当する部分　⇒　PLUG

評価尺度：

①　●*開発途上製品・サービスの潜在的販売量（額）*　●*ブランド価値*
　　●*コアコンピタンス事業への投資額*　●*製品別損益分岐点比率*
　　●安全余裕率

②　PLUG

顧客関連の尺度
満足度の尺度

顧客は何を求め、必要としているのか？

評価尺度：

●*顧客満足度調査*　●*品質評価*　●*価値（＝効用÷コスト）*
●*潜在顧客の意識調査*　●*ベンチマーク*　●*顧客からの苦情発生件数*
●*不良品発生率*　●*返品率*　●値引率

貢献度の尺度

我々は顧客に何を求め、彼らから何を得ようとしているのか？

評価尺度：

●**既存製品・サービスの売上成長率**　●**新製品・サービスの売上成長率**
●*既存顧客層の売上成長率*　●*製品（群）別・地域別・顧客セグメント別利益率*
●*顧客ロイヤルティ*　●*期限内支払率*

戦略の尺度

顧客ならびに組織内部の要求・必要を充足するのはどのような戦略なのか？

評価尺度：

●顧客定着率　●*新規顧客の獲得数*　●*顧客のリピート購買率*
●*標的市場セグメントの市場占有率*　●顧客提案件数

プロセスの尺度

戦略はどの内部事業プロセスによって効果的かつ効率的に遂行されるのか？

評価尺度：

●*納期順守率*　●*納期短縮率*　●*生産リードタイム*
●*サプライチェーンリードタイム*　●顧客の問合せ件数

●新製品・サービス開発投資　●新製品開発リードタイム

ケイパビリティの尺度

そのためにはどのようなケイパビリティを確立・維持する必要があるのか？

評価尺度：

　●生産能力　●歩留り率　●ブランド認知度　●販売促進費
　●レスポンス・タイム　●新製品の上市件数　●特許取得数

従業員関連の尺度

満足度の尺度

従業員は何を求め、必要としているのか？

評価尺度：

　●従業員満足度　●従業員数　●賃率（昇給率）　●労働分配率
　●再雇用率

貢献度の尺度

我々は従業員に何を求め、彼らから何を得ようとしているのか？

評価尺度：

　●従業員1人当たり売上高　●従業員1人当たり生産性　●労働生産性
　●平均勤続年数　●従業員定着率　●従業員の社内改革提案件数

戦略の尺度

従業員ならびに組織内部の要求・必要を充足するのはどのような戦略なのか？

評価尺度：

　●業績目標の設定が事業戦略に連動している従業員の比率
　●報酬に占める業績給の割合　●正規従業員と非正規従業員の比率
　●従業員の男女別内訳　●管理職と一般従業員の比率
　●業務委託比率／外注比率

プロセスの尺度

戦略はどの内部事業プロセスによって効果的かつ効率的に遂行されるのか？

評価尺度：

　●求人に対する応募率　●人員配置計画達成率　●採用サイクルタイム
　●能力開発計画達成率　●再訓練のためのサイクルタイム

- *従業員提案制度によって提案された案件の採択率*

ケイパビリティの尺度

そのためにはどのようなケイパビリティを確立・維持する必要があるのか？

評価尺度：

- 職務カバー率（特定職務の適格従業員実数÷予想必要人員数）
- 迅速・適切なフィードバックが行われている部門の割合
- 情報充足率（入手可能情報量÷必要情報量）
- 顧客情報データベースにアクセスする人員の比率

サプライヤー／パートナー関連の尺度

満足度の尺度

サプライヤー／パートナーは何を求め、必要としているのか？

評価尺度：

- サプライヤー／パートナーの満足度 ●年間購入額 ●取引期間
- 取引シェア ●利益率 ●期限前支払率 ●買入債務回転期間

貢献度の尺度

我々はサプライヤー／パートナーに何を求め、彼らから何を得ようとしているのか？

評価尺度：

- 売上高成長率（貢献度） ●製造原価率（貢献度）
- 顧客からの苦情発生件数（減少率） ●返品率（減少率）
- 不良品発生率（減少率） ●値引率 ●購買費用
- 納期順守率／納期短縮率 ●適合品質（充足度） ●アフターサービス
- 製品保証（額）

戦略の尺度

サプライヤー／パートナーならびに組織内部の要求・必要を充足するのはどのような戦略なのか？

評価尺度：

- 購買計画の達成率 ●購買費用削減計画の進捗度
- サプライヤー監査計画の達成率

プロセスの尺度

第4章　VBM環境下における事業のライフサイクル・ステージと業績評価システムの関係性に関する実証的研究　135

戦略はどの内部事業プロセスによって効果的かつ効率的に遂行されるのか？
評価尺度：
　●*需要予測の正確度*　●*外部購入率*　●*ネット購入率*
　●*在庫切れコスト（減少率）*　●*サプライチェーンリードタイム（貢献度）*
　●*標準原価達成率*（貢献度）

ケイパビリティの尺度

そのためにはどのようなケイパビリティを確立・維持する必要があるのか？
評価尺度：
　●*サプライヤー数*　●*1社当たり購入額*　●*主要サプライヤーのシェア*
　●*サプライヤーの財務的安定度*　●*購買機能の生産性*

規制当局／地域社会の尺度

満足度の尺度

規制当局／地域社会は何を求め、必要としているのか？
評価尺度：
　●*規制順守率*　●*納税額*　●*寄付金*　●*地域インフラ投資額*
　●*地域内雇用数*

貢献度の尺度

我々は規制当局／地域社会に何を求め、彼らから何を得ようとしているのか？
評価尺度：
　●*申請許可数*　●*開発補助金*　●*特許取得数*　●*派遣人員数*
　●*物資購入額*

戦略の尺度

規制当局／地域社会ならびに組織内部の要求・必要を充足するのはどのような戦略なのか？
評価尺度：
　●*コンプライアンス計画の達成率*　●*ロビー活動の成功率*
　●*地域開発計画の進捗度*

プロセスの尺度

戦略はどの内部事業プロセスによって効果的かつ効率的に遂行されるのか？

評価尺度：
　　●*教育訓練費*　●*開発投資額*

ケイパビリティの尺度
そのためにはどのようなケイパビリティを確立・維持する必要があるのか？
評価尺度：
　　●コンプライアンス関連人員数　●内部監査人員数　●余剰人員比率

(2) プロトタイプB：　VBM環境下の成長事業単位のためのパフォーマンス・プリズム
　　　　（プロトタイプAとの相違部分のみを掲載）

なお、「売上高の増大」および「利益率の向上」関連の8指標は検証済みの尺度（成長事業単位が重視すべき尺度）に準じて取り扱う。また、プロトタイプAの「コスト削減」および「生産性向上」関連の8指標の取扱いは未検証項目と同じとなる。

投資家関連の尺度
満足度の尺度
評価尺度：
① ●事業単位価値　●SVA　●営業キャッシュフロー　●売上成長率
　　●営業利益率　●法人税率　●運転資本投資　●固定資本投資
　　●資本コスト　●価値成長持続期間　●生産性
　　●フリーキャッシュフロー　●*ROA／ROCE*

戦略の尺度
　　●新製品開発　●新規出店／新規設備配置　●最適セールス・ミックス
　　●価格政策　●ダウンサイジング　●グローバル・ソーシング
　　●在庫管理　●与信政策　●仕入政策　●資本支出計画　●負債政策　等
評価尺度：

① ●新製品開発計画の期間内達成率
●新規出店計画／新規設備投資計画の達成率　●**市場占有率**　●人件費
●在庫費用　●回収費用　●購買費用　●*製品(群)別収益性*
●研究費率　●*1人当たり売上高／生産性*　●*資本回転率*

プロセスの尺度

評価尺度：

① ●*新製品・サービス売上高*　●*新市場売上高*　●*財務計画／予算達成率*
●*リストラクチャリング／リエンジニアリング計画の進捗度*

顧客関連の尺度

満足度の尺度

評価尺度：

●*顧客満足度調査*　●*品質評価*　●*価値（＝効用÷コスト）*
●*潜在顧客の意識調査*　●ベンチマーク　●*顧客からの苦情発生件数*
●*不良品発生率*　●*返品率*　●値引率

貢献度の尺度

評価尺度：

●*既存製品・サービスの売上成長率*　●*新製品・サービスの売上成長率*
●*既存顧客層の売上成長率*
●*製品(群)別・地域別・顧客セグメント別利益率*　●顧客ロイヤルティ
●*期限内支払率*

戦略の尺度

評価尺度：

●顧客定着率　●*新規顧客の獲得数*　●*顧客のリピート購買率*
●*標的市場セグメントの市場占有率*　●顧客提案件数

プロセスの尺度

評価尺度：

●*納期順守率*　●*納期短縮率*　●*生産リードタイム*
●*サプライチェーンリードタイム*　●*顧客の問合せ件数*
●*新製品・サービス開発投資*　●新製品開発リードタイム

ケイパビリティの尺度

評価尺度：
- ●生産能力　●歩留り率　●ブランド認知度　●販売促進費
- ●レスポンス・タイム　●新製品の上市件数　●特許取得数

従業員関連の尺度
貢献度の尺度

評価尺度：
- ●従業員1人当たり売上高　●従業員1人当たり生産性　●労働生産性
- ●平均勤続年数　●従業員定着率　●従業員の社内改革提案件数

サプライヤー／パートナー関連の尺度
貢献度の尺度

評価尺度：
- ●売上高成長率（貢献度）　●製造原価率（貢献度）
- ●顧客からの苦情発生件数（減少率）　●返品率（減少率）
- ●不良品発生率（減少率）　●値引率　●購買費用
- ●納期順守率／納期短縮率　●適合品質（充足度）　●アフターサービス
- ●製品保証（額）

(3) 考察

　コンティンジェンシー理論の議論や Rappaport（1998, p.163）の主張にもあるように、VBM の実施は事業ポートフォリオの性格や分権化の度合、規模、従業員の構成、組織文化等により企業ごとに異なってくるわけであるから、金融機関をはじめとする株主以外の投資家・資金供給者、顧客や仲介業者、従業員と労働組合、サプライヤー及びパートナー、規制当局／地域社会／圧力団体、といったステークホルダーの各区分における評価尺度の追求についてはユーザーが自ら行う必要がある。また、「4.1-(ii) 本章の研究課題とフレームワーク」において、「本稿の対象となる業績尺度は

ミドルマネジメント（部門管理者）の管轄に属するものとロワー・マネジメントのそれの両方を含む」としたのは,業績評価階層というものもまた,分権化の度合や従業員の構成によって異なってくるということが明らかなためであるから,この点についても同様である。

　SVA やプロセス指標の目標値はあくまでもすべてのステークホルダーの希求水準をクリアする数値でなければならないから,部門経営の目標を達成するためには,それぞれのステークホルダーの視点をバランスよく目標設定の前段階で考慮し,制約となる各ステークホルダーの必要（要求）額を設定したうえでパフォーマンス・プリズムに組み入れる必要があるが,実際の運用においては各要素の重みつけが企業のミッション（とりわけ価値観）や組織文化の影響を色濃く受けることが明らかである。そのため,本研究のフレームワークを実務に応用するに際しては,事業単位価値の代替指標としての成果・結果の評価尺度としての SVA と部門経営の努力レベルの測定・管理尺度（作用因）であるプロセス指標のそれぞれにどれだけのウエイトをかけるのかという点（重みつけ）に事業単位のミッションやビジョンを反映させた工夫を加えることが不可欠となる。

　株主のそれを除いて,株主以外の投資家を含む他のステークホルダーに対応する本稿の評価尺度の提示は普遍性の見地に立った例示に他ならないから,本研究の成果を活用してパフォーマンス・プリズムの作成を行う際には,ユーザーが自社の実態に応じて,例えば,満足度の尺度については「当該区分のステークホルダーは何を求め必要としているのか？」,貢献度の尺度については「我々は彼らに何を求め,彼らから何を得ようとしているのか？」,戦略の尺度については「当該ステークホルダーならびに組織内部の要求・必要を充足するのはどのような戦略なのか？」,プロセスの尺度については「戦略はどの内部事業プロセスによって効果的かつ効率的に遂行されるのか？」,そして,ケイパビリティの尺度については「そのためにはどのようなケイパビリティを確立・維持する必要があるのか？」,というように,成功マップ（success map）[18]や失敗モードマップ（failure mode map）[19]等の手法を駆使して,因果連鎖の関係をベースにさらに具体的な評価尺度の体系を追求することが望まれる。

上記のようにして、自社の実情に応じた評価尺度をステークホルダー別・区分別に認識したならば、トラッキング・チャート（tracking chart；追跡図表）やスコアカードを作成して、各項目の目標の達成に向けて進捗管理を行っていくと、より効果的である。そして、ひとたび最適な業績評価システムのデザインに至ったならば、(i) 最大の期待SVAを示す戦略の採択、(ii) SVAおよびそのプロセス指標の評価尺度並びに報奨ベースへの採用、(iii) 目標レベルの設定、(iv) 業績評価の実施、というステップを踏んでPDCAサイクルを回していくことにより、SVAの創出を通して、事業単位価値の創造という部門経営の目標が達成される結果として、全社目標である株主価値の最大化の実現が確保されることになるのである。

注

(1) 「3.3 業績の測定フレームワークから業績評価システムへの展開」では、株主価値の向上という最終目的が、他のすべてのステークホルダーの希求水準を満たした後にのみ達成できるという関係性を論説した。

(2) 「2.2.3 事業活動に係る企業価値の概念とは」および「2.3.3 (xii) SVA法」、「2.4 論点の整理と議論の展開」では、①株主価値向上の前段階としての企業価値向上の源泉は事業価値の増大であるから、VBMの脈絡では各事業単位がどれだけ全社の事業価値の創出および長期的な成長に貢献できるかということが部門経営の目標となり、事業部の場合は各事業部の期末の価値から期首の価値を差し引いた差額部分の価値である期間中の事業価値の増分（すなわちΔ事業部価値）が主要な経営判断の基準となるべき指標（業績の目標・評価尺度）となる、②すべての価値創造を適切に予測期間の各年に帰属させ、財務会計上の取扱いや簿価に含まれている歴史的な投資の影響を排除し、キャッシュ・フローのパフォーマンスに厳格に依拠しているSVA法が、予測期間の各年の事業部価値の創造の最も合理的かつ正確な測定・評価手法である、の2点を論証した。

(3) 「3.3 業績の測定フレームワークから業績評価システムへの展開」では、①業績尺度を、事業部価値の源泉としてのSVAならびにそのマクロ＆ミク

ロ・バリュー・ドライバーにリンクした価値先行指標を含む財務、非財務指標であると定義づけるとともに、新たな評価指標・尺度の概念を提唱したうえで、②SVA法の理論的基盤として事業部価値創出のための業績評価システムのベースとなる株主価値ネットワークのフレームワークと、業績評価に関して株主及び株主以外の投資家、顧客、従業員、サプライヤー、規制当局、地域社会といった広範なステークホルダーを網羅し、視点間の関連性を考慮しつつステークホルダー、戦略、プロセス、ケイパビリティの区分毎に尺度を洗い出す業績測定手法であるパフォーマンス・プリズムとの合体・併用によって、VBMの最適な業績評価システム(マネジメント・システム)の形成が可能になることを論証した。

(4) 「3.2.5本研究における業績尺度の概念的フレームワーク」では、新たな業績指標の区分として、バリュー・ドライバー＋価値先行指標(value leading indicators)を包括した概念であるプロセス指標の概念を提唱した。

(5) Rappaport (1998)のマクロ・バリュー・ドライバーとミクロ・バリュー・ドライバーの概念は、門田(2001a, 344-346頁)ではそれぞれ キー・バリュー・ドライバーとKPI (またはKPM)に該当し、Morin & Jarrell (2000, p.359)では、generic value driversおよび「戦略ドライバー (strategic drivers)と業務ドライバー (operational drivers)の集合体」とされている(戦略ドライバー＋業務ドライバー＝ミクロ・バリュー・ドライバー)。また、Rappaport (1998, p.129)は、価値先行指標を「ミクロ・バリュー・ドライバーにリンクした指標であり、現時点において測定可能で伝達が容易なもののうち、SVA創出の先行指標となるもの」と定義づけている。なお、門田(2001a, 344-346頁)は、KPIの言語が"key performance index"であるとしているが、"key performance indicator"の方がより一般的である。KPMは"key performance measure"。

(6) 門田(2001a, 334頁)においては、「業績評価指標体系」と称されている。

(7) 伊藤嘉博『コストマネジメント入門』14頁(日本経済新聞社、2003)

(8) 意思決定会計・利益管理会計・原価管理会計の諸技法。

(9) 戦略と経営管理者の業績評価を株主価値の創造にリンクさせるというVBMシステムの目的に照らせば、到達点としての目標を規定し、その達成度を評価する財務的尺度は株価のパフォーマンスに関する指標であるべきであろう。本研究では会社の財務パフォーマンスの尺度に、業界内競合他社に対する回答企業の株価関連指標の相対的伸び率を用いている。

(10) 先述の(5)を参照。

(11) 比較適合指標。1に近いCFI値は、適合度が非常に高いことを示す。

$$\mathrm{CFI} = 1 - \frac{\mathrm{NCP}^{(分析)}}{\mathrm{NCP}^{(独立)}}$$

なお、NCP = CMIN − 自由度　　（注）CMIN：χ^2値

(12) RMSEAが約0.08以下の値は妥当な近似誤差を示すものであると考えられており、RMSEAの値が約0.05以下であれば自由度に関してモデルの高い適合性を示しているとされる。

$$\mathrm{RMSEA} = \sqrt{\frac{\mathrm{F0}}{自由度}} \quad なお、\mathrm{F0} = \frac{\mathrm{NCP}}{データ件数 - 1}$$

(13) 増分適合指標。1に近いIFI値は、適合度が非常に高いことを示す。

$$\mathrm{IFI} = \frac{\mathrm{CMIN}^{(独立)} - \mathrm{CMIN}^{(分析)}}{\mathrm{CMIN}^{(独立)} - 自由度^{(分析)}}$$

(14) 非標準適合指標。TLI値が1に近いほどデータへの当てはまりがよいとされる。

$$\mathrm{TLI} = 1 - \frac{\mathrm{CMIN}/\mathrm{DF}^{(独立)} - \mathrm{CMIN}/\mathrm{DF}^{(分析)}}{\mathrm{CMIN}/\mathrm{DF}^{(独立)} - 1}$$

$$（注）\mathrm{CMIN}/\mathrm{DF} = \frac{\mathrm{CMIN}}{自由度}$$

(15) パフォーマンス・プリズムは、既存の業績評価のフレームワークならびに方法論の長所を統合するべく、BSCを含む既存の業績評価ツールの短所を修正して、あらゆる尺度をマッピングできるようにすることによって、真に多面的かつ包括的な業績評価のフレームワークを実現している。戦略のトップダウンによる展開を前提にケイパビリティ（能力）を明確にしたことで、資源ベースの観点との調和がはかられている。その結果、特定の目的の達成のために用意されたケイパビリティから然るべき戦略が導出されることが確保されるため、部門経営の目標尺度である事業単位価値の増分および評価尺度としてのSVAの創出への準拠を評価するマネジメント・システムとしても使用できる。パフォーマンス・プリズムの概念的フレームワークの詳細については、「3.3.2（xiii）パフォーマンス・プリズム」および「3.4.2議論の展開」を参照されたい。

(16) 厳密には、Rappaport, A. (1998). *Creating shareholder value: A guide for managers and investors, revised and updated.* New York: Free Press. pp.129-130 & 171-172の記述を基に作成。本研究の脈絡にマッチする評価尺度の抜粋に加え、一部の尺度については、区分間の入替えや名称の変更を行っている。

(17) Neely, A., Adams, C., & Kennerley, M. (2002). *The performance prism: The scorecard for measuring and managing stakeholder relationships.* London, UK: Financial Times/Prentice Hall. pp.182-343の記述を基に作成。やはり本研究の脈絡に沿う尺度を抜粋したほか、一部の尺度について区分間の入替えや名称の変更を行っている。

(18) ステークホルダー及び組織の要求を満足させるために戦略、プロセス、ケイパビリティというパフォーマンス・プリズムの3つの側面をいかに関連づけるべきかを理解する上で有用な分析ツール。成功マップや(19)の失敗モードマップは、Kaplan & Nortonの戦略マップを進化させて、その重要な構成要素である成功もしくは失敗の潜在要因(機会や脅威)へと落とし込むのを支援する。

(19) 業績測定のすべての重要な側面が妥当に考慮されているかどうかの検証を、(18)の成功マップと逆のアプローチで行うことによって、失敗を規定するシナリオの探索を可能にする分析ツール。各々の主要な潜在的失敗モードを吟味して、そのリスクに関係している戦略、プロセス、ケイパビリティをチェックするとともに、認識された尺度がリスクの緩和に十分なものかどうかを確認するうえで有効。

第5章

VBM環境下における分権的組織の形態と業績評価システムの関係性

5.1 はじめに

　VBMと部門経営の関係性を、重要な状況要因の1つである「戦略」を軸に実証的観点から明らかにすることを企図した第4章は、共分散構造分析の手法による質問調査結果の分析に基づいた業績尺度の検討結果を反映させて、2つの「ライフサイクル・ステージ対応パフォーマンス・プリズムのプロトタイプ」を導出・提唱した。前章の結論を受けて、本章では、やはりコンティンジェンシー理論の議論においてMCSの設計及び運用に影響を及ぼす重要な要素（Chenhall, 2003, pp.138-158）として位置づけられている「組織構造（structures）」が、VBMと部門経営の関係に与える影響について検証する。その理由は、分権制における事業単位の設定が、職能部門や事業部、事業本部、カンパニー等である場合と、実際の分社による子会社化や持株会社方式による分権的組織管理のケースとでは、最適な業績尺度やMCSが異なる可能性があるためである。経営管理上の有用性という観点からは連結会計の最終結果は経営業績の改善にはほとんど役に立たないといえるから、業績評価会計情報の有用性はその細分化の技法如何にかかっている（木村, 2005）との見地からは、選択する分権的組織の形態が業績評価会計情報のブレークダウンにおける重要な課題の一つとなることは明らかである。

　この点に関して日本会計研究学会特別委員会（2006, 25頁）は、「管理会計は……（中略）……環境、戦略、あるいは組織など多様な要因に依存していることに注意する必要がある」という表現で、管理会計を組織状況と関わらせて理解することの重要性を説いている。また、伊藤（2007, 3頁）

も「業績管理会計は企業組織と連携して機能することが期待されているために、どのような組織を前提として設計されるかによって業績管理会計自体も変わってこなければならず、一様ではありえない」として、前提となる組織の形態によって業績評価システムのデザインや実際の運用が全く違ったものになることを示唆している。このようなことから、本章では、「組織構造に適した業績評価システムの設計・運用の解明」、言い換えれば「分権的組織のそれぞれの形態においていかに業績評価システムを設計・運用すれば事業単位価値の創出に関する適切な意思決定に資することができるのか」ということを明らかにしたい。

　分権的組織というのは、企業組織全体を通じて意思決定権の配分が比較的下位の管理者まで分散している組織（岡本, 2000, 661頁）のことであり、本研究では、職能部門、事業部、事業本部、SBU、カンパニーといった企業内組織と、実際の分社化や持株会社方式の下での子会社などの企業外組織の形態を包含する概念としてとらえている。実際には、事業部制以外にも、職能制、事業本部制、戦略事業単位、カンパニー制、実際の分社化、持株会社方式などの多種多様な分権制の形態が存在しているにも関わらず、伝統的な分権的組織の管理会計研究は専ら事業部制組織を前提としてきた。とりわけ主流とされてきた米国を中心とするコンティンジェンシー理論の一連の研究は分権的組織そのものの追究が弱く、事業部のみを想定していることから、多くが「事業部長をコントロールする」という発想にしか基づいていない（挽・松尾・伊藤・安酸・新井, 2008, 61・67・70頁）。本研究は、この点を補填するべく、事業部長、事業本部長、カンパニー・プレジデント、事業会社社長などの事業責任者を広く対象に加えたうえで、「部門管理者」と総称している。

　また、本章では、前章と同様に、「担当する事業単位の運営を自律的に行うために戦略・計画を主体的に策定する権限を付与された存在としての経営管理者の意思決定に有用な情報を提供するとともに、その行動に影響を与えることを目的としている管理会計システムの構成要素としての業績評価システムには、必然的に情報システムと影響システムの両側面が備わっている」という前提に立ち、部門管理者あるいは部門経営を対象とし

た業績評価システムについて検討を加えている。本章は、「5.1 はじめに」、「5.2 分権的組織の管理会計研究の回顧」、「5.3 検討課題」、「5.4 研究アプローチ」、「5.5 分析結果」、「5.6 まとめ」、の6節で構成されている。

5.2 分権的組織の管理会計研究の回顧

前章でも触れた通り、「企業の状況要因が組織構造を決定する」（Pugh, Hickson, & Hinings, 1969)、「組織構造と状況要因との間で調和がとれている企業は効果的である」（Lawrence & Lorsch, 1969)、といったコンティンジェンシー理論に依拠した研究においては、技術、環境、企業規模などの状況要因が組織構造を決定し、状況要因と組織構造との適合関係が業績に影響するという関係性が前提におかれている。

5.2.1 組織構造とMCSの適合関係

企業環境とMCSの適合関係に関するコンティンジェンシー理論に依拠した議論は、Burns & Stalker（1961）等を機に本格化したが、とりわけChenhall（2003）が果たした役割が大きい。「いかなる環境条件のもとでも有効な唯一の組織が存在するのではなくて、環境条件が異なればそれに対応して有効な組織は異なってくる」というのが組織のコンティンジェンシー理論であるが、Chenhallは、MCSの設計および運用に影響を及ぼす要素に、外部環境、一般的技術概念、現代の技術、組織構造、規模、戦略、文化の7つがあるとしたうえで（pp.138-158)、組織構造は課業の効率、個人のモチベーション、情報伝達に影響を及ぼし、組織の将来を形成する（p.147）ということを強調した。VBMの開祖の1人であるRappaport（1998, p.163）の、「株主価値経営（VBM）の実施は、トップ・マネジメントの支持の度合や、事業ポートフォリオの性格や多様性、分権化の程度、規模、地理的な展開、従業員の構成、組織文化、経営スタイル、危機感のレベル等によって、企業ごとに異なってくる」との主張も、分権化の度合や組織文化が組織形態の選択によって大きな影響を受けるという意味にお

いて、暗に組織形態の選定の重要性に言及していたものであるとも受け取れよう。

5.2.2 組織の形態と特徴

最も基本的な組織の区分は、機械的組織（mechanistic organization）と、有機的組織ないし変化対応型組織（organic organization）であり、機械的組織には大きく官僚制組織（bureaucratic organization）と階層型組織（hierarchical organization）がある。官僚制組織は、既定の規則や手続に従って経営管理が行われる中央集権的な組織で、与えられた権限と経営資源の範囲内で割り当てられた目標の達成を目指すという点が特徴的である。構成員が意思決定に参加することはほとんどないため、分権制の議論の枠外となる。広義には、階層型組織も機械的組織に属する組織形態であるが、組織の大規模化および経営の近代化に伴って分権管理を取り入れている点が官僚制組織との根本的な違いとされる。一般的には、分権的組織といえば階層型組織を指すのが通常である。階層型組織の代表的な形態としては、職能制組織（functional organization）、事業部制組織（divisional organization）、SBU（strategic business unit／戦略事業単位）などがある。

職能制組織は機能別組織とも呼ばれる職能または機能（function）や専門性（specialty）をベースに部分組織を設けた組織形態である。一般的には、研究開発・購買・製造・営業（企業によっては財務も含む）といった経営活動に直結するライン部門と、企画・総務・人事・経理等の経営活動の支援サービスを行うスタッフ部門で構成されるが、専門性が育まれるとともに各機能の範疇において高い効率性が得られるという長所がある一方で、発展・成長に伴い職能が細分化されて組織が肥大化する傾向がある、職能ごとに部門が編成されるために全社的観点が不足しがちである、事業責任の所在が不明確である、幅広い知識をもった管理者や経営幹部の候補が育ちにくい、最終的な意思決定がトップ・マネジメントに委ねられることが多いために取扱商品の増加や対象市場の拡大による事業形態の複雑化に伴って対応力が低下する、といった多くの短所が指摘されている。また、職能制組織は、本来は階層型組織の一種ではありながらも中央集権的な管

理体制が伴うことが多いため、分権制の議論から除外されることが多い。本稿では、この点を是正するべく、職能部門を明確に分権的組織として認知したうえで対象に加えている。

　事業部制組織は、職能制組織の弱点を克服することを目的に開発された組織のアウトプットに焦点をあてた組織形態である。製品・市場・顧客・地域等を基準に事業部を分類し、全体を束ねる本社機構が全社的なサポート業務を受けもつという組織構成をとるが、事業部内の組織は職能別に編成されることが多い。製品を基準とした場合には、当該製品に関する調達・製造・販売の全てにわたる責任と権限が事業部長に委譲され、独立採算が強いられるのが通常である。セグメントごとの分権化によって意思決定が早くなるために市場動向や経営環境の変化に迅速に対応できる、キャリアの早い段階から意思決定に参画できるために経営幹部候補が育成されやすい、組織間の競争による業績の向上が期待できる、等のメリットがある一方で、事業部の利益が全社戦略に優先されやすいというデメリットもある。経営資源の重複利用を防ぐための調整や本社の役割とのすみわけが重要とされる所以である。

　SBUは、戦略事業計画を具体化していくうえで推進母体となるリーダーシップ機能の発揮を目的とした組織単位である。効率的な業務管理が目的の事業部の組織を解体することを避けながら、共通の事業戦略をとることが効率的な事業部門を束ねて戦略事業単位にくくり直すことで両方の強みを活かそうとする組織形態である。戦略的観点に基づくため企業組織のいくつかの階層に現れることもある。原則として、独自の企画・開発部門、製造部門、販売部門をもつ。複数の事業部を戦略の策定および遂行の観点から束ねた事業本部を基本とすることが多いために、本研究ではSBUと事業本部制を同じものとして取り扱っている。

　近年、経営環境の急速な変化に対応するために小さな本社がグループ全体の方向性を定めることとする一方で、各組織部分単位に対してより大きな権限の委譲を行って迅速な意思決定を確保するために、事業部を再編する企業が増えてきた。固定資産や運転資本を基礎にして内部資本金を設定し、あたかも1つの独立会社と同じような疑似形態に見たてて自律的に意

思決定できる子会社的な組織体制をめざしている。SBU の発展型としての組織運営方法をカンパニー制ないし社内分社と呼ぶ。この制度では、カンパニー長が執行役員として利益目標だけでなく資産の運用効率を重視した経営を行う一方で、取締役は従来の業務責任から解放されて戦略の策定に専念できる。持株会社への移行に伴う実際の分社化は、SBU の究極の姿である。

環境変化に適応し適切な行動を迅速にとるために柔軟に分権化された組織は有機的組織または変化対応型組織と呼ばれる。階層間の上下の指揮命令系統よりも組織内における意思疎通の自由度が重視され、構成員が積極的に意思決定に参加する点が特徴である。各構成員に明確に規定された職務を割り当てるのではなく、状況に応じて職務を選択して遂行する権限を与えるので環境変化への対応力には優れたものがある。他方、安定的な環境下では職務の重複の発生や情報処理コストの増大といった問題が発生するため、機械的組織ほどの効率を実現することは困難である。階層型組織の変化への対応力には限界があるため、変化の激しい事業においては、マトリックス組織（matrix organization）[1]、クラスター組織（cluster organization）[2]、一時的組織（temporary organization）[3]、ネットワーク組織（network organization）[4]などの柔軟性に富んだ組織の採用が望ましいといえる。

5.2.3 組織形態と MCS の対応

組織を設計するにあたっては、組織の役割、意思決定担当者、情報の流れ、構成員の動機づけ要因等の様々な課題に直面することになる。すべての組織にフィットする形態というものはなく、それぞれに長所や短所がある。Chenhall（2003, p.147）は、MCS の設計および利用に影響を及ぼす7つの一般的な要素の1つとしての組織構造について、「組織構造は課業の効率、個人のモチベーション、情報伝達に影響を及ぼし、組織の将来を形成する。例えば、発展した技術をもち、多様化・分権化が進んだ大規模組織においては、課業が複雑であっても、MCS はより公式的で伝統的なものとなりやすい」と述べている。

第5章　VBM環境下における分権的組織の形態と業績評価システムの関係性　151

　前述した通り、有機的組織（変化対応型組織）には環境変化への対応力には優れたものがあるものの、安定的な環境のもとでは職務の重複の発生や情報処理コストの増大といった問題が発生するため、機械的組織ほどの効率を実現することは難しいとされている。本研究が対象としている大規模製造業のほとんどは確立した事業を有しており、Chenhallの「発展した技術をもち多様化・分権化が進んでいる」という要件を満たしていると思われるものが多い。実際に、調査の対象となった東証1部上場製造業のうち、「回答企業の事業の概要等に関する質問群」において、分権管理のために採用している事業単位の組織形態が⑦「その他」（職能部門・事業部・事業本部（SBU）・カンパニー・子会社以外）であると回答した企業は皆無であった。このことから、有機的組織については議論の対象とする意義が乏しいと考えられるため、分析の対象から除外することとした。なお、日本には職能制組織であっても一般の事業部制組織以上に権限が委譲され自律的に経営機能を発揮している事業単位が少なからずある(丹生谷, 2009, 53頁)[5]という点を考慮し、本研究は、職能部門を事業部同様に自律的に運営されている存在ととらえている。

5.3　検討課題

　VBMの管理会計システムにおける重要な役割は株主価値の創造を目指す企業戦略を可能せしめるということであるが、VBMを推進する効果的な方法として、「カンパニー制を採用して社内資本金を設定することにより社内資本市場を構築する」といったアプローチが提言されている。野村総合研究所（2001）によれば、カンパニー制の組織体制の下では、カンパニー長は投資家である本社から預かった資本を活用して後者の期待収益率を上回るリターンを創出しようとするので、結果的に全社の企業価値を向上させるメカニズムが働く。そして、カンパニー長の報酬の業績連動部分を大きくすることが、担当カンパニーの業績向上への強いインセンティブをもたらす結果として、社内資本市場のガバナンスの強化を達成せしめる。

ならば、社内資本金を設定しない事業部制や事業本部制（SBU）の企業価値向上のメカニズムとしての有効性は、カンパニー制に劣るということになるであろう。また、実際に自己資本をもつ分社化や持株会社制は、カンパニー制と同等かそれ以上に有効なはずである。であれば、「事業単位ごとに業績評価システムの設計や運用をアレンジするよりも、統一的なシステムを用いながらやり取りされる業績情報の体系を<u>重要な状況要因である事業のライフサイクル</u>の特性に応じて調整する方が、効率的かつ的確な意思決定のためには有効である」との第4章の主張は、下線部分を"<u>組織構造の重要な要素である組織形態</u>"と読み替えた場合にも妥当といえるのだろうか。

　本章では、以上の先行研究の検討を踏まえて、やはり業績評価システムの情報システムおよび影響システムという2つの側面に着目しつつ、「組織形態の特性に適合した業績尺度の選定と適切な管理会計ツールの採用は、株主価値向上のための事業単位価値の創出に貢献する業績評価システムの設計・運用に反映されているのか」、という点を明らかにすることに取り組む。具体的には、質問調査のデータをもとに、①業績尺度のバリエーション（すなわち分権的組織管理における組織形態の選定と業績尺度との対応）、並びに②管理会計ツールのバリエーション（分権制における組織形態の選定と管理会計ツールとの対応）及び③権限委譲のレベル（管理責任の負荷の範囲）、という3つの項目について分析することによって、分権化の進展した企業が各事業単位に対して組織形態に応じた業績評価システムの使い分けを行っているかどうかを炙り出したい。

5.4　研究アプローチ

5.4.1　実態調査の概要

　本章の分析は第4章と同様に筆者が2009年6〜7月に実施したアンケート方式による「価値創造をもたらす部門業績評価システムの開発・設計に

関する調査」のデータに基づいている。実態調査は、(a) 回答企業の事業の概要等、(b) 事業ライフサイクル・ステージと事業単位の業績評価の関係性、(c) 事業単位の組織形態と業績評価の関係性、(d) 経営意思決定や業績評価に活用されている管理会計手法、(e) 会社の財務パフォーマンス、という広範な経営管理テーマに関して質問群を設定した質問調査に基づき実施したものである。質問調査票は 2009 年 6 月 1 日現在の東証 1 部上場製造業（建設業を除く）847 社の経営企画部門の責任者に発送し、60 社から有効回答を得た。回答企業の業種別内訳については、第 4 章の図表 4-3 を参照されたい。

　本社経営企画部門責任者を質問調査の対象にしたのは、本研究が多くの先行研究と同様に、①企業グループ内における統一的な業績評価システムの運用、ならびに②本社経営企画部門は各事業単位を鳥瞰できる立場にある、という前提に則り、グループの全体像を把握するうえでは本社経営企画部門に対する質問調査が最も有効という立場をとっているためである。また、本分析では、前章と同様に、回答企業の事業の概要等に関する質問群（a）における 4 つの企業の社会的使命（企業経営の目的）について、「組織形態が VBM を推進する事業単位の利益管理や原価管理への取組みに及ぼす影響を明らかにする」という本章の目的に最も関わりが深い、(iv)「価値（企業価値・事業価値・株主価値）の創造・株価の上昇」を「あまり重視していない」と回答した 1 社を除いた 59 社を分析の対象に設定した。

5.4.2　関連調査項目

　本分析の目的に関連して使用した質問調査票の項目は、次の通りである。

(1) 事業単位の組織形態と業績評価の関係性に関する質問群（c）
(i) 評価対象：
　該当する分権的組織形態（①職能部門、②事業部、③事業本部（SBU）、④カンパニー、⑤子会社（持株会社なし）、⑥子会社（持株会社方式）、⑦その他）における、25 グループに区分された業績尺度のそれぞれを重視している度合

(ii) 評価尺度：
①製品＆サービス・新製品＆サービスの売上高（成長率）、②部門別・流通チャネル別・顧客1人当たり売上高（成長率）、③新規顧客の獲得数／顧客のリピート購買率、④新規出店計画・新製品開発計画・新規設備配置計画の達成率、⑤標的市場セグメントの市場占有率、⑥各種利益（成長率）／製品（群）別・地域別・顧客セグメント別利益（率）、⑦投資利益率（ROI・ROA・ROE）／株主資本（自己資本）比率、⑧営業キャッシュフロー、⑨残余利益／EVA（経済付加価値）／SVA（株主付加価値）、⑩企業価値・事業価値・株主価値・MVA（市場付加価値）、⑪顧客満足度調査（品質評価等）、⑫顧客からの苦情発生件数／返品率／不良品発生率、⑬新製品の上市件数／新製品開発リードタイム、⑭納期順守率／納期短縮率、⑮特許取得数、⑯従業員1人当たり売上高・生産性、⑰歩留り率、⑱生産リードタイム、⑲サプライチェーンリードタイム、⑳従業員満足度／従業員の社内改革提案件数、㉑標準原価達成率、㉒単位当たり製造原価（率）／売上高販管費率、㉓運転資本投資／固定資産投資、㉔フリーキャッシュフロー、㉕総資本・売上債権・在庫回転率（回転期間）

(iii) 評価方法：
それぞれについて「極めて重視している」を5、「かなり重視している」を4、「普通」を3、「あまり重視していない」を2、「全く重視していない」を1、とする5件法のリッカートスケールにより回答を求めた。

(2) **経営意思決定や業績評価に活用されている管理会計手法に関する質問群（d）—問8**

(i) 評価対象：
10グループに区分された管理会計ツールのそれぞれを社内の経営管理手段として重視している度合

(ii) 管理会計ツール：

第5章　VBM環境下における分権的組織の形態と業績評価システムの関係性　155

①貢献利益分析／貢献利益法／スループット会計、②CVP分析／損益分岐点分析、③線形計画法／数値計画法、④DCF法（IRR法・NPV法・PI法）に基づく投資決定、⑤予算統制、⑥ABC／ABM／ABB、⑦原価改善／原価企画、⑧BPR（ビジネスプロセスリエンジニアリング）、⑨TQC／TQM／ISO9000／ISO14000、⑩JIT／リーン生産／SCM

(iii) 評価方法：

それぞれについて「極めて重視している」を5、「かなり重視している」を4、「普通」を3、「あまり重視していない」を2、「全く重視していない」を1、とする5件法のリッカートスケールにより回答を求めた。

(3) 経営意思決定や業績評価に活用されている管理会計手法に関する質問群（d）－問9

(i) 評価対象：

製造を担当する部署に対して5グループに区分された意思決定権限を委譲している度合

(ii) 権限委譲（管理責任の負荷）の範囲：

①製造原価／総原価、②研究開発費／教育訓練費／他部門に対する用役の提供、③販売先の決定に関する裁量権／内部振替価格の交渉（決定）権、④利益管理（収益および費用の管理）、⑤投資決定

(iii) 評価方法：

それぞれについて「全面的に委譲」を5、「一部を除いて委譲」を4、「両者で協議」を3、「一部を委譲」を2、「全て本社の権限」を1、とする5件法のリッカートスケールにより回答を求めた。

5.4.3　分析の方法

本章の所期の目的は、第4章で積み残した分権管理における組織形態の違いに踏み込んで、事業単位について異なる分権的組織の形態を選定する

企業が同様に事業単位価値の創出をめざしている場合に、利益管理や原価管理への取組みが本質的に異なったものになるか否かの確認を含めて、「特定の組織形態の特性を考慮した業績尺度の選定と適切な管理会計ツールの採用が事業単位ならびに会社の財務パフォーマンスに影響を与える」という仮説を経験的に検証することであるから、本来であれば、分権的組織の各形態の事業単位に対してモデルを作成したうえで検証作業を実施することが望ましい。

その場合、複数の組織形態を採用している企業の株価（＝全社経営の業績指標）のパフォーマンスはそれら複数の異なる形態をとる事業単位の影響を同時に受けた結果であるわけなので、分権的組織の形態と部門経営の業績評価との関係性を追究するためには、まず、異なる複数の組織形態間の、株価で測られるグループ全体のパフォーマンスへの貢献における相互作用の影響を除去する必要がある。その最も簡単なやり方は会社全体が単一の組織形態を採用している企業を分析対象にするということであろう。「業績評価システムの設計・運用の株価（すなわち会社の財務パフォーマンス）に対する影響の検証」という脈絡においては、因果関係の前提は、標本企業の事業単位のすべてが同一の組織形態を採用している場合に最も高い妥当性をもちえると考えられるためである。しかしながら、本実態調査の回答企業の中には、所有する事業単位群について、職能部門・事業部・事業本部（SBU）・カンパニー・子会社（持株会社なし）・子会社（持株会社方式）といった、様々な分権的組織形態の2つ以上を採用しているものが少なからず見られる。

例えば、分析の対象となった59社中、事業部を有する回答企業は23社あったが、そのうち事業部のみからなる企業は5社しかなく、18社は事業部と他の分権的組織の事業単位で構成されていた（うち3社は当該質問群への回答なし）。そこで、（イ）事業部のみの企業5社と、（ロ）事業部と他の分権的組織の事業単位で構成されている企業15社（無回答の3社を除外した残り）、の2つの回答者グループごとに先述の25の業績尺度のそれぞれに対する重視の度合の平均値を求め、両者の乖離を計算したうえで1サンプルのt検定を検定値0で実施したところ、有意（t値：3.914）

第5章　VBM環境下における分権的組織の形態と業績評価システムの関係性　157

であった。しかしながら、企業群（イ）のみを分析の対象とするのが妥当であることがかろうじて確認されたとしても、度数がわずか5では、単独の影響を抜き出すべく（イ）のみを分析対象に作業仮説を設定して共分散構造分析による検証作業を実施するうえでは、標本数が不足しているといわざるを得ない。

　一方、同様の作業を職能部門、事業本部（SBU）、カンパニーについて行ってみたところ、職能部門のケースの標本数は（イ）7社 vs.（ロ）15社（無回答の9社を除く）であり、事業本部（SBU）では（イ）11社 vs.（ロ）18社（無回答ゼロ）、カンパニーでは（イ）2社 vs.（ロ）6社（無回答ゼロ）であり、これらは事業部のケースとは逆に、1サンプルのt検定によればいずれも有意ではなかった。このような制約のもとで、職能部門のみ（7社）、事業部のみ（5社）、事業本部（SBU）のみ（11社）、カンパニー（社内分社）のみ（2社）、というわずかなデータで定量的な検証作業を実施することの意義は乏しいであろう。

　さらに、子会社（持株会社なし）と子会社（持株会社方式）の2つの区分については、これらのみから成るグループ経営は理論的にもあり得ないという問題もある。そこで、ここでは、職能部門、事業部、事業本部（SBU）、カンパニーについては（イ）のみを使用する一方で、子会社（持株会社なし）と子会社（持株会社方式）については他の分権的組織との併存を許容している。また、「子会社（持株会社なし）と子会社（持株会社方式）の両方がある」と回答した2社は回答が矛盾しているため除外し、子会社（持株会社なし）については19社（無回答の他2社を除外した残り）、子会社（持株会社方式）については6社（無回答の他1社を除外した残り：業績尺度部分についてはさらに無回答他1社を除外）をデータとした上で、前者の4つの組織形態とともに、限られた標本の単純平均値をベースに、①業績尺度のバリエーション、②管理会計ツールのバリエーション、および③権限委譲のレベル、についての傾向を推定した。

5.5 分析結果

5.5.1 業績尺度のバリエーション

　図表5－1は、使用されている業績尺度のバリエーションについて、分権的組織の形態ごとに、平均評定値が3.0(「普通」)を上回っている業績尺度の中で上位10位までの順位づけを行ったものである。平均評定値>3.0を基準にした理由は、平均評定値が3.0を超えている場合には、「事業単位が平均してその項目に属する尺度を重視している」との解釈が成り立つためである。

　いずれの形態でも、①既存製品&サービス・新製品&サービスの売上高(成長率)、⑥各種利益(成長率)／製品(群)別・地域別・顧客セグメント別利益(率)、⑫顧客からの苦情発生件数／返品率／不良品発生率は、1～5位に入っている。次いで、6区分中の5つにおいて10位にはいっている尺度には、⑪顧客満足度調査(品質評価等)、⑭納期順守率／納期短縮率、㉒単位当たり製造原価(率)／売上高販管費率の3グループがあったが、例えば、⑪は職能部門・事業本部(SBU)・カンパニー・子会社(持株会社なし)では1～5位に入っているのに、子会社(持株会社方式)においては6～10位、事業部では1～10位の圏外であり、⑭は事業部でのみ1～5位にランクされたが、職能部門・事業本部(SBU)・カンパニー・子会社(持株会社なし)では6～10位で、子会社(持株会社方式)においては圏外、そして、㉒は職能部門と事業部で1～5位ながら、事業本部(SBU)・子会社(持株会社なし)・子会社(持株会社方式)では6～10位であり、カンパニーでは圏外、というようにかなりのばらつきが見られる。次いで、4つの組織区分で10位以内に入っている尺度が4グループ(⑧営業キャッシュフロー・㉑標準原価達成率・㉔フリーキャッシュフロー・㉕総資本・売上債権・在庫回転率(回転期間))あったが、これらにおいても1～5位のものと6～10位のものとが混合しており、特定のパターンは観察されなかった。なお、他はすべて3つの組織区分以下での採用であった。

分権的組織の形態	1位	2位	3位	4位	5位	6位	7位	8位	9位	10位
職能部門	①	⑥㉒	—	⑪⑫⑯	—	—	⑧	⑦⑭㉔㉕	—	—
事業部	⑥	⑤	①	㉒	⑧⑨⑫⑬⑭㉑	—	—	—	—	—
事業本部（SBU）	⑥⑫	—	⑰	⑤	①⑪	—	⑭㉕	—	⑱	⑧㉑㉒㉔
カンパニー	①②⑪	—	—	③⑥⑫	—	—	④⑭⑰⑱⑲㉑	—	—	—
子会社（持株会社なし）	①	⑧	⑥	⑫	⑪	㉒	③⑦㉔	—	—	⑭⑱㉕
子会社（持株会社方式）	①④⑥㉔	—	—	—	⑤⑫㉑㉕	—	—	—	⑦⑪㉒	—

図表5－1：組織形態別にみた業績尺度の使用順位

注）業績尺度の名称は省略

5.5.2　管理会計ツールのバリエーション

　図表5－2は、使用されている管理会計ツールのバリエーションについて、分権的組織の形態ごとに、平均評定値が3.0（「普通」）を上回っている管理会計ツールの中で上位4位までの順位づけを行ったものである。平均評定値＞3.0を基準にした理由は、平均評定値が3.0を超えている場合には、「事業単位が平均してその項目に属する管理会計ツールを重視している」との解釈が成り立つからである。

　いずれの形態においても、⑤予算統制および⑦原価改善／原価企画が3位までに入っている。⑨TQC／TQM／ISO9000／ISO14000は、職能部門、事業部、事業本部（SBU）、子会社（持株会社なし）、子会社（持株会社方式）で4位までにランクインしているが、カンパニーでは圏外であった。②CVP分析／損益分岐点分析は、職能部門、事業本部（SBU）、子会社（持株会社方式）で、また、④DCF法（IRR法・NPV法・PI法）に基づく投資決定は、事業部および子会社（持株会社なし）のみでのランクインとなっている。なお、①貢献利益分析／貢献利益法／スループット

会計が4位までに入ったのは、カンパニーだけである。組合せで見ると、⑤・⑦の組合せはすべての組織形態で、また、⑤・⑦・⑨の組合せは職能部門、事業部、事業本部（SBU）、子会社（持株会社なし）、子会社（持株会社方式）、に広範に見られる。

分権的組織の形態	1位	2位	3位	4位
職能部門	⑤予算統制	⑦原価企画	②CVP分析	⑨TQC/TQM
事業部	④DCF法 ⑦原価企画	－	⑤予算統制 ⑨TQC/TQM	－
事業本部(SBU)	⑤予算統制	⑨TQC/TQM	②CVP分析 ⑦原価企画	－
カンパニー	⑤予算統制 ⑦原価企画	－	①貢献利益法	－
子会社 (持株会社なし)	⑤予算統制	⑦原価企画	⑨TQC/TQM	④DCF法
子会社 (持株会社方式)	⑦原価企画	⑤予算統制 ⑨TQC/TQM	－	②CVP分析

図表5－2：組織形態別にみた管理会計ツールの使用順位
注）管理会計ツールの名称は略したもの

5.5.3 権限委譲のレベル

図表5－3は、製造担当部署への権限委譲（管理責任の負荷）の範囲について、分権的組織の形態ごとに、平均評定値が3.0（「両者で協議」）を上回っている区分をすべて抽出したものである。平均評定値＞3.0を基準にした理由は、平均評定値が3.0を超えている場合には、「本社と対等以上の決定権限が製造部門に付与されている」との解釈が成り立つからである。

いずれの分権的組織の形態においても、①製造原価／総原価は1位または2位に入っており、①製造原価／総原価の管理責任をできるだけ製造部門に委ねようとする本社の姿勢が色濃く現れている。②研究開発費／教育訓練費／他部門に対する用役の提供は、職能部門、事業本部（SBU）、カンパニー、子会社（持株会社方式）では3位までに入っているが、事業部、

第5章 VBM環境下における分権的組織の形態と業績評価システムの関係性 161

子会社（持株会社なし）では圏外であった。③販売先の決定に関する裁量権／内部振替価格の交渉（決定）権は、職能部門において3位、事業本部（SBU）で4位、カンパニーで2位に入っているが、事業部、子会社（持株会社なし）、子会社（持株会社方式）では圏外である。④利益管理（収益および費用の管理）は、事業本部（SBU）、カンパニー、子会社（持株会社方式）では2位であったが、職能部門、事業部、子会社（持株会社なし）では圏外となっている。また、⑤投資決定は、カンパニーのみのラインクイン（2位）であった。このように、②研究開発費／教育訓練費／他部門に対する用役の提供、③販売先の決定に関する裁量権／内部振替価格の交渉（決定）権、④利益管理（収益および費用の管理）、⑤投資決定、については特定のパターンは観測されなかった。

分権的組織の形態	1位	2位	3位	4位
職能部門	①製造原価	②研究開発費	③内部振替価格	—
事業部	①製造原価	—	—	—
事業本部(SBU)	①製造原価	④利益管理	②研究開発費	③内部振替価格
カンパニー	②研究開発費	①製造原価 ③内部振替価格 ④利益管理 ⑤投資決定	—	—
子会社（持株会社なし）	①製造原価	—	—	—
子会社（持株会社方式）	①製造原価	②研究開発費 ④利益管理	—	—

図表5－3：組織形態別にみた権限委譲の範囲と順位
注）権限委譲（管理責任の負荷）の範囲は略したもの

5.6 まとめ

以上の考察を経て、組織形態がVBMと部門経営の関係に与える影響に

ついて、以下のようなインプリケーションを得た。

5.6.1 分権的組織管理における組織形態の選定と業績尺度との対応

　業績尺度のバリエーションを見ると、組織区分に対して縦断的に、①既存製品&サービス・新製品&サービスの売上高（成長率）、⑥各種利益（成長率）／製品（群）別・地域別・顧客セグメント別利益（率）、㉒単位当たり製造原価（率）／売上高販管費率といったフローの損益計算指標や、⑪顧客満足度調査（品質評価等）、⑫顧客からの苦情発生件数／返品率／不良品発生率、⑭納期順守率／納期短縮率といった顧客満足に関わる指標が重視されている点が特徴的であったが、次に広範に用いられている4以下の組織区分で10位以内に入った尺度群では対照的にかなりのばらつきが見られた。とりわけ、「権限委譲のレベルは、職能制→事業部制→事業本部制（SBU）→カンパニー制→分社（持株会社）→持株会社方式による分社の順で上昇していく」とする標準的な主張に整合するような尺度選定の特定のパターンは観測されなかった。

　しかしながら、⑦投資利益率（ROI・ROA・ROE）／株主資本（自己資本）比率が、法制度上の自己資本をもつ子会社（持株会社なし）と子会社（持株会社方式）の両方でランクインしているのに対して、社内組織である職能部門、事業部、事業本部（SBU）、カンパニーにおいては、かろうじて圏内に留まった職能部門を例外に総じて圏外であるなど、かなり明示的な「企業外組織 vs. 企業内組織」の構図が垣間見られた。これなどは、分権的組織管理において組織形態の特性を考慮した業績尺度の選定が行われている実態を示す一例ともいえ、「分権制における事業単位の設定が事業部や事業本部、SBU、カンパニーの場合と、実際の分社化により子会社となったケースや持株会社方式による分権的組織管理の場合とでは、最適な業績尺度（ひいては MCS）が異なり得る」という主張を支持する事象の1つということができよう。

5.6.2　分権的組織管理における管理会計システムのあり方

　次に、管理会計ツールのバリエーションを見てみると、組織区分に対して縦断的に、伝統的な利益管理手法である⑤予算統制や、原価管理の中核アプローチである⑦原価改善／原価企画、品質管理の代表的手法である⑨TQC／TQM／ISO9000／ISO14000が重視されていることが特徴的であることから、中核的な管理会計ツールの選択は、総じて各組織形態にかなりの程度共通しているように映るが、このことは、これらの手法が各々の分野で確立した地位を有し、管理会計の歴史の中で極めて広範に用いられてきたという事実と重ね合わせれば何ら不思議なことではないといえるだろう。例えば、BSCを戦略経営システムとして導入するに際しては、伝統的な予算管理システムと併存させる形で導入した企業が非常に多いという調査結果がHope & Fraser(2003)[6]らによって報告されている。つまり、先進的な企業ですら、伝統的手法に継続的に立脚しながら慎重に新種のコンセプトや手法を試行してきたというのが、実態なのである。

　最後の製造部門に対する権限委譲のレベルの分析からは、分権的組織管理を推進する本社が、どの組織形態を採用するかに関わらず、①製造原価／総原価の管理責任を製造部門に負荷しようとしている様子が色濃く映し出された。他方で、②研究開発費／教育訓練費／他部門に対する用役の提供、③販売先の決定に関する裁量権／内部振替価格の交渉（決定）権、④利益管理（収益および費用の管理）、⑤投資決定、に関して特段の傾向や共通点が観測されなかったことは、各社がそれぞれのグループ経営の実情に応じて権限委譲の程度を使い分けている実態を示すものといえ、分権化の程度が異なる組織形態の選定がその1つの要素になっている可能性がある。これらの観察結果を総合すると、企業が伝統的な管理会計ツールを重用しながら、選定した分権的組織の形態の特性に応じて、管理会計ツールを選択するとともに管理責任の負荷を調整しているという見方が信憑性を増してくる。

5.6.3 論点の整理

　連結ベースの企業価値ひいては株主価値の向上を目指す本社にとって、目標の実現に向けて各事業単位の状況を的確に把握できる業績評価システムの設計および運用は極めて重要な問題である。VBMの実施には組織の構成要素の1つである組織形態の選定が重要な考慮点になると考えられることから、本章では、組織構造と業績評価システムの関係に着目し、「特定の分権的組織の形態が部門経営の業績評価における最適な業績尺度やMCSに異なった影響を与える」という因果関係を想定したうえで、組織形態の選定がVBMを推進する事業単位の業績尺度やMCSにどのような影響を与えるのかを経験的に明らかにすることを企図した。

　標本数の制約等により、結果的には前章と同様の作業仮説についての質問調査から得られたデータの定量的な検証は適わなかったことから、本章における分析結果は、組織形態の選定がVBMを推進する事業単位のMCSの設計・運用に与える影響の度合を明らかにする根拠としては十分とはいえないまでも、組織形態によって異なる業績尺度の選定や権限委譲（管理責任の負荷）が行われている分権的組織の実態を部分的に浮かび上がらせたという点では、「分権制における事業単位の設定によって最適な業績尺度やMCSは異なったものになり得る」との主張を支持する有意味な根拠を提供しているということができるだろう。

注

(1)　職能制組織と事業部制組織を組み合わせた組織形態。職能制組織を基礎的な構造としているが、組織が大きくなると事業部制を採用し、プロジェクトが増加すればプロジェクト組織を活用する。もともと事業部制は職能制組織が基礎になっているが、この組織形態ではプロジェクトの組織も職能制組織と格子状のマトリックスを形成する。事業を中心とする組織に専門

性の高い情報を共有化させることによって、事業部制組織の強みに職能制組織の長所を合体させようという試みであり、構成員は役割の異なる複数の組織に同時に所属することになる。1人の社員を複数の場所で有効活用できるほか、視野の広い人材を育成できるメリットがある。しかしその一方で、2人以上の上司をもつことになるため命令系統の一元化の原則に反することになり、結果的に権限と責任があいまいになって、指揮命令系統に混乱をきたすことも多い。

(2) 構成員が単独、または少数のグループで自己完結的に仕事を進めていく組織。形式的な上司－部下間の命令・報告関係で動くのではなく、必要に応じて多方向のコミュニケーションが発生する。意思決定が行われる場所も移動し、問題が発生した現場に近い最適の場所・レベルで決定が行われる。

(3) 一般的に組織図には現れない特定の使命や役割をもつ組織で、任務終了後に解散することが多い。その目的は既存の組織では解決が困難な特定の問題の解決を行うことで、職能横断的に集められたメンバーからなる委員会（ad hoc committee／commission／board）、プロジェクト・チーム（project team）やタスク・フォース（task force）の編成が代表的である。全社的問題や多くの部署に関連する課題の検討に適しており、教育・情報の伝達といった役割のほか、意思決定を委ねられることもある。組成にあたっては、まず目的を明確にするとともに、あらかじめ活動時間、終了期限、決定権や報告先・予算等の基本的な運営方法を定め、さらにプロジェクトに関する十分な知識をもったメンバーを人選することが肝要である。

(4) バーチャル組織（virtual organization）とも呼ばれる。法人格をもつ複数の組織が1つの仮想組織として行動する組織運営方法の総称で、市場と組織の境界を維持しつつ市場を組織の一部として活用する。特定の業務を外注化することによって組織の効率化と専門化を追求するアウトソーシング（outsourcing）や、他企業とのジョイント・ベンチャー（joint ventures／共同事業）や技術開発・販売チャネルの共通化等に関するさまざまな提携（strategic alliances）を含む戦略的提携（strategic partnerships）、経営者の個人的なネットワークまたは協調関係（cooperative efforts）、サプライチェーン全体を視野に入れた組織運営等を含む。従来の業務提携や系列取引との違いは、パートナー企業を含めた集団の全体的見地から自社の長期的な利益や持続的成長をめざす点にある。ネットワーク組織の技術的成立要件は、外部コスト（external costs）が内部コスト（internal costs）よりも低くなるように、パートナー間の取引コスト（transaction costs）が低減されていることである。

(5) 門田安弘『管理会計——戦略的ファイナンスと分権的組織管理』（税務経理協会，2001，167頁）の記述においては、このような分権制は「職能別事業部

制」と呼称されている。
　"一般に「職能別組織」といわれて中央集権的な組織だと考えられている……（中略）……組織であっても、各職能部門が独立採算の組織単位となることもあり、その場合には……（中略）……「職能別事業部制」と呼ぼう。"

(6) 今なお世界の主要企業の殆どが予算に基づいた経営管理を行っているとの調査結果を報告するとともに、「予算がBSCをはじめとする戦略経営システムの有効性を失わせている」と警告した Hope, J. & Fraser, R. (2003). *Beyond budgeting: How managers can break free from the annual performance trap.* Boston, MA: Harvard Business School Press における Jeremy Hope と Robin Fraser の記述は次の通り。

"BSCのような戦略経営モデルは、従来の「予算志向」から「戦略志向」へと組織の重点を移行させようとするものであり、多くの企業で採用されたもう1つの方策である……（中略）……しかし、BSCの能力は、年次予算にある短期的な業績ドライバーによって制限され、十分に発揮されないことがあまりにも多い。……（中略）……さらに多くの場合、BSCの目標値は実績値と比較され、伝統的な予算と同様にその差異が報告されている。"(p.9)

"問題は、これらすべてのツールが伝統的モデルの組織的な失敗を克服するために使用されてきたにも関わらず、その失敗のもととなったプロセスが、依然としてそのままにされていることである。……（中略）……実際、予算管理の免疫システムにおける強力な抗体によって、これらのツールは効力を奪われている。"(pp.179-180)

第6章

むすび ——要約と今後の課題

　事業単位の価値創造と利益管理・原価管理の関係性の検討を通じてVBMにおける業績評価の財務業績効果を探究しようとした本研究の起点は、以下の2点の問題意識であった。

[問題意識1]
　VBMと計画・戦略または意思決定の関係をとりあげた研究やVBMと経営者レベルの業績評価および報酬の関わりを取り扱った文献が豊富に存在する一方で、VBMと部門経営の関係性におけるマネジメント・システムとりわけ業績評価システムの運用システムとしての実体の解明については十分とはいえないのではないか。

[問題意識2]
　株主価値向上の前段階としての企業価値向上の源泉は事業価値の増大であり、分権的組織においては、それは全社の事業を構成する各事業単位がそれぞれの事業を通じて価値の創出をはかることによってのみ可能になるので、株主価値増大への貢献を各部門管理者に要求するVBM志向の部門経営では、部門管理者の最適な意思決定を導くための適切な業績評価システムないし経営管理システムの設計が不可欠となる。そのためには、価値創出の源泉を測定する指標・尺度を特定し、適当な達成目標を設定したうえで統制していくことが確保されなければならないはずである。

　そこで、「VBMと部門経営の関係性について、事業単位の観点から株主価値創出のためのマネジメント・システムの開発可能性を検討する」と

いうメイン・テーマを設定したうえで、理論的研究（第2・3章）と実証的研究（第4・5章）の二階建てで掘り下げるというアプローチをとった。

6.1　研究の要約と結論

　上記のメイン・テーマを、分権的組織とりわけ事業部制組織を対象として、①事業部（長）の業績の目標・評価尺度に用いるべき価値指標とその評価のための最適な手法の検討、②事業部の価値創出に貢献する業績評価システムの検討、という2つのサブ・テーマに細分し、まず、第2章で企業価値評価法のVBM・部門経営との整合性を論理的に考察し、事業部（長）の業績の適切な価値概念とその最適な測定・評価手法を提唱した。次に、第3章で業績評価システムと業績尺度、測定フレームワークの関わりを系統的に整理し、事業部価値創造のための業績評価システムを提唱したうえで、理論的研究部分の結論として、VBM環境下の最適な事業部マネジメント・システムの概念モデルの提示を行った。VBMと部門経営の関係性を経験的に考察・探究した第4章では、実態調査から得られたデータの共分散構造分析による検証を踏まえたVBM環境下における事業のライフサイクル・ステージと業績評価システムの関係性に関する実証的研究を展開した。さらに、第5章では、組織構造と業績評価システムの関係に着目し、分権的組織の形態の選定がVBMを推進する事業単位の業績尺度やMCSに与える影響を、やはり質問調査から得られたデータを基に追究した。各章の要旨は以下の通りである。

6.1.1　本稿の要約

　第1章では、研究の目的と論文のフレームワークを明確にしたうえで各章の展開を概説した。
　第2章では、事業部制組織において目標・評価尺度に用いるべき価値指標とその評価のための最適な手法を、文献研究を基礎として検討した。具体的には、まず、株主価値経営とVBMの系譜を集約的に回顧することに

第 6 章　むすび――要約と今後の課題　169

よって、既存の研究を株主価値経営の理論化・体系化を志向するグループとVBMの理論化・体系化を志向するグループに区分・整理し、事業の価値と企業全体の価値、株主に帰属する価値の関係を明らかにしたうえで、先行研究のレビューの結果抽出した洞察に基づき、VBM環境下の部門経営の戦略計画や投資決定等の主要な経営判断の基準となるとともに、業績の目標・評価尺度に用いられるべき価値指標を検討した。加えて、その結論である事業部の経営指標としての価値概念はいかなる手法によって最も合理的・客観的に測定・評価できるのかという課題を解決するべく、日本公認会計士協会（JICPA）経営研究調査会の『企業価値評価ガイドライン（報告32号）』の精査から得られた洞察をベースに、先述の株主価値経営とVBMの系譜の回顧における考察を踏まえて様々な企業評価手法の本質を明らかにしたうえで、VBMのための企業価値評価手法の基本的要件及び技術的要件、管理会計要件を基準に各手法の優劣を論理的に比較することによって、事業部が創出する価値の最適な評価手法を検討した。

　第2章におけるこうした検討から、分権管理の代表的な形態である事業部制組織を前提においた場合のVBMにおける部門経営の適切な尺度は、全社の事業価値に対する各事業部の貢献額である「事業部価値」の増分であり、その算定並びに期間業績の評価という目的に適した手法は、過去の投資の影響を受けない「SVA法」、「増分EVA法」、「差額残余利益法」の3者であること、また、既存の手法の中では、事業部価値の年間の変化額を最も高い精度で測定することのできる「SVA法」が管理会計目的に鑑みて最適であるということが明らかになった。

　第3章では、VBM環境下において、各事業部の経営を効率的・効果的に相乗効果の発現へと至らしめる業績評価手法を、業績尺度・指標ならびに業績の測定フレームワーク・評価システムの系譜の系統的な回顧における考察を踏まえて検討した。具体的には、まず「業績」という用語の意味するところを明確にするとともに、業績評価に係る文献を回顧することによって、既存研究を業績指標・尺度の理論化・体系化を志向するグループと、業績評価システムの理論化・体糸化を志向するグループに区分・整理した。そのうえで、両者の精査から得られた洞察に基づき、「事業部価値の創出

を通して株主価値の創造に貢献する」という本源的な使命・目標を付与されている事業部の経営管理を、効率的・効果的に相乗効果の発現へと至らしめる業績評価システムの検証を行った。そこで浮き彫りになったのは、VBMを推し進める部門経営という脈絡において、株主の富の最大化という企業経営の最終目的にリンクした戦略の遂行とビジョンの達成へと事業部長の意思決定を向かわせるマネジメント・システムを構築するためには、事業部価値に直結する同時指標であるSVAの様々なバリュー・ドライバー（価値作用因）とりわけ先行指標を認識し、それらの目標水準に対する達成度合をタイムリーかつ正確に測定することを通して経営目標の達成を確保せしめる業績評価システムの存在が不可欠だということであった。加えて、事業部価値の創出という事業部マネジメントの目的の遂行に最適な業績評価システムは何かという課題を解決するために、Rappaport（1986 & 1998）が提唱したSVA法の基盤である株主価値の創出とバリュー・ドライバーのリンクを描き出す理論フレームワークである「株主価値アプローチ」と、Neely et al.（2002 & 2007）による各種の業績測定・評価のフレームワークと方法論のレビュー、の吟味の結果抽出した洞察に沿って、様々な業績評価手法の本質を明らかにしたうえで、VBMの基本的要件と業績評価システムの技術的要件、管理会計要件を基準に既存の業績測定フレームワークを精査し、それぞれの手法の優劣を論理的に比較することによって、VBMを推進する事業部マネジメントに最適な業績評価手法を検討した。

　第3章におけるこうした検討の結果、全てのステークホルダーの観点を包括的に反映しつつ、利益や原価をはじめとする財務情報および価値先行指標である非財務情報を多面的に評価するために、事業部長を戦略の遂行およびビジョンの達成へと動機づけていくツールである「パフォーマンス・プリズム」がすべての要件ならびに基準を充足しているということを発見した。加えて、上記の検討の結果、分権管理の代表的な形態である事業部制組織を前提におく場合のVBM環境下における事業部価値の創造に最適なマネジメント・システムの構築は、概念的には、事業部価値ならびにSVA創出の基幹的フレームワークである株主価値ネットワークの考え方

をベースとし、技術的には、各種の既存の業績測定フレームワークの長所を網羅的に取り込んだ手法であるパフォーマンス・プリズムの導入によって可能になるということも明らかになった。

　第4章では、第2・3章の結論を受けて、事業のライフサイクル上の位置と業績評価システムの関係に着目し、事業のライフサイクル・ステージがVBMを推進する事業単位の利益管理や原価管理への取組みに及ぼす影響を経験的に明らかにすることを企図した。具体的には、実態調査に基づき、コンティンジェンシー理論に基づいた企業環境と管理会計システムないしマネジメント・コントロール・システムの適合関係に関する先行研究の検討を踏まえて、「業績評価システムの設計及び運用の適否が組織のパフォーマンスに影響を与える」という基本的な枠組みのもとで、「事業のライフサイクル・ステージの特性を考慮した業績尺度の選定」が「事業単位の適切な管理会計ツールの採用」に影響を与え、それが「事業単位ひいては会社の財務パフォーマンスの向上」に繋がるという因果連鎖を想定し、2つの作業仮説を設定したうえで、企業への質問調査から得られたデータを共分散構造分析の手法を用いて検証した。成熟事業における仮説1の検証では、「事業のライフサイクル・ステージの特性を考慮した業績尺度の選定」の探索的因子分析の結果として確認された「コスト削減」および「生産性向上」の2つの潜在変数と、「業績尺度の管理に適した事業単位の管理会計ツールの採用」の探索的因子分析によって抽出された「戦略的コストマネジメント（への傾注）」という潜在変数を用いて因果関係を含むモデルⅠ「事業ライフサイクルと管理会計システム」を作成し、確認的因子分析を行った。また、仮説2の検証にあたっては、モデルⅠおよび「会社の財務パフォーマンス」を用いてモデルⅡ「事業単位の業績評価システムの設計・運用」を作成して、確認的因子分析を行った。成長事業については、標本数の不足により、成熟事業における仮説モデルの検証作業における発見事項との共通点とデータの大まかな特徴から類推するにとどめることとした。なお、導入事業については、プロダクト展開の初期段階に適したMCSはないとして、初期の段階で設定した業績尺度が組織成果に逆行する危険性を指摘している通説に沿って分析の対象から除外したほか、撤

退の検討対象である衰退事業も、同様に合理的な業績尺度を設定できない可能性が高いとの判断に則り分析対象から外した。

　第4章の後半部分では、上記の作業仮説の検証を行った。モデルIの確認的因子分析の結果、適合度指標はいずれも所定の条件を満たし、事業のライフサイクル・ステージの特性を考慮した業績尺度の選定が事業単位の適切な管理会計ツールの採用に正の影響を与えるという検証結果が得られた。モデルIIの確認的因子分析を行ったところ、適合度指標はやはりいずれも所定の条件を満たし、ライフサイクル・ステージに対応する測定尺度を組み込み設計・運用されている業績評価システムは事業単位および会社の財務パフォーマンスに正の効果をもたらすという検証結果が得られた。成熟企業について、コスト削減および生産性向上関連の指標を業績尺度に設定したうえで、戦略的コストマネジメントに注力することによって株価の上昇を実現できるという関係性ないし平均像が合理的に解明された結果、業績評価システムの設計及び運用に際して、事業のライフサイクル・ステージの特性を考慮した業績尺度の選定が事業単位の適切な管理会計手法の選定に影響を与え、それが会社の財務パフォーマンス向上をもたらすことが実証された。また、成長企業については、成長期の特徴である売上の増大と収益性の向上を重視して伝統的な利益管理手法によって株価の上昇をもたらそうとする平均的な経営姿勢が観察されたことから、成熟事業単位と成長事業単位とでは、同様に事業単位価値の創出をめざしている場合であっても、ライフサイクル上の位置の違いによって利益管理や原価管理への取組みが違ってくるということも確認された。そこで、これらの分析結果を加味して、成熟期及び成長期の2つのライフサイクル・ステージに対応したパフォーマンス・プリズムのプロトタイプの作成・提唱を行った。

　第4章の結論を受けて、第5章では、やはりコンティンジェンシー理論の議論においてMCSの設計及び運用に影響を及ぼす重要な要素として位置づけられている「組織構造」と業績評価システムの関係に着目し、分権的組織の形態の選定がVBMを推進する事業単位の業績尺度やMCSにどのような影響を与えるのかということを、経験的に明らかにすることを企

図した。具体的には、標本数の制約等により、作業仮説についての質問調査から得られたデータの共分散構造分析による検証は適わなかったが、アンケート・データを基に、①業績尺度のバリエーション（すなわち分権的組織管理における組織形態の選定と業績尺度との対応）、並びに②管理会計ツールのバリエーション（分権制における組織形態の選定と管理会計ツールとの対応）及び③権限委譲のレベル（管理責任の負荷の範囲）、という3つの項目について分析することにより分権化の進展した企業が各事業単位に対して組織形態に応じた業績評価システムの使い分けを行っているのかどうかを炙り出すべく、限られた標本の単純平均値を基に傾向を推定した。

　第5章における分析の結果、業績尺度のバリエーションについては、各組織区分に縦断的に、フローの損益計算指標や顧客満足に関わる指標が重視されていることが確認されたが、この点を除けば各組織区分の尺度の採用にはかなりのばらつきが見られることがわかった。「職能制→事業部制→事業本部制（SBU）→カンパニー制→分社（持株会社なし）→持株会社方式による分社の順で権限委譲のレベルが上昇していく」とする標準的な主張に整合するような尺度選定の特定のパターンは観測されなかったが、ROEや自己資本比率の利用においてかなり明示的な「企業内組織 vs. 企業外組織」という対立構図が観察されたことから、組織形態の特性を考慮した業績尺度の選定が行われている実態が垣間見られた。次に、管理会計ツールのバリエーションを見ると、やはり各組織区分に縦断的に、伝統的な利益管理手法や原価管理の中核的アプローチ、品質管理の代表的手法が重視されていることがわかった。主要な管理会計ツールの選択は総じて各組織形態にかなりの程度共通していることから、分権的企業が伝統的手法に継続的に立脚しながら慎重に新種のコンセプトや手法を試行してきた様がうかがわれた。製造部門に対する権限委譲のレベルに関して、すべての組織形態で、本社が製造原価／総原価の管理責任を製造部門に負荷しようとしている様子が色濃く映し出された一方で、その他の項目について特段の傾向や共通点が観測されなかったことは、各社がそれぞれのグループ経営の実情に応じて権限委譲の程度を使い分けている実態を示すものとい

え、分権化の程度が異なる組織形態の選定が1つの要素になっている可能性を裏づけた。標本数の制約等により質問調査データの定量的な検証が実施できなかったということもあり、本章における分析結果は、組織形態の選定がVBMを推進する事業単位のMCSの設計・運用に与える影響の度合を明らかにするための根拠としては十分とはいえないまでも、「分権制における事業単位の設定によって最適な業績尺度やMCSは異なったものになり得る」との主張を支持する有意味な根拠の提供に至った。

第6章では、本要約に加えて、本稿の結びとして、本研究の結論ならびに成果と今後の課題のそれぞれについて取りまとめている。

6.1.2　本研究の結論

事業単位の価値創造と利益管理・原価管理の関係性の検討を通じたVBMにおける業績評価の財務業績効果の探究を企図した本研究では、VBMと部門経営の関係性について、事業単位の観点に立った株主価値創出のためのマネジメント・システムとりわけVBMを推進する事業単位に適した業績評価システムの開発可能性の検討をメイン・テーマに据えて、理論的および実証的に追究した。本研究の主たる結論は次の通りである。

1. 分権的組織のマネジメント（すなわち部門経営）における業績の目標となるべき価値指標は事業単位価値の増分であり、その算定をSVA法、増分EVA法、差額残余利益法のいずれかで行うことが管理会計目的に適っている。競争上の優位性の確保とSVAの創出とは同義であり、その要は生産性にある。整合的に計算された場合には事業単位価値の増分とSVAは同値となる。これらの3つの手法の中でも最適なのはSVA法であるが、いずれの手法を採用するかは組織内における実施（測定）の容易さが鍵になる。
2. VBMの脈絡における部門経営の業績評価システムないし事業部マネジメント・システムにおける適切な業績尺度は、事業単位価値の源泉としてのSVAならびにそのマクロおよびミクロ・バリュー・ドライバーにリンクした財務・非財務指標である。これらのうち、目標の達成度

合を測定する尺度となる SVA は「業績指標」、また、価値先行指標を含む各バリュー・ドライバーとその関連指標は目標の達成に至る過程における努力レベルを測定する尺度なので「プロセス指標」として別個に位置づけて管理することが効果的である。事業単位価値の創出を目的とする場合に、株主価値ネットワークと合体することによって最適な（最もコストパフォーマンスの高い）事業部マネジメント・システムを形成し得る業績評価システムはパフォーマンス・プリズムであるが、実際にいずれの手法を採用するかは組織文化との整合を含む実施の難易度に影響される。

3. 企業への質問調査から得られたデータを経験的に検証したところ、事業のライフサイクル・ステージに対応する業績尺度の選定と適切な管理会計ツールの採用が相まって会社の財務パフォーマンスに正の効果を与えることが確認されたため、業績評価システムの設計及び運用に際して、事業のライフサイクル・ステージの特性を考慮した業績尺度の選定が事業単位の適切な管理会計手法の選定に影響を与え、それが会社の財務パフォーマンス向上をもたらすという関係性が存在するといえる。

　成熟事業（企業）の場合では、成熟期の事業の特徴である「生産性向上」および「コスト削減」関連の指標を業績尺度に設定したうえで戦略的コストマネジメントに注力することによって株価の上昇を実現できる。成長事業（企業）の場合は、成長期の事業の特徴である「売上の増大」および「収益性の向上」にリンクした指標を業績尺度に設定し、伝統的手法で利益管理を推進することによって財務パフォーマンスの向上が期待できる。ただし、導入事業（企業）と衰退事業（企業）については、合理的な業績尺度を設定できない可能性が高い。

4. 質問調査データの分析における、本社の、①組織形態の特性を考慮した業績尺度の選定、②伝統的な管理会計手法に継続的に立脚しながらの新種のコンセプト・手法の導入、③分権的組織形態に応じた権限委譲（管理責任の負荷）の使い分け、等の観察結果から、|分権制における事業単位の設定によって最適な業績尺度や MCS は異なったものに

なり得る」という主張は妥当であるということができる。
5. 業績の測定や評価はデータが分析された上で行動が伴うのでない限り価値は生まない（Neely, 2007, p.75）。業績評価は目的達成のための一手段に過ぎず、業績尺度が供給するデータによって進捗度を評価することが可能になるとはいっても、業績尺度が戦略やプロジェクトの進捗そのものを保証するわけではない（Neely & Austin, 2002, p.43）から、最適な業績評価システムやマネジメント・システムが望ましい結果を約束するということではない。

図表6－1に本研究の結論を図示する。

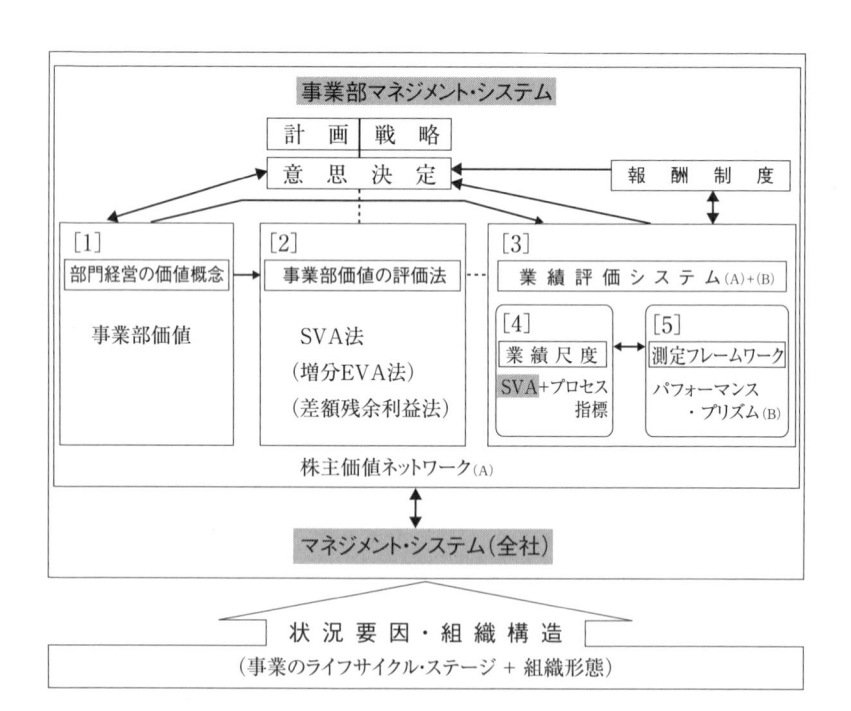

図表6－1： VBMと事業部マネジメント、事業ライフサイクル、組織形態の関係性

注) → は一方向的な作用 ⟷ は双方向的な作用 ── は直接的な関係 ‥‥ は間接的な関係

6.2 研究の成果と今後の課題

本章では、第2・3・4・5章の議論の展開を踏まえて、それぞれの研究成果ごとに学術的・社会的貢献を明らかにするとともに、今後の展開の必要性に言及する。

6.2.1 本研究の成果

本研究の成果は以下の7点にまとめることができるだろう。

1点目の研究成果は、VBMと株主価値経営の系譜を集約的に整理したことである。これは、画一的な定義がないといわれるVBMのドメインの明確化ないしコンベンショナル・ウィズダムの体系化に役立つはずである。

2点目の研究成果は、企業価値の諸概念と実務で使用されている様々な企業評価手法とのリンクを、ファイナンス理論との整合性の見地から包括的に整理したことである。わが国の会計職業人を代表するJICPAの『企業価値評価ガイドライン』でさえも、企業評価法の羅列・概説に留まっている現状に鑑みれば、本研究が今後の日本の会計プロフェッションにおける企業評価業務の高度化に資する可能性は高いといえよう。

3点目の研究成果は、①分権的組織において経営指標となるべき価値の概念は「事業単位価値の増分」であり、②その評価にSVA法、増分EVA法、差額残余利益法の3つが適しているということ、また、その中でもSVA法が最適であることを理論的に明らかにしたことである。本研究が、VBM環境下の部門経営の目標尺度となる事業単位価値の増大とその評価尺度であるSVAの創出との関わりを理論的に明らかにしたことは、今なお会計上の尺度を単年度ベースで用いている多くの代表的な業績評価会計手法がファイナンス理論からみた一貫性を欠いている現状に鑑みれば、今後の分権的組織管理の議論のレベルアップに大いに貢献するであろう。

4点目の研究成果は、業績というものの本質に関する議論に関連づけて、業績指標・尺度並びに業績測定・評価のフレームワークの系譜を系統的に

整理したことである。これは、業績の定義、その測定・評価に用いられている指標・尺度、業績評価システム（ひいてはマネジメント・システム）、の間のリンクの存在の確認ないし体系化に役立つはずである。

　5点目の研究成果は、①事業単位価値創出をめざす部門経営で重視すべき指標は、評価尺度であるSVAと、プロセス指標としてのバリュー・ドライバーならびに価値先行指標である非財務指標であり、②そこでの業績の評価・管理には、「株主価値ネットワーク」と「パフォーマンス・プリズム」の合体が最適であることを理論的に明らかにしたことである。これは、歳月を経たVBMの概念的基礎である株主価値ネットワークの理論フレームワークの精緻化と、BSCを凌駕する業績評価システムであるパフォーマンス・プリズムの今後の改善・発展にも寄与するはずである。

　6点目の成果は、本稿では、事業ないし企業のライフサイクル上の位置の違いに踏み込んで、成熟事業（企業）と成長事業（企業）とでは、同様に事業単位価値の創出をめざしている場合であっても、利益管理や原価管理への取組みが本質的に異なったものになるので、前者の場合には、より戦略的コストマネジメントへの取り組みに重点が置かれるべきであることを経験的に検証したことである。こうした視点に関する経験的証拠は蓄積されていないため、PLCと業績評価システムを含むMCSの適合関係に関する今後の研究の発展に資する可能性は高いといえよう。

　7点目の研究成果は、第3章におけるVBM環境下の部門経営の最適な業績評価システムとしてのパフォーマンス・プリズムの論説と企業への質問調査による実態調査の結果をもとに、成熟期および成長期という2つのライフサイクル・ステージに対応するパフォーマンス・プリズムのプロトタイプを提示したことである。各国の先進的企業のほとんどが、BSCに基づいた業績評価や事業運営に留まっている現状に鑑みれば、本研究が今後のグローバル経済における企業の部門経営の高度化に資する可能性は高いと考えられる。四章にわたって業績評価システムを多面的に考察した本研究の知見は、VBM環境下の部門経営のための業績評価システムを再考するうえで重要な合意を提供するはずである。

　8点目の研究成果は、職能制組織を対象に加えた上で分権的組織の形態

の違いに踏み込んで検証を試みたことである。既存研究の大半は分権的組織の定義が曖昧であり、事業部、カンパニー、持株会社等を縦断的に分析対象にする一方で職能制組織を対象外にしているものが多いが、本研究は、通常の事業部制組織と同様に権限が委譲されて自律的な運営を行っている職能制ないし機能別組織が日本には多いという現実的側面にも配慮したうえで、分権制における事業単位の設定により最適な業績尺度やMCSは異なったものになり得るということを示した。

6.2.2 本研究の限界

以上の成果を得た本研究は、同時に以下のような限界も抱えている。

まず、本研究では、事業単位価値の評価尺度たるSVAの目標値を、具体的にどのように細分化して管理の指標体系を設計し、事業部長等の部門管理者やその配下の従業員の業績査定にリンクさせていくべきかという点までは明らかにできなかった。業績評価システムの実際の運用においては、各要素の選定や重みつけが組織構造や企業の価値観、組織文化等の影響を受けることが明白であり、具体的な階層別・部門別の業績尺度体系や業績指標・プロセス指標の具体的な組合せ（重みつけ）を示すことが容易ではないとはいえ、より大規模な実態調査等を実施していれば、少なくとも一つの体系を示すことができた可能性はある。

次に、本研究では、事業のライフサイクル・ステージと業績評価システムの関係性について、成熟事業（企業）については所期の結論を得ることができたものの、成長事業（企業）については質問調査における標本数の不足により、因果関係モデルの精度の高い検証はできず、データの大まかな特徴から推定し考察するにとどまった。また、強力な仮説否定能力をもつ検証的な手法である共分散構造分析は因果仮説の探索・構築をサポートする力は弱いことから、モデルの高い適合度によって作業仮説が否定されないことを主張する根拠となることには妥当性があるとはいっても、パス係数の一部に統計的な有意性が確認できなかったものが混在していることに関しては追究が不十分だという指摘もあろう。したがって、成長事業（企業）のケースも含め、本研究の主張を統計学的な側面からより堅固なもの

にするためには、追加の実態調査等を実施し検証を試みる必要がある。

さらに、本研究は、特定の分権的組織の形態と部門経営の業績評価の関係性を追究するために、異なる複数の組織形態間の、株価で測られるグループ全体のパフォーマンスへの貢献における相互作用の影響を除去するべく、単一の組織形態のみを採用している企業を分析対象に設定することを企図したが、対象とした東証1部製造業には多様な分権制を敷いているものが多かったために、統計的な分析に必要な標本数は確保できなかった。本研究は、職能部門や事業部、事業本部、SBU、カンパニー、子会社等を個別に分析対象にしようとした点では意義があったと考えられるが、本研究における各組織形態の区分は基本的には名称を根拠としており、日本において製造子会社や販売子会社などの一機能のみを担当する子会社が多く展開されているといった複雑な現実的要素との関わりまでは考慮しきれていない。

なお、本研究は、業績評価システムと報酬制度の関わりにはあえて踏み込んではいないが、Stern Stewart 社が、1986年以降に一貫してそのEVA理論に関する文献の中で、業績評価と報酬制度のリンクの重要性を強調し続けていることを引き合いに出すまでもなく、「組織の成員は評価尺度で表現された業績に基づいて報酬を受けるべきである」（Stern Stewart, 1986, 3-13 等）との主張は、管理会計の分野では所与の事項ともいえるものであり、既に多くの先行研究も存在しているので、この点が本研究の意義を薄めることになるとは考えていない。

6.2.3　今後の研究の方向性

本研究の成果と限界を踏まえ、最後に、今後の展開の必要性に言及しておきたい。

第一に、部門管理者が自らに割り当てられた業績尺度のみに注目して目標値の達成を目指すことが自動的に部門経営の直接目標である事業単位価値の目標値ひいては会社全体の最終目標たる株主価値の目標値の達成に結びつくようにするためには、SVAをまずマクロ・バリュー・ドライバーに分解したうえで、それらをミクロ・バリュー・ドライバー、さらには

KPIまたはKPMへと落とし込んで、階層別・部門別の詳細な業績尺度体系を作りあげるとともに、価値先行指標を識別することが不可欠である。本研究が提唱する業績評価のフレームワークを実務に応用するに際しては、事業部のミッションやビジョンを反映させた工夫を重みつけに加えることによる適格な「手段→目標」の因果関係のデザインが欠かせないわけであるから、この点について、実態調査研究等によるさらなる検証を行って知見を提供していきたいと考えている。

　第二に、事業のライフサイクル・ステージと業績評価システムの関係性に関して、質問調査における標本数の不足により因果関係モデルの精度の高い検証ができなかった成長事業（企業）のケースや、やはり標本数の不足によって統計的な検証が不完全に終わった分権的組織管理における事業単位の組織形態の設定の違いが最適な業績尺度やMCSに及ぼす影響の評価についても、今後、事業単位価値／SVA経営が浸透していく過程でデータを蓄積したうえで再度実態調査を行うなどして検証していきたい。また、本研究においては各社をすべて同列として扱っているため、規模の違いを勘案する必要もあるかもしれない。これらの諸点については、今後の研究課題としたい。

参考文献

【欧文文献】

Ahrens, T. & Chapman, C. (2006). "New measures in performance management." Bhimani, A. (2006). *Contemporary issues in management accounting.* Oxford, UK: Oxford University Press. Chapter 1, 1-19.

Ambler T. & Roberts J. (2007). "Choosing marketing dashboard metrics." Neely, A. (2007). *Business performance measurement: Unifying theories and integrating practice* (2nd ed.). England: Cambridge University Press, Chapter 11, 239-260.

Anderson, E., Fornell, C., & Lefmann, D. (1994). "Customer satisfaction, market share, and profitability: Findings from Sweden." *Journal of Marketing* 58 (3), 53-66.

Arnold, G. & Davies, M. (2000). *Value-based management: Context and application.* Chichester, UK: John Wiley & Sons.

Atkinson, A., Waterhouse, J., & Wells, R. (1997). "A stakeholder approach to strategic performance management." *Sloan Management Review* (Spring 1997), 25-37.

Austin, R. & Gittell, J. (2007). "Anomalies of measurement: When it works, but should not." Neely, A. (2007). *Business performance measurement: Unifying theories and integrating practice* (2nd ed.). England: Cambridge University Press, Chapter 21, 449-476.

Bhimani, A. (2006). *Contemporary issues in management accounting.* Oxford, UK: Oxford University Press.

Bierman, H. (1988). "Beyond cash flow ROI." *Midland Corporate Finance Journal* 5 (4), 36-39.

Black, A. (2004). *Questions of value: Master the latest developments in value-based management, investment & regulation.* London, UK: Financial Times Management.

Blunch, N. (2008). *Introduction to structural equation modeling using SPSS and AMOS.* London, UK: Sage Publications.

Boston Consulting Group. (1994). *Shareholder value management: Improved measurement drives improved value creation* (Book 2). Boston, MA: BCG.

Boston Consulting Group. (1996). *Shareholder value metrics* (Booklet 2). Boston, MA: BCG.

Bourguignon, C. (1995). "Peut-on definir la performance?" *Revue Francaise de Comptabilite*, n° 269, July-August.

Bourguinon, A., Malleret, V., & Norreklit, H. (2004). "The American balanced scorecard versus French tableau de bord: the ideological dimension." *Management Accounting Research* 15, 107-134.

Brealey, R., Myers, S., & Allen, F. (2006). *Principles of corporate finance* (8th ed.). New York: McGraw-Hill/Irwin.

Brown, M. F. (1996). *Keeping score: Using the right metrics to drive world-class performance*. New York: Quality Resources.

Bruggeman, W. & Van der Stede, W. (1993). "Fitting management control systems to competitive advantage." *British Journal of Management* 4, 205-218.

Bruns, W. (1992). *Performance measurement, evaluation and incentives*. Boston, MA: Harvard Business School Press.

Bruns, W. (1998). "Profit as a performance measure: Powerful concept, insufficient measure." Performance measurement–Theory and practice: The First International Conference on Performance Measurement, 14-17 July, Cambridge, UK.

Burns, W. & Stalker, G. (1961). *The management of innovation*. USA: Tavistock.

Chenhall, R. (2003). "Management control systems design within its organizational context: Findings from contingency-based research and direction for the future." *Accounting, Organizations and Society* 28, 127-168.

Cooper, R. & Kaplan, R. (1997). *Cost and effect – Using integrated cost systems to drive profitability and performance*. Boston, MA: Harvard Business School Press（櫻井通晴訳『コスト戦略と業績管理の統合システム』ダイヤモンド社, 1998）.

Copeland, T., Koller, T., & Murrin, J. (1990). *Valuation: Measuring and managing the value of companies* (1st ed.). New York: John Wiley & Sons（伊藤邦雄訳『企業評価と戦略経営』日本経済新聞社, 1993）.

Copeland, T., Koller, T., & Murrin, J. (1994). *Valuation: Measuring and managing the value of companies* (2nd ed.). New York: John Wiley & Sons（伊藤邦雄訳『企業評価と戦略経営――キャッシュフロー経営への転換』日本経済新聞社, 1999）.

Copeland, T., Koller, T., & Murrin, J. (2000). *Valuation: Measuring and managing the value of companies* (3rd ed.). New York: John Wiley & Sons（マッキンゼー・コーポレート・ファイナンス・グループ訳『企業価値評価－バ

リュエーション——価値創造の理論と実践』ダイヤモンド社, 第3版, 2002).
Corvellec, H. (1995). *Stories of achievements: Narrative features of organizational performance*. Sweden: Lund University Press.
Daft, R. & MacIntosh, N. (1978). "A new approach to the design and use of management information." *Californian Management Review* 21 (1), 82-92.
Damodaran, A. (2002). *Investment valuation: Tools and techniques for determining the value of any asset* (2nd ed.). New York: John Wiley & Sons.
Dechow, P., Hutton, A., & Sloan, R. (1999). "An empirical assessment of the residual income valuation model." *Journal of Accounting and Economics* 26 (1-3), 1-34.
Dent, J. (1990). "Strategy, organization and control: Some possibility for accounting research." *Accounting, Organizations and Society* 15 (1/2), 3-25.
Dermer, J. (1977). *Management planning and control systems*. New York: Irwin.
Desjardins, J. (1998). *The measurement of shareholder value creation*. Canada: The Canadian Institute of Chartered Accountants.
Donovan, J., Tully, R., & Wortman, B. (1998). *The value enterprise: Strategies for building a value-based organization*. Whitby, Canada: McGraw-Hill Ryerson (デロイト・トーマツ・コンサルティング戦略事業部訳『価値創造企業』日本経済新聞社, 1999).
Drucker, P. (1954). *The practice of management*. New York: Harper.
Drucker, P. (1995). "The information executives truly need." *Harvard Business Review* (January-February), 73.
Easton, P., Hariis, T., & Ohlson, J. (1992). "Aggregate earnings can explain most security returns." *Journal of Accounting and Earnings* (15), 119-142.
Eccles, R. (1991). "The performance measurement manifesto." *Harvard Business Review* 70 (1), 131-137.
Ehrbar, A. (1998). *EVA: The real key to creating wealth*. New York: Al Ehrbar and Stern Stewart (河田剛訳『富を創造するEVA経営』東洋経済新報社, 1999).
Ehrbar, A. (1999). *Stern Stewart's EVA: The real key to creating wealth*. New York: John Wiley & Sons.
Ehrhardt, M. C. (1994). *The search for value: measuring the company's cost of capital*. Boston, MA: Harvard Business School Press (真壁昭夫・鈴木

毅彦訳『資本コストの理論と実務——新しい企業価値の探究』東洋経済新報社, 2001).
Epstein, M. & Manzoni, J. (1997). "The balanced scorecard and tableau de bord: Translating strategy into action." *Management Accounting* 11 (4), 28-36.
Epstein, M. & Manzoni, J. (2006). *Performance measurement and management control: Improving organizations and society.* Oxford, UK: Elsevier.
Euske, K. (1983). *Management control: Planning, control, measurement, and evaluation.* Reading, MA: Addison-Wesley.
Fabozzi, F. & Grant, J. (2000). *Value-based metrics: Foundations and practice.* New York: John Wiley & Sons.
Fama, E. (1970). "Efficient capital markets: A review of theory and empirical work." *Journal of Finance* (25), 383-417.
Feltham, G. & Ohlson, J. (1995). "Valuation and clean surplus accounting for operating and financial activities." *Contemporary Accounting Research* 11 (2), 689-731.
Feltham, G. & Ohlson, J. (1999). "Residual earnings valuation with risk and stochastic interest rates." *The Accounting Review* 74 (2), 165-183.
Finegan, P. (1989). "Financial incentives resolve the shareholder-value puzzle." *Corporate Cashflow* (October), 27-32.
Fisher, J. (1992). "Use of nonfinancial performance measures." *Journal of Cost Management* (Spring), 31-38.
Fitzgerald, L., Johnston, R., Brignall, T., Silvestro, R., & Voss, C. (1991). *Performance measurement in service businesses.* London, UK: Chartered Institute of Management Accountants.
Frigo, M. & Krumwiede, K. (1999). "Balanced scorecards: A rising trend in strategic performance measurement." *Journal of Strategic Performance Measurement* 3 (1), 42-44.
Fruhan, W. (1979). *Financial strategy: Studies in the creation, transfer and destruction of shareholder value.* New York: Irwin.
Gerdin, J. & Greve, J. (2004). "Forms of contingency fit in management accounting research: A critical review." *Accounting, Organizations and Society* 29 (3/4), 303-326.
Govindarajan, V. (1988). "A contingency approach to strategy implementation at the business-unit level: Integrating administrative mechanisms with strategy." *Academy of Management Journal* 31 (4), 828-853.
Govindarajan, V. & Gupta, A. (1985). "Linking control systems to business unit

strategy: Impact on performance." *Accounting, Organizations and Society* 10 (1), 51-65.

Govindarajan, V. & Shank, J. (1992). "Strategic cost management: Tailoring controls to strategies." *Journal of Cost Management* (Fall), 14-24.

Grant, J. & Abate, J. (2001). *Focus on value: A corporate and investor guide to wealth creation*. New York: John Wiley & Sons.

Gupta, A. & Govindarajan, V. (1984). "Build, hold, harvest: Converting strategic intensions into reality." *Journal of Business Strategy* 4 (3), 34-47.

Hayes, R. & Abernathy, S. (1980). "Managing our way to economic decline." *Harvard Business Review* 58 (4), 67-77.

Hendricks, K. & Singhal, V. (1996). "Quality awards and the market value of the firm: An empirical investigation." *Georgia Tech, Management Science* 42 (3), 415-436.

Hilton, R. (2008). *Managerial accounting: Creating value in a dynamic business environment* (7th ed.). New York: McGraw-Hill Irwin.

Holler, A. (2009). *New metrics for value-based management*. Wiesbaden, Germany: Gabler.

Hope, J. (2007). "Beyond budgeting to the adaptive organization." Neely, A. (2007). *Business performance measurement: Unifying theories and integrating practice* (2nd ed.). England: Cambridge University Press, Chapter 8, 163-178.

Hope, J. & Fraser, R. (2003). *Beyond budgeting: How managers can break free from the annual performance trap*. Boston, MA: Harvard Business School Press.

Hubbell, W. (1996). "Combining economic value added and activity-based management." *Cost Management* (Spring), 20-29.

Ittner, C. & Larcker, D. (1998). "Innovations in performance measurement: Trends and research implications." *Journal of Management Accounting Research* (10), 205-238.

Ittner, C. & Larcker, D. (2001). "Assessing empirical research in management accounting: A value-based management perspective." *Journal of Accounting and Economics* (32), 349-410.

Jonsson, P. (2009). *Value-based management*. Saarbrucken, Germany: VDM Verlag.

Johnson R. (2001). *Shareholder value: A business experience*. Oxford, UK: Butterworth-Heinemann.

Johnson, H. & Kaplan, R. (1987). *Relevance lost: The rise and fall of management accounting.* Boston, MA: Harvard Business School Press(鳥居宏史訳『レレバンス・ロスト——管理会計の盛衰』白桃書房, 1992).

Kaplan, D. (2009). *Structural equation modeling: Foundations and extensions* (2nd ed.). Thousand Oaks, CA: Sage Publications.

Kaplan, R. (1983). "Measuring manufacturing performance: A new challenge for managerial accounting research." *Accounting Review* 58 (4), 686-705.

Kaplan, R. (1984). "Yesterday's accounting undermines productions." *Harvard Business Review* 62, 95-101.

Kaplan, R. & Norton, D. (1992). "The balanced scorecard: Measures that drive performance." *Harvard Business Review* 70 (1), 71-79 (本田桂子訳「新しい経営指標"バランスド・スコアカード"」DIAMONDハーバード・ビジネス4-5月号 81-90頁, 1997).

Kaplan, R. & Norton, D. (1996a). *The balanced scorecard: Translating strategy into action.* Boston, MA: Harvard Business School Press(吉川武男訳『バランス・スコアカード——新しい経営指標による企業変革』生産性出版, 1997).

Kaplan, R. & Norton, D. (1996b). "Linking the balanced scorecard to strategy." *California Management Review* 39 (1), 53-79.

Kaplan, R. & Norton, D. (2001). "Transforming the balanced scorecard from performance measurement to strategic management: Part 1." *Accounting Horizons* 15 (1), 87-104.

Keegan, D., Eiler, R., & Jones, C. (1989). "Are your performance measures obsolete?" *Management Acoounting* 70 (12), 45-50.

Kennerley, M. & Neely, A. (2002). "Performance measurement frameworks: A review." Neely, A. (2002). *Business performance measurement: Theory and practice.* England: Cambridge University Press, Chapter 9, 145-155.

Keuleneer, L. & Verhoog, W. (2003). *Recent trends in valuation: From strategy to value.* New York: John Wiley & Sons.

Khandwalla, P. (1972). "The effect of different types of competition on the use of management controls." *Journal of Accounting Research* 10 (2), 276-285.

Knight, J. (1997). *Value based management: Developing a systematic approach to creating shareholder value.* New York: McGraw-Hill.

Koller, T., Goedhart, M., & Wessels, D. (2005). *Valuation: Measuring and managing the value of companies* (4th ed.). New Jersey: John Wiley & Sons.

Lawrence, R. & Lorsch, J. (1969). *Organization and environment: Managing differentiation and integration.* New York: Irwin.

Lazonick, W. & O'Sullivan, M. (2000). "Maximizing shareholder value: A new ideology for corporate governance." *Journal Economy and Society* 29 (1), 13-35.

Lebas, M. (1995). "Oui, il faut definir la performance." *Revue Francaise de Comptabilite,* n° 269, July-August.

Lebas, M. & Euske, K. (2002). "A conceptual and operational delineation of performance." Neely, A. (2002). *Business performance measurement: Theory and practice.* England: Cambridge University Press, Chapter 5, 65-79.

Lingle, J. & Schiemann, W. (1996). "From balanced scorecard to strategic gauges: Is measurement worth it?" *Management Review* 85 (3), 56-61.

Lipe, M. & Salterio, S. (2000). "The balanced scorecard: Judgmental effects of common and unique performance measures." *The Accounting Review* 75 (3), 282-298.

Lynch, R. & Cross, K. (1991a). *Measure up! Yardsticks for continuous improvement.* Cambridge, MA: Blackwell.

Lynch, R. & Cross, K. (1991b). *Measure up! The essential guide to measuring business performance.* London, UK: Mandarin.

Madden, B. (1999). *CFROI valuation: A total system approach to valuing the firm.* Oxford: Butterworth-Heinemann.

Malina, M. & Selto, F. (2004). "Choice and change of measures in performance measurement models." *Management Accounting Research* 15 (4), 441-469.

Marr, B. (2006). *Strategic performance management: Leveraging and measuring your intangible value drivers.* Oxford, UK: Butterworth-Heinemann.

Martin, J. & Petty, J. (2000). *Value based management: The corporate response to the shareholder revolution.* Boston, MA: Harvard Business School Press.

Martin, J., Petty, J., & Wallace, J. (2009). *Value-based management with corporate social responsibility.* New York: Oxford University Press.

McCormack, J. & Vytheeswaran, J. (1998). "How to use EVA in the oil and gas industry." *Journal of Applied Corporate Finance* (11), 109-131.

McTaggart, J., Kontes, P., & Mankins, M. (1994). *The value imperative: Managing for superior shareholder returns.* New York: Free Press.

Merchant, K. (1998). *Modern management control systems: Text and cases.*

Upper Saddle River, NJ: Prentice-Hall.
Meyer, M. (2002). "Finding performance: The new discipline in management."
Neely, A. (2002). *Business performance measurement: Theory and practice*. England: Cambridge University Press, Chapter 4, 51-62.
Michael, B. & Walkert, M. (1998). "Residual income: Past and future." *Management Accounting Research* 9 (4), 391-419.
Miles, R. & Snow, C. (1978). *Organizational strategy, structure, and process*. New York: McGraw-Hill（土屋守章、内野崇、中野工訳『戦略型経営～戦略選択の実践シナリオ～』ダイヤモンド社, 1983）.
Miller, M. & Modigliani, F. (1961). "Dividend policy, growth, and the valuation of shares." *Journal of Business* (34), 411-433.
Mills, R. (1998). *The dynamics of shareholder value: The principles and practice of strategic value analysis*. Lechlade, UK: Mars Business Associates（前田俊一訳『SVA戦略価値分析による企業価値評価法』東洋経済新報社, 2002）.
Mills, R. (1999). *Managerial finance, shareholder value and value based management*. Lechlade, UK: Mars Business Associates.
Modigliani, F. & Miller, M. (1963). "Corporate income taxes and the cost of capital: A correction." *American Economics Review* (53), 433-443.
Morin, R. & Jarrell, S. (2000). *Driving shareholder value: Value-building techniques for creating shareholder value*. New York: McGraw-Hill.
Neely, A. (2002). *Business performance measurement: Theory and practice*. Cambridge, UK: Cambridge University Press（清水孝訳『業績評価の理論と実務』東洋経済新報社, 2004）.
Neely, A. (2007a). *Business Performance Measurement: Unifying theories and integrating practice* (2nd ed.). Cambridge, UK: Cambridge University Press.
Neely, A. (2007b). "Measuring performance: The operations management perspective." Neely, A. (2007). *Business performance measurement: Unifying theories and integrating practice* (2nd ed.). England: Cambridge University Press, Chapter 3, 64-81.
Neely, A. & Adams, C. (2001). "Perspectives on performance: The performance prism." *Journal of Cost Management* 15 (1), 7-15.
Neely, A., Adams, C., & Kennerley, M. (2002). *The performance prism: The scorecard for measuring and managing stakeholder relationships*. London, UK: Financial Times/Prentice Hall.
Neely, A. & Austin, R. (2002). "Measuring performance: The operations

perspective." Neely, A. (2002). *Business performance measurement: Theory and practice*. England: Cambridge University Press, Chapter 3, 41-50.

Neely, A., Bourne, M., Mills, J., Platts, K, & Richards, A. (2002). *Getting the measure of your business*. Cambridge UK: Cambridge University Press.

Neely, A., Gregory, M., & Platts, K. (1995). "Performance measurement system design: A literature review and research agenda." *International Journal of Operations and Production Management* 15 (4), 80-116.

Neely, A., Kennerley, M., & Adams, C. (2007). "Performance measurement frameworks: A review." Neely, A. (2007). *Business performance measurement: Unifying theories and integrating practice* (2nd ed.). England: Cambridge University Press, Chapter 7,143-162.

Neely, A., Marr, B., Adams, C., & Kapashi, N. (2002). "Measuring eBusiness performance." Neely, A. (2002). *Business performance measurement: Theory and practice*. England: Cambridge University Press, Chapter 21, 343-360.

Neely, A., Sutcliffe, M., & Heyns, H. (2001). *Driving value through strategic planning and budgeting*. London, UK: Accenture.

Ohlson, J. (1990). "A synthesis of security valuation theory and the role of dividends, cash flows, and earnings." *Contemporary Accounting Research* (7), 1-19.

Ohlson, J. (1995). "Earnings, book values and dividends in equity valuation." *Contemporary Accounting Reseach* 11 (2), 661-687.

O'Hanlon, J. & Peasnell, K. (1998). "Wall Street's contribution to management accounting: The Stern Stewart EVA® financial management system." *Management Accounting Research* 9 (4), 53-95.

O'Hanlon, J. & Peasnell, K. (2000). "Residual income and EVA®." *Economic and Financial Computing* (Summer), 53-95.

Otley, D. (1980). "The contingency theory of management accounting: Achievement and prognosis." *Accounting, Organizations and Society* 5 (4), 413 – 428.

Otley, D. (2002). "Measuring performance: The accounting perspective." Neely, A. (2002). *Business performance measurement: Theory and practice*. England: Cambridge University Press, Chapter 1, 3-21.

Otley, D. (2007). "Accounting performance measurement: A review of its purposes and practices." Neely, A. (2007). *Business performance* measurement: Unifying theories and integrating practice (2nd ed.). England: Cambridge University Press, Chapter 1, 11-35.

Palepu, K., Bernard, V., & Healy, P. (1996). *Introduction to business analysis and valuation.* Boston, MA: South-Western（斉藤静樹監訳『企業分析入門』東京大学出版会, 1999）.

Penman, S. (2004). *Financial statement analysis and security valuation* (2nd ed.). Boston, MA: Irwin/McGraw-Hill.

Pike, S. & Roos, G. (2007). "The validity of measurement frameworks: measurement theory." Neely, A. (2007). *Business performance measurement: Unifying theories and integrating practice* (2nd ed.). England: Cambridge University Press, Chapter 10, 218-235.

Prahalad, C. (1994). "Corporate governance or corporate value added?: Rethinking the primacy of shareholder value." *Journal of Applied Corporate Finance* 6 (4), 40.

Pugh, D., Hickson, D., & Hinings, C. (1969). "The context of organizational structures." *Administrative Science Quarterly* 14 (1), 91-114.

Rappaport, A. (1981). "Selecting strategies that create shareholder value." *Harvard Business Review* (May-June), 139-149.

Rappaport, A. (1986). *Creating shareholder value: The new standard for business performance.* New York: Free Press（岡野光喜監訳・古倉義彦訳『株式公開と経営戦略——株主利益法の応用』東洋経済新報社, 1989）.

Rappaport, A. (1998). *Creating shareholder value: A guide for managers and investors, revised and updated.* New York: Free Press.

Rappaport, A. (1999). "New thinking on how to link executive pay with performance." *Harvard Business Review* (March-April), 91-101.

Reimann, B. (1989). *Managing for value: A guide to value-based strategic management.* Cambridge, MA: Basil Blackwell.

Reinbergs, I. (2000). *Vyaderm Pharmaceuticals.* Boston, MA: Harvard Business School Publishing.

Shank, J. & Govindarajan, V. (1993). *Strategic cost management: The new tool for competitive advantage.* New York: Free Press（種本廣之訳『戦略的コストマネジメント——競争優位を生む経営会計システム』日本経済新聞社, 1995）.

Simons, R. (1987). "Accounting control systems and business strategy: An empirical analysis." *Accounting, Organizations and Society* 12 (4), 357-374.

Simons, R. (1995). *Levers of control: How managers use innovative control*

systems to drive strategic renewal. Boston, MA: Harvard Business School Press（中村元一・黒田哲彦・浦島史恵訳『ハーバード流「21世紀経営」4つのコントロール・レバー』産能大学出版, 1998).
Simons, R. (2000). *Performance measurement and control systems for implementing strategy.* New York: Prentice-Hall（伊藤邦雄訳『戦略評価の経営学――戦略の実行を支える業績評価と会計システム』ダイヤモンド社, 2003).
Smith, M. (2005). *Performance measurement and management.* London, UK: SAGE Publications.
Solomons, D. (1965). *Divisional performance: Measurement and control.* Homewood, IL: Richard D. Irlin（櫻井通晴・鳥居宏史監訳『事業部制の業績評価』東洋経済新報社, 2005).
Stern, J., Stewart, B., & Chew, D. (1998). "The EVA financial management system." Stern, J. & Chew, D. (1998) *The revolution in corporate finance* (3rd ed.). Malden, MA: Blackwell.
Stewart, G. B. (1986). *Stern Stewart corporate finance handbook.* New York: Stern Stewart.
Stewart, G. B. (1991). T*he quest for value: The EVA^{TM} management guide.* New York: Harper Collins（日興リサーチセンター／河田剛・長掛良介・須藤亜里訳『EVA^{TM} 創造の経営』東洋経済新報社, 1998).
Stewart, G. B. (1994). "EVA™ : Fact and fantasy." *Journal of Applied Corporate Finance* (Summer), 78.
Suri, G., Venkata, R., & Gupta, N. (2004). *Performance measurement and management.* New Delhi, India: Excel Books.
Tully, S. (1993). "The real key to creating wealth." *Fortune* (September), 38-50.
Tyagi, R. & Gupta, P. (2008). *A complete and balanced service scorecard: Creating value through sustained performance.* Upper Saddle River, NJ: FT Press.
Utterback, J. & Abernathy, W. (1975). "A dynamic model of process and product innovation." *Omega* 3 (6), 639-656.
Wallace, S. (1997). "Adopting residual income-based compensation plans: Do you get what you pay for?" *Journal of Accounting & Economics* (24), 275-300.
Wallace, S. (1998). "EVA® financial systems: Management perspectives." *Advanced Management Accounting* (6), 1-15.
Ward, K. (1992a). *Strategic management accounting.* Oxford: Butterworth-Heinemann.

Ward, K. (1992b). "Accounting for marketing strategies." Drury, C. (1992a). *Management accounting handbook*. Oxford: Butterworth-Heinemann, Chapter 7, 154-172.

Weston, J. & Copeland, T. (1992). *Managerial finance* (9th ed.). Orlando, FL: Dryden Press.

Young, S. & O'Byrne, S. (2000). *EVA® and value-based management: A practical guide to implementation*. New York: McGraw-Hill.

Zimmerman, J. (1997). "EVA and divisional performance measurement: Capturing synergies and other issues." *Bank of America Journal of Applied Corporate Finance* 10 (2), 98-109.

【和文文献】

アーサーアンダーセン『株主価値重視の企業戦略——SVAの考え方と実践』(東洋経済新報社, 1999)

新江孝「管理会計と経営戦略のインターフェース——コンティンジェンシー理論に基づく管理会計のプロセス研究」会計学研究18号105-120頁(2004)

ベリングポイント『株主価値マネジメント——日本型SVA経営の基本と応用』(生産性出版, 2002)

フータウ・パトリックほか「価値創造経営におけるEVAの経済的意義と業績評価尺度としての有効性」企業会計51巻12号31-36頁(1999)

古田隆紀『現代管理会計論』(中央経済社, 1997)

祇園みどり「株主価値創造経営と会計情報」(桃山学院大学大学院経営学研究科, 博士論文, 2006)

浜谷喜信「企業価値創造型経営を支援する会計——EVA^{TM}コンセプトについての考察」関西学院大学マネジメント・レビュー6号149-164頁(2001)

八田進二・橋本尚『アメリカ公認会計士協会・ジェンキンズ報告書——事業報告革命』(白桃書房, 2002)

平岡秀福「EVA^{TM}と会計的利益に基づく企業・事業評価モデルと日本企業」門田安弘ほか『組織構造のデザインと業績管理』第3章(中央経済社, 2001a)

平岡秀福「企業・事業の財務的評価モデルに関する研究——EVA^{TM}を中心に」産業経理61巻1号68-76頁(2001b)

平岡秀福「日本におけるEVA^{TM}とその類似指標との境界」年報・経営分析研究18号24-32頁(2001c)

平岡秀福「EVA^{TM}に基づく事業評価と管理会計」門田安弘『組織構造と管理会計』第2章(税務経理協会, 2003a)

平岡秀福「企業価値評価モデル間の数理的関係」創価経営論集27巻2・3号81-89頁(2003b)

挽文子・松尾貴巳・伊藤克容・安酸建二・新井康平「分権的組織の管理会計研究の回顧と展望」国民經濟雜誌198巻1号61-77頁(2008)

廣本敏郎「管理会計研究覚書」一橋論叢100巻5号601-618頁(1988)

井出正介・高橋文郎『ビジネス・ゼミナール 経営財務入門』(日本経済新聞社, 第3版, 2006)

石村貞夫『SPSSによる分散分析と多重比較の手順〔第3版〕』(東京図書, 2007)

伊藤克容『組織を活かす管理会計——組織モデルと業績管理会計の関係性』(生産性出版, 2007)

伊藤邦雄「企業価値経営革新に向けて」伊藤邦雄『企業価値を経営する』第一章(東洋経済新報社, 1999)

伊藤嘉博『コストマネジメント入門』(日本経済新報社, 2003)

ジョセフ・P・オグデンほか（徳崎進訳）『アドバンスト・コーポレート・ファイナンス：政策と戦略――財務戦略策定者のためのファイナンス理論』（ピアソン・エデュケーション，上巻(2003)，下巻(2004)）
加護野忠男『経営組織の環境適応』（白桃書房，1985）
加登豊『管理会計入門』（日本経済新聞社，1999）
加登豊・河合隆治「管理会計における非財務情報の活用」国民経済雑誌186巻1号71-88頁(2002)
木村幾也『グループ企業の管理会計』（税務経理協会，2005）
北地達明・鳥野仁『M&A入門』（日本経済新聞社，1999）
経済産業研究所「日本企業の事業ポートフォリオとグループ化に関する調査」報告書(2007)
小林哲夫「キャッシュロリー管理会計――VBMについての1つの覚え書き」桃山学院大学経済経営論集44巻3号127-150頁(2002)
小林哲夫「企業価値創造におけるフリー・キャッシュフロー概念――管理会計的な見方」会計プログレス4号11-19頁(2003)
小島隆矢『Excelで学ぶ共分散構造分析とグラフィカルモデリング』（オーム社，2004）
狩野裕・三浦麻子『グラフィカル多変量解析（増補版）』（現代数学社，2007）
久保田敬一『よくわかる ファイナンス』（東洋経済新報社，2007）
楠由記子「日本企業におけるEVA®導入の効果とその考察」原価計算研究28巻2号81-91頁(2004)
楠由記子「電気機器業界におけるEVA®採用企業の考察」名古屋商科大学NUCB journal of economics and information science 50巻2号43-54頁(2006)
楠由記子「EVA®採用における経営者行動の考察」名古屋商科大学NUCB journal of economics and information science 51巻2号95-106頁(2007)
松本安司「マネジメント・コントロールの多様化と事業部制業績評価」早稲田大学商学研究科紀要59号139-148頁(2004)
松尾貴巳「グループ経営と業績管理指標」木村幾也『グループ企業の管理会計』（税務経理協会，2005）pp.65-85．
御立尚資「企業価値経営を阻む3つの「壁」を打ち破るTBR――事業収益を株主価値に直結させる」Diamond Harvard Business Oct.-Nov.号40-50頁(1999)
門田安弘『管理会計――戦略的ファイナンスと分権的組織管理』（税務経理協会，2001a）
門田安弘「企業価値重視の経営に関する理論と実務――西洋のベストに対する東洋のベストの主張」企業会計53巻1号134-143頁(2001b)
門田安弘、李健泳、浜田和樹『組織構造のデザインと業績管理』（中央経済社，

2001)
門田安弘「事業評価と管理者評価への日本的特色の導入」会計プログレス3号22-30頁(2002)
中沢恵・池田和明『キャッシュフロー経営入門』(日本経済新聞社,1998)
波形克彦・小林勇治・中村弘明編『2000年版 中小企業診断士〈共通科目〉合格完全対策』(経林書房,2000)
丹生谷晋「分権型組織における業績評価システムの考察」筑波大学ビジネス科学研究科(2008)
丹生谷晋「分権型組織における業績評価システムに関する実証研究」管理会計学17巻1号39-55頁(2009)
日本会計研究学会特別委員会『企業組織と管理会計の研究(中間報告書)』(2006)
日本公認会計士協会『企業価値評価ガイドライン(経営研究調査会報告第32号)』(JICPA,2007)
西村慶一・鳥邊晋司『企業価値創造経営』(中央経済社,2000)
庭本佳和・藤井一弘『経営を動かす――その組織と管理の理論』(文眞堂,2008)
野村総合研究所『経営用語の基礎知識』(ダイヤモンド社,初版,2001)
小倉昇「日本企業に見る管理会計としての経済付加価値」会計157巻5号14-30頁(2000)
小倉昇「企業評価と管理会計情報」会計159巻4号45-58頁(2001a)
小倉昇「企業価値と業績評価」門田安弘・浜田和樹・李健泳『組織構造のデザインと業績管理』(中央経済社,2001b)pp.18-30.
小椋康宏「経営環境とステークホルダー――企業価値創造との関連で」東洋大学経営論集55号59-73頁(2002)
岡本清『原価計算:六訂版』(国元書房,2000)
大西淳『コーポレート・ファイナンス理論と管理会計―VBMの新たな展開』(京都大学学術出版会,2009)
櫻井通晴「企業価値創造に役立つ管理会計の役割」企業会計53巻2号18-25頁(2001)
櫻井通晴『企業価値を創造する3つのツール EVA®・ABC・BSC』(中央経済社,2002)
産業能率大学総合研究所『バリューイノベーション――顧客価値・事業価値創造の考え方と方法』(産業能率大学,2007)
スターンスチュワート社『EVAによる価値創造経営――その理論と実際』(ダイヤモンド・グラフィック社,2001)
田中雅康・石崎忠司・原田昇『最新 業績評価会計――多元・多様な評価の展開』(中央経済社,2006)
徳丸荘也『日本的経営の興亡―― TQCはわれわれに何をもたらしたか』(ダイヤ

モンド社，1999)
徳崎進「ターゲット企業の評価――理論と実践」監査法人トーマツ会計情報1990年11月号45-55頁(1990)
徳崎進『ファイナンシャル・マネジメント・ハンドブック』(東洋経済新報社，2002)
徳崎進『財務戦略』(産業能率大学，2004)
豊田秀樹『共分散構造分析〈入門編〉――構造方程式モデリング』(朝倉書店，2008)
豊田秀樹『共分散構造分析［AMOS編］――構造方程式モデリング』(東京図書，2008)
東洋経済新報社『会社四季報CD-ROM 2009年3集』(東洋経済新報社，2009)
上埜進「利益管理の今日的課題――企業価値創出経営」原価計算研究23巻1号12-24頁(1999)
上埜進「現在価値法による企業価値の推定とVBM」甲南経営研究40巻2・3合併号1-35頁(2000)
上埜進「業績指標と企業価値――管理会計の視点」会計160巻1号27-38頁(2001)
上埜進『管理会計――価値創出をめざして』(税務経理協会，第1版[2001]，第2版[2004]，第3版[2007]，第4版[2008])
内山哲彦「成果主義における管理会計情報利用の利点と問題」千葉大学経済研究18巻3号217-258頁(2003)
内山哲彦「成果主義における納得性と会計的業績評価尺度」千葉大学経済研究20巻4号703-723頁(2006)
牛田一雄・高井勉・木暮大輔『SPSSクレメンタインによるデータマイニング』(東京図書，2003)
八重倉孝「業績指標と株価――キャッシュ・フロー，EVA^{TM}，およびOhlsonモデル」管理会計学53巻1号110-112頁(2001)
山田庫平・吉村聡『原価計算の基礎』(東京経済情報出版、2008)
安酸建二「Value-Based Managementの観点からの業績指標の考察――実証研究のレビュー」管理会計学14巻1号19-38頁(2005)
安酸建二「企業価値の評価モデルにおけるフリー・キャッシュフローと経済的利益――クリーンサープラス関係を中心に」流通科学大学論集 流通・経営編19巻3号55-68頁(2007)
安酸建二「経済的利益の経営管理上の有用性――価値創造額の測定をめぐる考察」管理会計学16巻1号19-39頁(2008)
柳井晴夫・緒方裕光『SPSSによる統計データ解析』(現代数学社,2007)
財務総合政策研究所『企業統治の多様化と展望』(金融財政事情研究会，2007)

付録1　質問調査依頼状

価値創造をもたらす部門業績評価システムの開発・設計に関する調査へのご協力のお願い

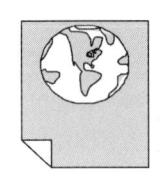

（担当者）　関西学院大学経営戦略研究科教授　徳崎　進
　　　　　（日本管理会計学会関西中部部会評議員）

　過去四半世紀の間に、組織業績向上への貢献を目的に様々な業績評価フレームワークが提唱されてきましたが、これまで広く利用されてきた手法の多くには、実は重大な限界があるということが既に明らかになっています。

　例えば、NOPAT[1]の額を評価対象期間の価値創出額として取り扱うEVA[2]法は、原型モデルをそのまま用いた場合には、各年の部門レベルにおける付加価値の配分（＝事業の価値創造または破壊）について整合的な解を導出することができないということが論証されたほか、戦略経営システムの有力手法といわれているBSC[3]は、価値の測定に適さないとともに、サプライヤーや政府機関をはじめとする一部の重要なステークホルダーの観点を考慮していないために包括性に限界がある、といったことが指摘されています。

○本調査の目的

　本調査は、産学が連携して叡智を結集することによって、多様なステークホルダーの視点を取り込みながら財務・非財務両方の業績情報を活用し、分権的組織の形態やプロダクト・ライフサイクルの違いにも対応できる、包括的・多面的かつ低コストでの運用が可能な部門経営の実効を保証し得る画期的なVBM（価値創造経営）[4]のための業績評価システム／マネジメント・システムの設計に資するべく、わが国を代表する企業の皆様に今の取組みについて、お尋ねするものです。現在の未曾有の不況期を乗り切るうえで有用な価値創造・業績管理ツールの開発を企図した本調査の意義をご理解いただき、何卒ご協力を賜わりますようお願い申し上げます。

○**本調査の構成**

調査票（別紙）の構成は下記の通りです。
Ⅰ　事業の概要等について
Ⅱ　プロダクト・ライフサイクルとの関係について
Ⅲ　分権制組織形態との関係について
Ⅳ　管理会計手法について
Ⅴ　会社の財務パフォーマンスについて
Ⅵ　その他

○**本調査について**

1. 本調査は、日本管理会計学会関西中部部会のメンバーが、学術調査を目的に実施致します。本調査の成果は、ご回答いただいた企業の皆様に無償で、優先的に還元致します。
2. ご回答いただいた内容は、すべて統計的に処理し、研究成果の発表に際しては集計データを利用します。貴社の回答を個別に紹介することや、個別の回答が外部に出ることは一切ありません。
3. ご回答頂いたご担当者には、後日、調査結果を電子メールにてお送り致しますので、回答者データ欄にメールアドレスをお忘れなくご記入ください。
4. ご多忙の折に恐れ入りますが、調査スケジュールの関係上、2009年7月31日までに、投函下さいますようお願い申し上げます。

○**アンケートの回答方法について**

1. この調査票は経営企画部門（ご責任者）宛てに発送しています。1社当たり1部のみの発送となっていますので、より適切であると考えられる場合には、該当する部門またはご担当者に回付いただければ幸いです。
2. 調査票は全部で6頁です。質問は、数字に○をつけるか□にチェックするという簡素なものです。
3. <u>【*】となっているもの（必須）以外の質問には、該当する場合にだけお答えいただければ結構です。</u>判断が難しい場合は、貴社の実態により近いと思われるものを選択して下さい。
4. 本調査のとりまとめは、関西学院大学経営戦略研究科・徳崎研究室（662-8501 兵庫県西宮市上ケ原一番町1-155）が行います。ご意見・ご質問等がござ

いましたら、tokusaki@kwansei.ac.jp までご連絡ください。追って、ご返信申し上げます。

以 上

ご協力に厚く御礼を申し上げます。
2009年6月吉日

注

(1) 発生主義会計の歪みを取り除いた税引後純営業利益。
(2) 企業間信用等による資本を控除した、有利子負債の時価と株主資本の時価（株主価値）との合計額を投下資本と定義し、有利子負債コストと株主資本コストの加重平均コストを資本コストと定義した場合に、(1)から投下資本簿価と資本コストの積を控除した経済的利益の代表的な指標。
(3) Kaplan & Nortonが1992年に提唱した、主要な業績ドライバーをモデル化して目標管理を促すアプローチ。財務・非財務両方の業績指標を統合し、業績評価を組織の戦略に関連付けるツール。経営のビジョン、ミッション、企業戦略を所与として、組織の戦略目標を実現に導く成功要因の目標値並びに成果を測定する業績評価指標の目標値を、有機的に設定して目標管理を行う。基本モデルでは、財務の視点、顧客の視点、内部業務プロセスの視点、学習と成長の視点という4つの視点を用いている。
(4) 狭義の解釈は、「株価の上昇を通して経営者の利益と株主の利益を連携させるアプローチ」。広義には、「長期的な株主価値の創造を目的にマインドセットの涵養をはかる影響システムの構築やプロセスの整合化を重視するアプローチ」。

付録2　質問調査票の様式と単純集計値

価値創造をもたらす部門業績評価システムの開発・設計に関する調査

（2009. 6～7　関西学院大学　経営戦略研究科　徳崎研究室）

質　問　調　査　票

貴社名：＿＿＿＿＿＿＿＿＿＿　　ご氏名：＿＿＿＿＿＿＿＿＿＿
ご所属：＿＿＿＿＿＿＿＿＿＿　　ご役職名：＿＿＿＿＿＿＿＿＿
直通電話番号：＿＿＿＿＿＿＿　　E-mail アドレス：＿＿＿＿＿＿

Ⅰ　事業の概要等について

問1～4は貴社の概要等に関する質問です。（＊すべてご回答ください。）

問1　証券コード協議会による貴社の所属業種（会社四季報の記載における業種）は次のうちどれですか？　該当するものにチェック（☑）して下さい。

- ① 食料品　（4）
- ② 繊維製品　（3）
- ③ パルプ・紙　（1）
- ④ 化学　（13）
- ⑤ 医薬品　（3）
- ⑥ 石油・石炭製品　（0）
- ⑦ ゴム製品　（0）
- ⑧ ガラス・土石製品　（0）
- ⑨ 鉄鋼　（2）
- ⑩ 非鉄金属　（3）
- ⑪ 金属製品　（1）
- ⑫ 機械　（6）
- ⑬ 電気機器　（10）
- ⑭ 輸送用機器　（8）
- ⑮ 精密機器　（2）
- ⑯ その他製品　（4）

問2　貴社では、分権管理のための事業単位として、次のどの組織形態を採用していますか。該当するものすべてに☑して下さい。

- ① 課・部・工場等の職能部門　（31）
- ② 製品別あるいは地域別もしくは顧客別の事業部　（23）
- ③ 事業本部あるいはSBU（戦略事業単位）　（29）

□④ カンパニー（社内分社）（9）
□⑤ 子会社（持株会社なし）（23）
□⑥ 子会社（持株会社方式）（9）
□⑦ その他（0）

問3 貴社の事業ポートフォリオの各構成事業は、プロダクト・ライフサイクルに鑑みて、次のどれですか。該当するものすべてに☑してください。

□① 導入期（4）　　□② 成長期（19）　　□③ 成熟期（56）
□④ 衰退期（8）

問4 貴社では、企業の社会的使命ないし企業経営の目的として、以下の各項目をどの程度重視していますか。下記の尺度を参考に該当する数字に○印をおつけ下さい。

```
全く重視      あまり重視              かなり重視   極めて重視
していない    していない     普通      している    している
   |            |            |           |           |
   1            2            3           4           5
```

注）N/A……not applicable（該当なし）　NA……not answered（無回答）

(1) 消費者（社会）が求める製品・サービスの適正価格での継続的な提供

　　　　　　　　　　　　　　　　　　1　　2　　3　　4　　5
　　　　　　　　　　　　　　　　　（2）（1）（5）（24）（28）

(2) 経営資源の提供者（経営者・管理者・従業員・取引先・資金拠出者等）への正当な対価の支払い

　　　　　　　　　　　　　　　　　　1　　2　　3　　4　　5
　　　　　　　　　　　　　　　　　（0）（3）（14）（29）（14）

(3) 社会福祉（雇用・環境保全・納税等）への貢献

　　　　　　　　　　　　　　　　　　1　　2　　3　　4　　5
　　　　　　　　　　　　　　　　　（1）（3）（20）（23）（13）

(4) 価値（企業価値・事業価値・株主価値）の創造・株価の上昇

　　　　　　　　　　　　　　　　　　1　　2　　3　　4　　5
　　　　　　　　　　　　　　　　　（0）（1）（15）（26）（18）

(5) その他　　　　　　　　　　N/A　1　　2　　3　　4　　5
　　　　　　　　　　　　　　　(59)　(0)　(0)　(0)　(0)　(1)

Ⅱ プロダクト・ライフサイクルとの関係について
問5～6は製品ライフ・ステージに対応する事業の業績評価に関する質問です。
(問5・問6のいずれか、または両方について、全項目にお答えください。)

問5　貴社では、成長期の事業の業績評価において、以下の指標をどの程度重視
　　　していますか。下記の尺度を参考に該当する数字に○印をおつけ下さい。

```
全く重視      あまり重視              かなり重視   極めて重視
していない    していない     普通    している      している
   |            |            |         |            |
   1            2            3         4            5
```


(1) 既存製品＆サービス・新製品＆サービスの売上高（成長率）
　　　　　　　　　　　　　　　　　　　1　　2　　3　　4　　5
　　　　　　　　　　　　　　　　　　(0)　(1)　(4)　(20)　(20)
(2) 部門別・流通チャネル別・顧客1人当たり売上高（成長率）
　　　　　　　　　　　　　　　　NA　1　　2　　3　　4　　5
　　　　　　　　　　　　　　　(1)　(1)　(6)　(17)　(13)　(7)
(3) 新規顧客の獲得数／顧客のリピート購買率
　　　　　　　　　　　　　　　　　　　1　　2　　3　　4　　5
　　　　　　　　　　　　　　　　　　(1)　(4)　(17)　(16)　(7)
(4) 新規出店計画・新製品開発計画・新規設備配置計画の達成率
　　　　　　　　　　　　　　　　　　　1　　2　　3　　4　　5
　　　　　　　　　　　　　　　　　　(2)　(8)　(17)　(15)　(3)
(5) 標的市場セグメントの市場占有率　　1　　2　　3　　4　　5
　　　　　　　　　　　　　　　　　　(0)　(4)　(6)　(26)　(9)
(6) 各種利益（成長率）／製品（群）別・地域別・顧客セグメント別利益（率）
　　　　　　　　　　　　　　　　　　　1　　2　　3　　4　　5
　　　　　　　　　　　　　　　　　　(1)　(0)　(9)　(25)　(10)

(7) 投資利益率（ROI・ROA・ROE）／株主資本（自己資本）比率

	1	2	3	4	5
	（2）	（2）	（22）	（12）	（7）

(8) 営業キャッシュフロー

	1	2	3	4	5
	（1）	（2）	（17）	（19）	（6）

(9) 残余利益／EVA（経済付加価値）／SVA（株主付加価値）

	1	2	3	4	5
	（2）	（12）	（17）	（14）	（0）

(10) 企業価値・事業価値・株主価値・MVA（市場付加価値）

	1	2	3	4	5
	（0）	（9）	（16）	（17）	（3）

(11) 顧客満足度調査（品質評価等）

	1	2	3	4	5
	（0）	（5）	（10）	（20）	（10）

(12) 顧客からの苦情発生件数／返品率／不良品発生率

	1	2	3	4	5
	（0）	（3）	（5）	（24）	（13）

(13) 新製品の上市件数／新製品開発リードタイム

	1	2	3	4	5
	（0）	（5）	（19）	（15）	（6）

(14) 納期順守率／納期短縮率

	1	2	3	4	5
	（0）	（5）	（14）	（18）	（8）

(15) 特許取得数

	1	2	3	4	5
	（2）	（7）	（22）	（9）	（5）

(16) 従業員1人当たり売上高・生産性

	NA	1	2	3	4	5
	（1）	（2）	（5）	（18）	（14）	（5）

(17) 歩留り率

	1	2	3	4	5
	（2）	（3）	（16）	（20）	（4）

(18) 生産リードタイム

	1	2	3	4	5
	（0）	（4）	（15）	（21）	（5）

(19) サプライチェーンリードタイム

	1	2	3	4	5
	（0）	（6）	（21）	（14）	（4）

(20) 従業員満足度／従業員の社内改革提案件数

		1	2	3	4	5
		(1)	(7)	(23)	(11)	(3)
(21)	標準原価達成率	1	2	3	4	5
		(2)	(1)	(22)	(14)	(6)
(22)	単位当たり製造原価(率)／売上高販管費率					
		1	2	3	4	5
		(1)	(3)	(13)	(21)	(7)
(23)	運転資本投資／固定資産投資	1	2	3	4	5
		(2)	(3)	(25)	(13)	(2)
(24)	フリーキャッシュフロー	1	2	3	4	5
		(2)	(2)	(15)	(21)	(5)
(25)	総資本・売上債権・在庫回転率（回転期間）					
		1	2	3	4	5
		(1)	(3)	(17)	(19)	(5)

問6 貴社では、成熟期の事業の業績評価において以下の指標をどの程度重視していますか。下記の尺度を参考に該当する数字に○印をおつけ下さい。

全く重視していない	あまり重視していない	普通	かなり重視している	極めて重視している
1	2	3	4	5

(1) 既存製品＆サービス・新製品＆サービスの売上高（成長率）

	1	2	3	4	5
	(0)	(0)	(7)	(39)	(11)

(2) 部門別・流通チャネル別・顧客1人当たり売上高（成長率）

	1	2	3	4	5
	(3)	(7)	(22)	(20)	(5)

(3) 新規顧客の獲得数／顧客のリピート購買率

| | 1 | 2 | 3 | 4 | 5 |

　　　　　　　　　　　　　　　　　　（1）（9）（23）（16）（8）
(4) 新規出店計画・新製品開発計画・新規設備配置計画の達成率
　　　　　　　　　　　　　　　　　　　　1　　2　　3　　4　　5
　　　　　　　　　　　　　　　　　　（4）（8）（29）（13）（3）
(5) 標的市場セグメントの市場占有率
　　　　　　　　　　　　　　　　NA　1　　2　　3　　4　　5
　　　　　　　　　　　　　　　（1）（0）（5）（11）（26）（14）
(6) 各種利益（成長率）／製品（群）別・地域別・顧客セグメント別利益（率）
　　　　　　　　　　　　　　　　　　　　1　　2　　3　　4　　5
　　　　　　　　　　　　　　　　　　（1）（2）（14）（30）（10）
(7) 投資利益率（ROI・ROA・ROE）／株主資本（自己資本）比率
　　　　　　　　　　　　　　　　　　　　1　　2　　3　　4　　5
　　　　　　　　　　　　　　　　　　（2）（3）（24）（20）（8）
(8) 営業キャッシュフロー　　　　　　NA　1　　2　　3　　4　　5
　　　　　　　　　　　　　　　（1）（2）（2）（17）（24）（11）
(9) 残余利益／EVA（経済付加価値）／SVA（株主付加価値）
　　　　　　　　　　　　　　　　NA　1　　2　　3　　4　　5
　　　　　　　　　　　　　　　（1）（3）（15）（25）（10）（3）
(10) 企業価値・事業価値・株主価値・MVA（市場付加価値）
　　　　　　　　　　　　　　　　　　　　1　　2　　3　　4　　5
　　　　　　　　　　　　　　　　　　（1）（11）（24）（16）（5）
(11) 顧客満足度調査（品質評価等）　　　　1　　2　　3　　4　　5
　　　　　　　　　　　　　　　　　　（0）（4）（15）（26）（12）
(12) 顧客からの苦情発生件数／返品率／不良品発生率
　　　　　　　　　　　　　　　　　　　　1　　2　　3　　4　　5
　　　　　　　　　　　　　　　　　　（0）（4）（9）（30）（14）
(13) 新製品の上市件数／新製品開発リードタイム
　　　　　　　　　　　　　　　　　　　　1　　2　　3　　4　　5
　　　　　　　　　　　　　　　　　　（1）（10）（21）（23）（2）
(14) 納期順守率／納期短縮率　　　　　　　1　　2　　3　　4　　5
　　　　　　　　　　　　　　　　　　（0）（10）（12）（27）（8）
(15) 特許取得数　　　　　　　　　　NA　1　　2　　3　　4　　5
　　　　　　　　　　　　　　　（1）（1）（10）（39）（4）（2）

(16) 従業員1人当たり売上高・生産性		1	2	3	4	5
		(2)	(5)	(23)	(22)	(5)
(17) 歩留り率	NA	1	2	3	4	5
	(1)	(3)	(4)	(15)	(26)	(8)
(18) 生産リードタイム		1	2	3	4	5
		(1)	(5)	(18)	(27)	(6)
(19) サプライチェーンリードタイム		1	2	3	4	5
		(1)	(10)	(20)	(20)	(6)
(20) 従業員満足度／従業員の社内改革提案件数		1	2	3	4	5
		(1)	(10)	(25)	(16)	(5)
(21) 標準原価達成率		1	2	3	4	5
		(2)	(3)	(21)	(24)	(7)
(22) 単位当たり製造原価（率）／売上高販管費率		1	2	3	4	5
		(1)	(5)	(20)	(22)	(9)
(23) 運転資本投資／固定資産投資		1	2	3	4	5
		(2)	(7)	(30)	(13)	(5)
(24) フリーキャッシュフロー		1	2	3	4	5
		(2)	(3)	(19)	(25)	(8)
(25) 総資本・売上債権・在庫回転率（回転期間）		1	2	3	4	5
		(1)	(4)	(22)	(26)	(4)

Ⅲ 分権制組織形態との関係について

問7は事業単位の組織形態に対応する業績評価に関する質問です。（問2で複数に ☑ された場合は、問2の下記①～⑦のどれに該当するかをそれぞれご明示のうえ、全項目にお答えください。）

① 職能部門（　）　② 事業部（　）　③ 事業本部あるいはSBU（　）
④ カンパニー（社内分社）（　）　⑤ 子会社（持株会社なし）（　）
⑥ 子会社（持株会社方式）（　）　⑦ その他（　）

問7 貴社では、事業単位の業績評価において、以下の指標をどの程度重視していますか。下記の尺度を参考に該当する数字に○印をおつけ下さい。

(7.1)【問2の解答】 ☑① □② □③ □④ □⑤ □⑥ □⑦
　　　　　　　　　　(31)　　　　　　　　　　　　（該当するものに☑してください）
　　　　　うちNA（7）

① 職能部門

```
全く重視        あまり重視              かなり重視    極めて重視
していない      していない      普通    している      している
    |              |            |          |            |
    1              2            3          4            5
```

(1) 既存製品&サービス・新製品&サービスの売上高（成長率）
　　　　　　　　　　　　　　　　　　　1 　 2 　 3 　 4 　 5
　　　　　　　　　　　　　　　　　　（0）（0）（3）（16）（5）

(2) 部門別・流通チャネル別・顧客1人当たり売上高（成長率）
　　　　　　　　　　　　　　　　　　　1 　 2 　 3 　 4 　 5
　　　　　　　　　　　　　　　　　　（3）（2）（9）（8）（2）

(3) 新規顧客の獲得数／顧客のリピート購買率
　　　　　　　　　　　　　　　　　　　1 　 2 　 3 　 4 　 5
　　　　　　　　　　　　　　　　　　（1）（6）（9）（6）（2）

(4) 新規出店計画・新製品開発計画・新規設備配置計画の達成率
　　　　　　　　　　　　　　　　　NA 　1 　 2 　 3 　 4 　 5
　　　　　　　　　　　　　　　　（1）（4）（3）（10）（5）（1）

(5) 標的市場セグメントの市場占有率　　　1 　 2 　 3 　 4 　 5
　　　　　　　　　　　　　　　　　　（0）（5）（6）（11）（2）

(6) 各種利益（成長率）／製品（群）別・地域別・顧客セグメント別利益（率）
　　　　　　　　　　　　　　　　　　　1 　 2 　 3 　 4 　 5
　　　　　　　　　　　　　　　　　　（1）（2）（4）（17）（0）

(7) 投資利益率（ROI・ROA・ROE）／株主資本（自己資本）比率
　　　　　　　　　　　　　　　　　NA 　1 　 2 　 3 　 4 　 5

		(1)	(3)	(3)	(9)	(7)	(1)

(8) 営業キャッシュフロー　　　　　1　2　3　4　5
　　　　　　　　　　　　　　　　 (3) (3) (8) (9) (1)

(9) 残余利益／EVA（経済付加価値）／SVA（株主付加価値）
　　　　　　　　　　　　　　　 NA　1　2　3　4　5
　　　　　　　　　　　　　　　 (1) (4) (7) (9) (3) (0)

(10) 企業価値・事業価値・株主価値・MVA（市場付加価値）
　　　　　　　　　　　　　　　 NA　1　2　3　4　5
　　　　　　　　　　　　　　　 (2) (1) (6) (10) (5) (0)

(11) 顧客満足度調査（品質評価等）　NA　1　2　3　4　5
　　　　　　　　　　　　　　　 (1) (0) (2) (5) (13) (3)

(12) 顧客からの苦情発生件数／返品率／不良品発生率
　　　　　　　　　　　　　　　　　1　2　3　4　5
　　　　　　　　　　　　　　　　 (0) (2) (3) (14) (5)

(13) 新製品の上市件数／新製品開発リードタイム
　　　　　　　　　　　　　　　　　1　2　3　4　5
　　　　　　　　　　　　　　　　 (1) (3) (8) (9) (3)

(14) 納期順守率／納期短縮率　　　　1　2　3　4　5
　　　　　　　　　　　　　　　　 (0) (4) (3) (14) (3)

(15) 特許取得数　　　　　　　　　　1　2　3　4　5
　　　　　　　　　　　　　　　　 (2) (4) (13) (5) (0)

(16) 従業員1人当たり売上高・生産性　1　2　3　4　5
　　　　　　　　　　　　　　　　 (2) (2) (10) (7) (3)

(17) 歩留り率　　　　　　　　　　　1　2　3　4　5
　　　　　　　　　　　　　　　　 (3) (3) (9) (9) (0)

(18) 生産リードタイム　　　　　　　1　2　3　4　5
　　　　　　　　　　　　　　　　 (1) (3) (9) (11) (0)

(19) サプライチェーンリードタイム　1　2　3　4　5
　　　　　　　　　　　　　　　　 (1) (5) (9) (9) (0)

(20) 従業員満足度／従業員の社内改革提案件数
　　　　　　　　　　　　　　　　　1　2　3　4　5
　　　　　　　　　　　　　　　　 (1) (3) (7) (10) (3)

(21) 標準原価達成率　　　　　　　　1　2　3　4　5

		（2）	（2）	（10）	（9）	（1）
(22)	単位当たり製造原価（率）／売上高販管費率					
		1	2	3	4	5
		（1）	（2）	（7）	（13）	（1）
(23)	運転資本投資／固定資産投資	1	2	3	4	5
		（4）	（6）	（9）	（5）	（0）
(24)	フリーキャッシュフロー	1	2	3	4	5
		（3）	（3）	（9）	（8）	（1）
(25)	総資本・売上債権・在庫回転率（回転期間）					
		1	2	3	4	5
		（2）	（4）	（6）	（12）	（0）

(7.2)【問2の解答】□①　☑②　□③　□④　□⑤　□⑥　□⑦
　　　　　　　　　　　（23）　　　（該当するものに☑してください）
　　　　　　　　　うちNA（2）

② 事業部

```
全く重視      あまり重視              かなり重視   極めて重視
していない    していない    普通      している     している
    |            |            |          |            |
    1            2            3          4            5
```

(1) 既存製品&サービス・新製品&サービスの売上高（成長率）

	1	2	3	4	5
	（0）	（0）	（3）	（11）	（7）

(2) 部門別・流通チャネル別・顧客1人当たり売上高（成長率）

	1	2	3	4	5
	（0）	（2）	（9）	（10）	（0）

(3) 新規顧客の獲得数／顧客のリピート購買率

	1	2	3	4	5
	（0）	（4）	（7）	（8）	（2）

(4) 新規出店計画・新製品開発計画・新規設備配置計画の達成率

	NA	1	2	3	4	5

		(1)	(0)	(2)	(10)	(6)	(2)
(5) 標的市場セグメントの市場占有率			1	2	3	4	5
		(0)	(3)	(2)	(9)	(7)	

(6) 各種利益（成長率）／製品（群）別・地域別・顧客セグメント別利益（率）

	1	2	3	4	5
(0)	(1)	(4)	(11)	(5)	

(7) 投資利益率（ROI・ROA・ROE）／株主資本（自己資本）比率

	NA	1	2	3	4	5
(1)	(1)	(2)	(7)	(8)	(2)	

(8) 営業キャッシュフロー	1	2	3	4	5
	(1)	(1)	(6)	(10)	(3)

(9) 残余利益／EVA（経済付加価値）／SVA（株主付加価値）

	NA	1	2	3	4	5
(1)	(1)	(6)	(8)	(4)	(1)	

(10) 企業価値・事業価値・株主価値・MVA（市場付加価値）

	1	2	3	4	5
(1)	(6)	(8)	(6)	(0)	

(11) 顧客満足度調査（品質評価等）	1	2	3	4	5
	(0)	(2)	(8)	(8)	(3)

(12) 顧客からの苦情発生件数／返品率／不良品発生率

	1	2	3	4	5
(0)	(1)	(5)	(9)	(6)	

(13) 新製品の上市件数／新製品開発リードタイム

	1	2	3	4	5
(0)	(2)	(11)	(6)	(2)	

(14) 納期順守率／納期短縮率	1	2	3	4	5
	(0)	(2)	(6)	(10)	(3)

(15) 特許取得数	1	2	3	4	5
	(1)	(2)	(12)	(5)	(1)

(16) 従業員1人当たり売上高・生産性	1	2	3	4	5
	(1)	(2)	(8)	(8)	(2)

(17) 歩留り率	1	2	3	4	5
	(0)	(3)	(9)	(8)	(1)

(18) 生産リードタイム　　　　　　　1　　2　　3　　4　　5
　　　　　　　　　　　　　　　　　（0）（2）（10）（8）（1）
(19) サプライチェーンリードタイム　　1　　2　　3　　4　　5
　　　　　　　　　　　　　　　　　（0）（3）（10）（8）（0）
(20) 従業員満足度／従業員の社内改革提案件数
　　　　　　　　　　　　　　　　　1　　2　　3　　4　　5
　　　　　　　　　　　　　　　　　（0）（5）（6）（7）（3）
(21) 標準原価達成率　　　　　　　　1　　2　　3　　4　　5
　　　　　　　　　　　　　　　　　（0）（1）（9）（8）（3）
(22) 単位当たり製造原価（率）／売上高販管費率
　　　　　　　　　　　　　　　　　1　　2　　3　　4　　5
　　　　　　　　　　　　　　　　　（0）（2）（7）（7）（5）
(23) 運転資本投資／固定資産投資　　1　　2　　3　　4　　5
　　　　　　　　　　　　　　　　　（2）（3）（10）（6）（0）
(24) フリーキャッシュフロー　　　　1　　2　　3　　4　　5
　　　　　　　　　　　　　　　　　（1）（3）（6）（10）（1）
(25) 総資本・売上債権・在庫回転率（回転期間）
　　　　　　　　　　　　　　　　　1　　2　　3　　4　　5
　　　　　　　　　　　　　　　　　（0）（2）（7）（11）（1）

(7.3)【問2の解答】　□①　　□②　　☑③　　□④　　□⑤　　□⑥　　□⑦
　　　　　　　　　　　　　　　　（29）　　（該当するものに☑してください）

③ 事業本部あるいはSBU

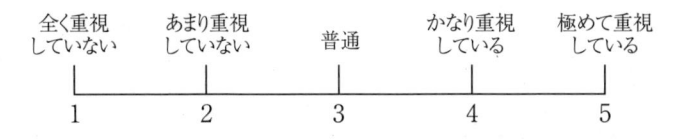

　　　全く重視　あまり重視　　　　　かなり重視　極めて重視
　　　していない　していない　普通　している　　している
　　　├─────┼─────┼─────┼─────┤
　　　1　　　　2　　　　3　　　　4　　　　5

(1) 既存製品&サービス・新製品&サービスの売上高（成長率）
　　　　　　　　　　　　　　　　　1　　2　　3　　4　　5

                                （ 0 ） （ 0 ） （ 4 ） （17） （ 8 ）
(2) 部門別・流通チャネル別・顧客１人当たり売上高（成長率）
                                  1   2   3   4   5
                                （ 1 ） （ 2 ） （10） （15） （ 1 ）
(3) 新規顧客の獲得数／顧客のリピート購買率
                                  1   2   3   4   5
                                （ 0 ） （ 2 ） （14） （ 9 ） （ 4 ）
(4) 新規出店計画・新製品開発計画・新規設備配置計画の達成率
                                  1   2   3   4   5
                                （ 1 ） （ 3 ） （12） （11） （ 2 ）
(5) 標的市場セグメントの市場占有率   NA   1   2   3   4   5
                                （ 1 ） （ 0 ） （ 2 ） （ 4 ） （13） （ 9 ）
(6) 各種利益（成長率）／製品（群）別・地域別・顧客セグメント別利益（率）
                                  1   2   3   4   5
                                （ 0 ） （ 0 ） （ 5 ） （15） （ 9 ）
(7) 投資利益率（ROI・ROA・ROE）／株主資本（自己資本）比率
                                  1   2   3   4   5
                                （ 0 ） （ 4 ） （ 6 ） （14） （ 5 ）
(8) 営業キャッシュフロー   NA   1   2   3   4   5
                                （ 1 ） （ 0 ） （ 2 ） （ 6 ） （15） （ 5 ）
(9) 残余利益／EVA（経済付加価値）／SVA（株主付加価値）
                                  1   2   3   4   5
                                （ 1 ） （ 6 ） （14） （ 6 ） （ 2 ）
(10) 企業価値・事業価値・株主価値・MVA（市場付加価値）
                                  1   2   3   4   5
                                （ 1 ） （ 4 ） （11） （10） （ 3 ）
(11) 顧客満足度調査（品質評価等）   1   2   3   4   5
                                （ 0 ） （ 0 ） （ 6 ） （16） （ 7 ）
(12) 顧客からの苦情発生件数／返品率／不良品発生率
                                  1   2   3   4   5
                                （ 0 ） （ 1 ） （ 3 ） （15） （10）
(13) 新製品の上市件数／新製品開発リードタイム
                                  1   2   3   4   5

	(0)	(3)	(10)	(13)	(3)
(14) 納期順守率／納期短縮率	1	2	3	4	5
	(0)	(3)	(6)	(14)	(6)
(15) 特許取得数	1	2	3	4	5
	(0)	(4)	(16)	(6)	(3)
(16) 従業員1人当たり売上高・生産性	1	2	3	4	5
	(0)	(2)	(11)	(12)	(4)
(17) 歩留り率	1	2	3	4	5
	(0)	(1)	(8)	(15)	(5)
(18) 生産リードタイム	1	2	3	4	5
	(0)	(1)	(10)	(14)	(4)
(19) サプライチェーンリードタイム	1	2	3	4	5
	(0)	(3)	(8)	(14)	(4)
(20) 従業員満足度／従業員の社内改革提案件数					
	1	2	3	4	5
	(0)	(5)	(13)	(8)	(3)
(21) 標準原価達成率	1	2	3	4	5
	(0)	(0)	(9)	(15)	(5)
(22) 単位当たり製造原価（率）／売上高販管費率					
	1	2	3	4	5
	(0)	(2)	(10)	(10)	(7)
(23) 運転資本投資／固定資産投資	1	2	3	4	5
	(0)	(2)	(12)	(14)	(1)
(24) フリーキャッシュフロー	1	2	3	4	5
	(0)	(0)	(9)	(16)	(4)
(25) 総資本・売上債権・在庫回転率（回転期間）					
	1	2	3	4	5
	(0)	(2)	(9)	(15)	(3)

(7.4)【問2の解答】　□①　　□②　　□③　　☑④　　□⑤　　□⑥　　□⑦
　　　　　　　　　　　　　　　　　　　　　　（ 9 ）

（該当するものに☑してください）

④ カンパニー（社内分社）

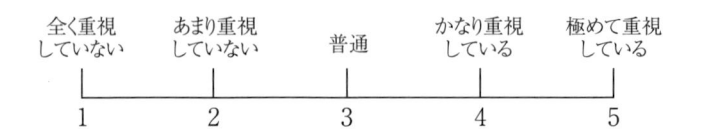

```
全く重視    あまり重視          かなり重視  極めて重視
していない  していない   普通   している    している
   |          |         |         |         |
   1          2         3         4         5
```

(1) 既存製品＆サービス・新製品＆サービスの売上高（成長率）

	1	2	3	4	5
	(0)	(0)	(1)	(5)	(3)

(2) 部門別・流通チャネル別・顧客１人当たり売上高（成長率）

	1	2	3	4	5
	(0)	(1)	(3)	(4)	(1)

(3) 新規顧客の獲得数／顧客のリピート購買率

	1	2	3	4	5
	(0)	(3)	(2)	(3)	(1)

(4) 新規出店計画・新製品開発計画・新規設備配置計画の達成率

	1	2	3	4	5
	(0)	(1)	(3)	(5)	(0)

(5) 標的市場セグメントの市場占有率

	1	2	3	4	5
	(0)	(1)	(4)	(2)	(2)

(6) 各種利益（成長率）／製品（群）別・地域別・顧客セグメント別利益（率）

	1	2	3	4	5
	(0)	(1)	(2)	(4)	(2)

(7) 投資利益率（ROI・ROA・ROE）／株主資本（自己資本）比率

	NA	1	2	3	4	5
	(1)	(1)	(1)	(3)	(2)	(1)

(8) 営業キャッシュフロー

	1	2	3	4	5
	(1)	(1)	(2)	(3)	(2)

(9) 残余利益／EVA（経済付加価値）／SVA（株主付加価値）

	NA	1	2	3	4	5

付録　217

	1	2	3	4	5
	(1)	(1)	(2)	(5)	(0)
(10) 企業価値・事業価値・株主価値・MVA（市場付加価値）					
	1	2	3	4	5
	(1)	(3)	(3)	(2)	(0)
(11) 顧客満足度調査（品質評価等）	1	2	3	4	5
	(0)	(3)	(2)	(1)	(3)
(12) 顧客からの苦情発生件数／返品率／不良品発生率					
	1	2	3	4	5
	(0)	(2)	(2)	(1)	(4)
(13) 新製品の上市件数／新製品開発リードタイム					
	1	2	3	4	5
	(0)	(1)	(7)	(1)	(0)
(14) 納期順守率／納期短縮率	1	2	3	4	5
	(0)	(2)	(2)	(3)	(2)
(15) 特許取得数	1	2	3	4	5
	(1)	(3)	(3)	(1)	(1)
(16) 従業員1人当たり売上高・生産性	1	2	3	4	5
	(1)	(3)	(3)	(1)	(1)
(17) 歩留り率	1	2	3	4	5
	(0)	(2)	(4)	(3)	(0)
(18) 生産リードタイム	1	2	3	4	5
	(0)	(3)	(3)	(3)	(0)
(19) サプライチェーンリードタイム	1	2	3	4	5
	(0)	(3)	(3)	(3)	(0)
(20) 従業員満足度／従業員の社内改革提案件数					
	1	2	3	4	5
	(0)	(2)	(3)	(2)	(2)
(21) 標準原価達成率	1	2	3	4	5
	(0)	(2)	(2)	(3)	(2)
(22) 単位当たり製造原価（率）／売上高販管費率					
	1	2	3	4	5
	(0)	(2)	(3)	(1)	(3)
(23) 運転資本投資／固定資産投資	1	2	3	4	5

	(1)	(1)	(5)	(2)	(0)
(24) フリーキャッシュフロー	1	2	3	4	5
	(1)	(1)	(5)	(2)	(0)
(25) 総資本・売上債権・在庫回転率（回転期間）	1	2	3	4	5
	(0)	(1)	(4)	(4)	(0)

(7.5)【問2の解答】　□①　　□②　　□③　　□④　　☑⑤　　□⑥　　□⑦
(23)

（該当するものに☑してください）

うちNA（2）

⑤ 子会社（持株会社なし）

```
全く重視    あまり重視            かなり重視   極めて重視
していない  していない   普通   している    している
    |          |         |         |         |
    1          2         3         4         5
```

(1) 既存製品＆サービス・新製品＆サービスの売上高（成長率）

	1	2	3	4	5
	(0)	(0)	(4)	(14)	(3)

(2) 部門別・流通チャネル別・顧客1人当たり売上高（成長率）

	1	2	3	4	5
	(2)	(1)	(10)	(7)	(1)

(3) 新規顧客の獲得数／顧客のリピート購買率

	1	2	3	4	5
	(0)	(3)	(9)	(5)	(4)

(4) 新規出店計画・新製品開発計画・新規設備配置計画の達成率

	1	2	3	4	5
	(2)	(1)	(13)	(4)	(1)

(5) 標的市場セグメントの市場占有率

　　　　　　　　　　　　　　　　　1　　2　　3　　4　　5

	1	2	3	4	5
	(0)	(5)	(6)	(6)	(4)

(6) 各種利益（成長率）／製品（群）別・地域別・顧客セグメント別利益（率）

	1	2	3	4	5
	(1)	(0)	(6)	(10)	(4)

(7) 投資利益率（ROI・ROA・ROE）／株主資本（自己資本）比率

	1	2	3	4	5
	(1)	(3)	(5)	(7)	(5)

(8) 営業キャッシュフロー

	1	2	3	4	5
	(0)	(2)	(7)	(6)	(6)

(9) 残余利益／EVA（経済付加価値）／SVA（株主付加価値）

	1	2	3	4	5
	(1)	(7)	(10)	(2)	(1)

(10) 企業価値・事業価値・株主価値・MVA（市場付加価値）

	1	2	3	4	5
	(1)	(7)	(7)	(4)	(2)

(11) 顧客満足度調査（品質評価等）

	1	2	3	4	5
	(0)	(3)	(7)	(7)	(4)

(12) 顧客からの苦情発生件数／返品率／不良品発生率

	1	2	3	4	5
	(0)	(3)	(4)	(9)	(5)

(13) 新製品の上市件数／新製品開発リードタイム

	1	2	3	4	5
	(0)	(6)	(8)	(5)	(2)

(14) 納期順守率／納期短縮率

	1	2	3	4	5
	(0)	(6)	(2)	(10)	(3)

(15) 特許取得数

	1	2	3	4	5
	(1)	(6)	(11)	(3)	(0)

(16) 従業員1人当たり売上高・生産性

	1	2	3	4	5
	(1)	(3)	(6)	(9)	(2)

(17) 歩留り率

	1	2	3	4	5
	(1)	(3)	(7)	(8)	(2)

(18) 生産リードタイム 1 2 3 4 5

	(1)	(2)	(7)	(9)	(2)
(19) サプライチェーンリードタイム	1	2	3	4	5
	(1)	(5)	(6)	(7)	(2)
(20) 従業員満足度／従業員の社内改革提案件数	1	2	3	4	5
	(1)	(4)	(9)	(5)	(2)
(21) 標準原価達成率	1	2	3	4	5
	(1)	(3)	(7)	(8)	(2)
(22) 単位当たり製造原価（率）／売上高販管費率	1	2	3	4	5
	(0)	(3)	(5)	(11)	(2)
(23) 運転資本投資／固定資産投資	1	2	3	4	5
	(1)	(3)	(8)	(7)	(2)
(24) フリーキャッシュフロー	1	2	3	4	5
	(1)	(1)	(9)	(6)	(4)
(25) 総資本・売上債権・在庫回転率（回転期間）	1	2	3	4	5
	(1)	(1)	(8)	(10)	(1)

(7.6)【問2の解答】 □① □② □③ □④ □⑤ ☑⑥ □⑦
　　　　　　　　　　　　　　　　　　　　　　（9）

（該当するものに☑してください）

うちNA（1）

⑥ 子会社（持株会社方式）

	全く重視していない	あまり重視していない	普通	かなり重視している	極めて重視している
	1	2	3	4	5

(1) 既存製品&サービス・新製品&サービスの売上高（成長率）

	1	2	3	4	5
	(0)	(0)	(2)	(3)	(3)

(2) 部門別・流通チャネル別・顧客1人当たり売上高（成長率）

付録　221

	1	2	3	4	5
	(0)	(2)	(3)	(3)	(0)

(3) 新規顧客の獲得数／顧客のリピート購買率

	1	2	3	4	5
	(0)	(2)	(3)	(3)	(0)

(4) 新規出店計画・新製品開発計画・新規設備配置計画の達成率

	1	2	3	4	5
	(0)	(0)	(1)	(6)	(1)

(5) 標的市場セグメントの市場占有率

	1	2	3	4	5
	(0)	(1)	(1)	(4)	(2)

(6) 各種利益（成長率）／製品（群）別・地域別・顧客セグメント別利益（率）

	1	2	3	4	5
	(0)	(1)	(0)	(6)	(1)

(7) 投資利益率（ROI・ROA・ROE）／株主資本（自己資本）比率

	NA	1	2	3	4	5
	(1)	(0)	(0)	(2)	(3)	(2)

(8) 営業キャッシュフロー

	1	2	3	4	5
	(0)	(0)	(3)	(5)	(0)

(9) 残余利益／EVA（経済付加価値）／SVA（株主付加価値）

	NA	1	2	3	4	5
	(1)	(0)	(1)	(5)	(1)	(0)

(10) 企業価値・事業価値・株主価値・MVA（市場付加価値）

	1	2	3	4	5
	(0)	(0)	(5)	(3)	(0)

(11) 顧客満足度調査（品質評価等）

	1	2	3	4	5
	(0)	(1)	(2)	(4)	(1)

(12) 顧客からの苦情発生件数／返品率／不良品発生率

	1	2	3	4	5
	(0)	(1)	(0)	(3)	(4)

(13) 新製品の上市件数／新製品開発リードタイム

	1	2	3	4	5
	(0)	(0)	(5)	(3)	(0)

(14) 納期順守率／納期短縮率　　1　2　3　4　5

		(0)	(1)	(1)	(5)	(1)
(15)	特許取得数	1	2	3	4	5
		(0)	(2)	(4)	(1)	(1)
(16)	従業員1人当たり売上高・生産性	1	2	3	4	5
		(1)	(0)	(4)	(2)	(1)
(17)	歩留り率	1	2	3	4	5
		(0)	(0)	(4)	(4)	(0)
(18)	生産リードタイム	1	2	3	4	5
		(0)	(1)	(3)	(4)	(0)
(19)	サプライチェーンリードタイム	1	2	3	4	5
		(0)	(2)	(3)	(3)	(0)
(20)	従業員満足度／従業員の社内改革提案件数	1	2	3	4	5
		(0)	(1)	(3)	(2)	(2)
(21)	標準原価達成率	1	2	3	4	5
		(0)	(0)	(2)	(4)	(2)
(22)	単位当たり製造原価（率）／売上高販管費率	1	2	3	4	5
		(0)	(0)	(2)	(5)	(1)
(23)	運転資本投資／固定資産投資	1	2	3	4	5
		(0)	(1)	(3)	(4)	(0)
(24)	フリーキャッシュフロー	1	2	3	4	5
		(0)	(1)	(0)	(6)	(1)
(25)	総資本・売上債権・在庫回転率（回転期間）	1	2	3	4	5
		(0)	(0)	(1)	(7)	(0)

(7.7)【問2の解答】　□①　□②　□③　□④　□⑤　□⑥　☑⑦
　　　　　　　　　　　　　　　　　　　　　　　　　　　　（0）
　　　　　　　　　　　　（該当するものに☑してください）

⑦ その他

Ⅳ 管理会計手法について
問8～9は経営意思決定や業績評価に活用している手法に関する質問です。
（＊必ずご回答ください。）

問8　貴社は、社内の経営管理手段として、以下の手法をどの程度重視していますか。下記の尺度を参考に該当する数字に〇印をおつけ下さい。

```
全く重視      あまり重視              かなり重視    極めて重視
していない    していない    普通       している      している
   |            |           |           |            |
   1            2           3           4            5
```

① 貢献利益分析／貢献利益法／スループット会計

	NA	1	2	3	4	5
	(3)	(3)	(12)	(25)	(11)	(6)

② CVP分析／損益分岐点分析

	NA	1	2	3	4	5
	(2)	(2)	(5)	(17)	(26)	(8)

③ 線形計画法／数値計画法

	NA	1	2	3	4	5
	(3)	(11)	(20)	(22)	(4)	(0)

④ DCF法（IRR法・NPV法・PI法）に基づく投資決定

	NA	1	2	3	4	5
	(1)	(4)	(9)	(20)	(16)	(10)

⑤ 予算統制

	NA	1	2	3	4	5
	(0)	(0)	(1)	(5)	(30)	(24)

⑥ ABC／ABM／ABB

	NA	1	2	3	4	5
	(4)	(9)	(14)	(28)	(5)	(0)

⑦ 原価改善／原価企画

	NA	1	2	3	4	5
	(1)	(1)	(2)	(13)	(27)	(16)

⑧ BPR（ビジネスプロセスリエンジニアリング）

	NA	1	2	3	4	5
	(2)	(5)	(18)	(24)	(9)	(2)

⑨　TQC／TQM／ISO9000／ISO14000

	NA	1	2	3	4	5
	(1)	(1)	(4)	(14)	(25)	(15)

⑩　JIT／リーン生産／SCM

	NA	1	2	3	4	5
	(1)	(6)	(13)	(17)	(15)	(8)

問9　貴社では、製造を担当する部署に、どの程度の権限委譲（＝管理責任の負荷）を行っていますか。下記の尺度を参考に該当する数字に○印をおつけ下さい。

```
全て本社   一部を    両者で    一部を除   全面的
の権限    委譲     協議     いて委譲   に委譲
  |       |       |       |       |
  1       2       3       4       5
```

①製造原価／総原価

1	2	3	4	5
(3)	(7)	(12)	(21)	(17)

②研究開発費／教育訓練費／他部門に対する用役の提供

1	2	3	4	5
(9)	(14)	(15)	(18)	(4)

③販売先の決定に関する裁量権／内部振替価格の交渉（決定）権

1	2	3	4	5
(18)	(8)	(14)	(11)	(9)

④利益管理（収益および費用の管理）

1	2	3	4	5
(10)	(8)	(15)	(18)	(9)

⑤投資決定

1	2	3	4	5
(14)	(15)	(22)	(9)	(0)

Ⅴ　会社の財務パフォーマンスについて

問10～問11はVBM環境下の部門経営の成果に関する質問です。
（＊必ずご回答ください。）

問10　貴社の過去3年間における株価のパフォーマンス（連結決算ベースの株価収益率：連結PER）は、業界内の競合他社と比較した場合、平均して次のどれに該当しますか。該当するものに☑してください。

　　□① 下回っている（ 9 ）　　□② やや下回っている（11）　　□③ ほぼ同じ（19）
　　□④ やや上回っている（12）　□⑤ 上回っている（ 8 ）　　　　NA（ 1 ）

問11　貴社の過去3年間における株主の総合利回り：TSR（＝株式の値上り率＋配当利回り）のパフォーマンスは、業界内の競合他社と比べた場合、平均して次のどれに該当しますか。該当するものに☑して下さい。

　　□① 下回っている（ 8 ）　　□② やや下回っている（10）　　□③ ほぼ同じ（22）
　　□④ やや上回っている（13）　□⑤ 上回っている（ 3 ）　　　　NA（ 4 ）

Ⅵ その他
情報公開に関する確認事項（＊必ずご回答ください。）

問12　本調査に関する報告書に調査協力会社として貴社名を掲載してもよろしいでしょうか（もちろん貴社のご回答については匿名とし、個別の公開は致しません）。該当するものに☑してください。

　　□1. はい（19）　　□2. いいえ（41）

ご協力ありがとうございました。記入漏れや記入間違いがないかどうかをご確認のうえ、ご記入いただきました本質問調査票を同封の返信用封筒に封入して、2009年7月31日までにご返送くださいますようお願い申し上げます。

以　上

付録3　アンケート協力会社

（掲載許可を得た19社；五十音順）

（あ）
味の素㈱
㈱石井鐵工所
エア・ウォーター㈱
エーザイ㈱

（か）
木村化工機㈱
クリエートメディック㈱
㈱クレハ

（さ）
サンクス㈱
㈱図研
住友精化㈱
セイコーエプソン㈱

（た）
ダイドードリンコ㈱
㈱巴川製紙所

（な）
ナカバヤシ㈱
日機装㈱
日信工業㈱

（は）
古河電池㈱

（ま）
三井金属鉱業㈱

（や）
有機合成薬品工業㈱

（その他41社）

計60社

付録4　第4章「モデルⅠ」(図表4-10)についての注釈・最尤(ML)推定値・モデル適合の要約(AMOSより転記)

【モデルについての注釈】

〔自由度の計算〕
独立な標本積率の数：104　　　独立な推定パラメータの数：42
自由度（104 − 42）：62

〔結果〕
最小値に達した。　　カイ2乗 = 68.076　　自由度 = 62　　有意確率 = 0.278

〔最尤（ML）推定値〕
係数：

			推定値	標準誤差	検定統計量	確率
ROA 等（X1）	←	F1	1.000			
営業 CF（X2）	←	F1	1.397	0.266	5.258	***
FCF（X3）	←	F1	1.317	0.238	5.534	***
資産回転率（X4）	←	F1	1.212	0.248	4.890	***
納期短縮率等（X5）	←	F2	0.947	0.209	4.526	***
歩留り率（X6）	←	F2	1.200	0.242	4.950	***
生産リードタイム（X7）	←	F2	0.966	0.192	5.021	***
EVA 等（X8）	←	F2	1.000			
F3	←	F1	0.155	0.182	0.856	0.392
F3	←	F2	0.434	0.198	2.188	0.029
ABC/ABM（Y1）	←	F3	1.000			
原価企画（Y2）	←	F3	1.122	0.438	2.558	0.011
BPR（Y3）	←	F3	0.975	0.425	2.295	0.022
TQC/TQM（Y4）	←	F3	1.392	0.542	2.567	0.010
JIT/SCM（Y5）	←	F3	1.685	0.643	2.619	0.009

注）潜在変数：　F1…コスト削減　　F2…生産性向上　　F3…コストマネジメント

標準化係数：

			推定値
ROA 等（X1）	←	F1	0.737
営業 CF（X2）	←	F1	0.861
FCF（X3）	←	F1	0.910
資産回転率（X4）	←	F1	0.804
納期短縮率等（X5）	←	F2	0.730
歩留り率（X6）	←	F2	0.794
生産リードタイム（X7）	←	F2	0.799
EVA 等（X8）	←	F2	0.785
F3	←	F1	0.200
F3	←	F2	0.698
ABC／ABM（Y1）	←	F3	0.525
原価企画（Y2）	←	F3	0.616
BPR（Y3）	←	F3	0.519
TQC／TQM（Y4）	←	F3	0.623
JIT／SCM（Y5）	←	F3	0.647

注）潜在変数：
F1…コスト削減
F2…生産性向上
F3…コストマネジメント

切片：

	推定値	標準誤差	検定統計量	確率
ROA 等（X1）	3.342	0.121	27.643	***
営業 CF（X2）	3.553	0.145	24.570	***
FCF（X3）	3.447	0.129	26.725	***
資産回転率（X4）	3.447	0.134	25.651	***
納期短縮率等（X5）	3.447	0.145	23.842	***
歩留り率（X6）	3.448	0.169	20.355	***
生産リードタイム（X7）	3.500	0.135	25.989	***
EVA 等（X8）	2.789	0.142	19.656	***
ABC／ABM（Y1）	2.458	0.135	18.260	***
原価企画（Y2）	3.868	0.126	30.688	***
BPR（Y3）	2.490	0.131	18.944	***
TQC／TQM（Y4）	3.599	0.156	23.062	***
JIT／SCM（Y5）	2.762	0.182	15.178	***

共分散：

	推定値	標準誤差	検定統計量	確率
F2 ← F1	0.251	0.093	2.686	0.007

相関係数：

	推定値
F2 ← F1	0.683

分散：

	推定値	標準誤差	検定統計量	確率
F1	0.294	0.116	2.545	0.011
F2	0.459	0.168	2.725	0.006
e1	0.247	0.064	3.842	***
e2	0.200	0.064	3.134	0.002
e3	0.106	0.044	2.396	0.017
e4	0.236	0.066	3.584	***
e5	0.362	0.099	3.650	***
e6	0.388	0.118	3.281	0.001
e7	0.243	0.074	3.281	0.001
e8	0.287	0.085	3.378	***
e9	0.465	0.121	3.830	***
e10	0.365	0.099	3.690	***
e11	0.457	0.117	3.894	***
e12	0.541	0.149	3.629	***
e13	0.700	0.197	3.545	***
d1	0.050	0.042	1.174	0.240

〔行列〕
因子得点ウェイト：

	F1	F2	F3
ROA 等（X1）	0.095	0.014	0.012
営業CF（X2）	0.164	0.025	0.021
FCF（X3）	0.293	0.044	0.037
資産回転率（X4）	0.120	0.018	0.015
納期短縮率等（X5）	0.009	0.137	0.035
歩留り率（X6）	0.011	0.162	0.041
生産リードタイム（X7）	0.014	0.209	0.053
EVA 等（X8）	0.012	0.183	0.046
ABC／ABM（Y1）	0.006	0.028	0.068
原価企画（Y2）	0.009	0.041	0.098
BPR（Y3）	0.006	0.028	0.068
TQC／TQM（Y4）	0.008	0.034	0.082
JIT／SCM（Y5）	0.007	0.032	0.077

付録5　第4章「モデルⅡ」(図表4-11)についての注釈・最尤(ML)推定値・モデル適合の要約(AMOSより転記)

【モデルについての注釈】

〔自由度の計算〕
独立な標本積率の数：119　　独立な推定パラメータの数：45
自由度 (104 − 42)：74

〔結果〕
最小値に達した。　　カイ2乗＝80.319　　自由度＝74　　有意確率＝0.288

〔最尤（ML）推定値〕
係数：

			推定値	標準誤差	検定統計量	確率
ROA等（X1）	←	F1	1.000			
営業CF（X2）	←	F1	1.395	0.265	5.256	***
FCF（X3）	←	F1	1.318	0.238	5.544	***
資産回転率（X4）	←	F1	1.211	0.248	4.890	***
納期短縮率等（X5）	←	F2	0.947	0.209	4.525	***
歩留り率（X6）	←	F2	1.199	0.243	4.945	***
生産リードタイム（X7）	←	F2	0.964	0.193	5.005	***
EVA等（X8）	←	F2	1.000			
F3	←	F1	0.165	0.184	0.895	0.371
F3	←	F2	0.415	0.195	2.125	0.034
ABC／ABM（Y1）	←	F3	1.000			
原価企画（Y2）	←	F3	1.110	0.437	2.544	0.011
BPR（Y3）	←	F3	1.002	0.429	2.336	0.020
TQC／TQM（Y4）	←	F3	1.394	0.543	2.568	0.010
JIT／SCM（Y5）	←	F3	1.729	0.651	2.654	0.008
TSR（Z1）	←	F3	0.559	0.517	1.081	0.280

注）潜在変数：　F1…コスト削減　　F2…生産性向上　　F3…コストマネジメント

標準化係数:

			推定値
ROA 等（X1）	←	F1	0.738
営業 CF（X2）	←	F1	0.860
FCF（X3）	←	F1	0.911
資産回転率（X4）	←	F1	0.803
納期短縮率等（X5）	←	F2	0.730
歩留り率（X6）	←	F2	0.794
生産リードタイム（X7）	←	F2	0.798
EVA 等（X8）	←	F2	0.785
F3	←	F1	0.212
F3	←	F2	0.668
ABC／ABM（Y1）	←	F3	0.526
原価企画（Y2）	←	F3	0.610
BPR（Y3）	←	F3	0.534
TQC／TQM（Y4）	←	F3	0.625
JIT／SCM（Y5）	←	F3	0.664
TSR（Z1）	←	F3	0.208

注）潜在変数:
F1…コスト削減
F2…生産性向上
F3…コストマネジメント

切片:

	推定値	標準誤差	検定統計量	確率
ROA 等（X1）	3.342	0.121	27.643	***
営業 CF（X2）	3.553	0.145	24.570	***
FCF（X3）	3.447	0.129	26.725	***
資産回転率（X4）	3.447	0.134	25.651	***
納期短縮率等（X5）	3.447	0.145	23.842	***
歩留り率（X6）	3.449	0.169	20.364	***
生産リードタイム（X7）	3.500	0.135	25.989	***
EVA 等（X8）	2.789	0.142	19.656	***
ABC／ABM（Y1）	2.460	0.135	18.287	***
原価企画（Y2）	3.868	0.126	30.688	***
BPR（Y3）	2.491	0.131	18.952	***
TQC／TQM（Y4）	3.601	0.156	23.060	***
JIT／SCM（Y5）	2.764	0.182	15.187	***
TSR（Z1）	2.801	0.189	14.805	***

共分散：

	推定値	標準誤差	検定統計量	確率
F2 ← F1	0.251	0.093	2.688	0.007

相関係数：

	推定値
F2 ← F1	0.683

分散：

	推定値	標準誤差	検定統計量	確率
F1	0.294	0.116	2.547	0.011
F2	0.459	0.169	2.725	0.006
e1	0.247	0.064	3.843	***
e2	0.201	0.064	3.147	0.002
e3	0.104	0.044	2.379	0.017
e4	0.237	0.066	3.588	***
e5	0.362	0.099	3.641	***
e6	0.388	0.119	3.270	0.001
e7	0.244	0.074	3.280	0.001
e8	0.286	0.085	3.364	***
e9	0.464	0.121	3.822	***
e10	0.369	0.100	3.700	***
e11	0.447	0.116	3.859	***
e12	0.540	0.149	3.618	***
e13	0.672	0.194	3.465	***
d1	0.056	0.045	1.240	0.215
e	1.235	0.294	4.200	***

〔行列〕
因子得点ウェイト：

	F1	F2	F3
ROA 等（X1）	0.095	0.015	0.011
営業 CF（X2）	0.162	0.025	0.019
FCF（X3）	0.296	0.045	0.035
資産回転率（X4）	0.120	0.018	0.014
納期短縮率等（X5）	0.009	0.139	0.031
歩留り率（X6）	0.011	0.164	0.037
生産リードタイム（X7）	0.014	0.210	0.047
EVA 等（X8）	0.013	0.186	0.042
ABC／ABM（Y1）	0.006	0.026	0.070
原価企画（Y2）	0.008	0.036	0.097
BPR（Y3）	0.006	0.027	0.073
TQC／TQM（Y4）	0.007	0.031	0.084
JIT／SCM（Y5）	0.007	0.031	0.083
TSR（Z1）	0.001	0.005	0.015

索引

(欧字)

A

ABB　117, 155
ABC　117, 155
ABM　117, 155
accessibility　114
accounting model　1
ad hoc committee　165
adjusted present value　26
annuity depreciation　32

B

baseline value　33
board　165
BPR　117, 155
BSC(balanced scorecard)　56, 61, 73, 78, 82, 129, 163, 166, 178
budgetary control　73
budgeting　72
budgets　72
bureaucratic organization　148
business excellence model　77
business risk　27
business unit value　16, 94, 99
business unit value driver analysis　69
business value　14

C

CAPM　36
cash-on-cash basis　24
CFI　120, 122, 124, 141
CFO　59
CFROI(cash flow return on investment)　11, 13, 32, 36, 59
change in EVA　36
change in residual income　35
clean surplus accounting　17
cluster organization　150
commission　165
company value　14
concurrent indicators　70
contextual factors　5, 101
cooperative efforts　165
corporate value　14
creating shareholder value　10
CVA(cash value added)　11, 31, 58

D

decline　103
differentiation　103
discounted abnormal earnings model　33
discounted abnormal ROE model　33
discounted cash flow method　24
divisional organization　148
division value　16, 94

E

EBIT(earnings before interest and taxes)　22, 51, 59

EBITDA (earnings before interest, taxes, depreciation and amortization)　22, 51, 59
economic depreciation　32
Economic Earnings　11
economic model　1
economic value　14
EFQM　78
EFQM Excellence Award　78
EFQM Excellence Model　78
enablers　78
EP (Economic Profit)　11, 58, 59
EPS (earnings per share)　22, 51, 59, 119
equity equivalents　25
equity value　14
European Foundation for Quality Management　78
EVA (economic value added)　11, 13, 17, 30, 32, 35, 48, 51, 58, 80, 95, 115, 117, 121, 124, 129, 154
EVA incentive program　80
EVA management system　80
excellence　78
Excess Return　59
external costs　165

F

facilitator　74
failure mode map　139
FCF (free cash flow)　2, 16, 20, 24, 32, 34, 41, 44, 59, 113
FGV (future growth value)　16, 59
financial risk　27
firm value　14

flow-to-equity approach　26
functional organization　148

G

generic value driver　64
growth　103

H

hierarchical organization　148

I

IFI　120, 122, 124, 142
incremental investment　34
indicator　6
input − process − output − outcome framework　81
internal costs　165
internal rate of return　52
introduction　103
IRR　36, 52
ISO9000　117, 155, 159, 163
ISO14000　117, 155, 159, 163

J

Japan Quality Award　81
JIT　117, 155
joint ventures　165

K

KPI (key performance indicator／key performance index)　74, 92, 114
KPM (key performance measure)　92
KSF (key success factor)　74, 78, 79

L

lagging indicators　57
leading indicators　57
leading-indicators-of-value approach　69
low-cost leadership　103

M

Malcolm Baldridge National Quality Award　75
managing value　12
matrix organization　150
maturity　103
maximizing shareholder wealth　10
MBO(management by objectives)　74
MCS(management control system)　6, 102-104, 116, 130, 145, 147, 150, 162, 164, 171, 172, 174, 175, 178, 179
MCVA(multi-period CVA)　32
measure　6
mechanistic organization　148
metric　6
Metric Wars　48
multi-period approach　37
MVA(market value added)　11, 16, 58, 154

N

Net Income　59
network organization　150
NOPAT(net operating profits after taxes)　16, 26, 29, 34-36, 39, 51, 59, 80
NPV　17, 23, 32, 37, 58

O

operational drivers　64
organic organization　148
outcome measures　60
outsourcing　165

P

PBR(price to book-value ratio)　22, 50, 51
PER(price earnings ratio)　22, 50, 118
performance accounting　7
performance drivers　78
performance evaluation　6
performance management　7
performance measurement　6
performance measurement hierarchy　64
performance measurement matrix　76
performance measures　65, 85
performance prism　82
performance pyramid　77
PLC (product lifecycle)　103, 104, 114, 178
PMA(Performance Measurement Association)　71
PPM(product portfolio management)　103
process measures　65, 85
project team　165

R

results - determinants framework 77
results management 74
RI (residual income) 30, 59
RMSEA 120, 122, 124, 142
ROA 115, 116, 130, 136, 154, 162
ROCE 130, 136
ROE (return on equity) 23, 33, 51, 115, 154, 162
ROI 115, 116, 154, 162
RONA 59
ROV (real option value) 16, 32

S

SBU (strategic business unit) 99, 146, 148, 149, 152, 157, 162, 173
SCM 117, 155
shareholders value added 48
shareholders' value added 48
shareholder value approach 11
shareholder value network 11, 68
single-period approach 37
sinking fund depreciation 31
SMART (strategic measurement and reporting technique) pyramid 77, 85
stakeholder 66
strategic alliances 165
strategic drivers 64
strategic management system 6
strategic partnerships 165
strategic value 14
structures 145

success map 83, 139
SV (shareholder value) 10, 14, 33, 39
SVA (shareholder value added) 11, 16, 33, 39, 44-46, 53, 58, 63, 64, 67-69, 79, 84, 86, 88, 90, 91, 94, 100, 108, 115, 129, 130, 136, 139, 154, 170, 174, 177
SWOT 63

T

tableau de bord 73
task force 165
TBR (total business return) 11, 36, 58
temporary organization 150
Theory Y 74
TLI 120, 122, 124, 142
TQC 117, 155, 159, 163
TQM 117, 155, 159, 163
tracking chart 140
transaction costs 165
TSR (total shareholder return) 36, 58, 64, 94, 100, 118, 122, 125, 127

V

value chain 106
value leading indicators 64
value management 12, 49
value of common equity 14
value of company 14
value of equity 14
value of firm 14
value of operations 14

索引　239

value of the company's total capitalization　14
VBM（value based management）　1, 2, 4, 6, 9, 11, 12, 15, 20, 24, 37, 45, 46, 48, 49, 53, 55, 58, 60, 62, 67, 79, 83, 84, 86, 91, 97, 100, 102, 103, 106, 113, 130, 136, 138, 145, 147, 151, 161, 164, 167, 168, 170, 172, 174, 176-178
virtual organization　165
VSM（Value-Based Strategic Management）　11

W

WACC　28, 36

（かな）

あ

IRR法　37, 127, 155, 159
I-P-O-Oフレームワーク　85
アウトソーシング　165
アノマリー　50

い

EP法　28
EVAアプローチ　80
EVA経営システム　80, 85
EVAシステム　52

EVAドライバー　25, 80
EVA評価モデル　25, 80
EVA法　3, 17, 28-30, 36, 38, 41, 51, 113
EVA報酬制度　80
委員会　165
維持可能なキャッシュ・フロー　31, 36
1期間アプローチ　37
一時的組織　150
一物一価　19, 50
一物多価　19, 50
インカム・アプローチ　3, 20, 24, 38
インセンティブ　2, 46, 151
インプット－プロセス－アウトプット－成果・フレームワーク　81

え

SVA（株主付加価値）　11, 33, 69, 154
SVA法（株主付加価値法）　28, 30, 33, 35, 36, 38, 39, 42, 45, 51, 63, 68, 113, 169, 174, 177
NPV法　3, 127, 155, 159
MB国家品質賞　81, 85
永久定額配当還元モデル　28
営業キャッシュ・インフロー　34, 39
営業キャッシュ・フロー　35, 41, 105, 114-116, 130, 136, 154, 158
営業残余利益　30
影響システム　99, 107, 108, 146, 152

お

欧州経営品質協会　78
オールソン・モデル　3, 21, 30, 33, 38
重みつけ　64, 139

か

会計モデル　1, 22, 27
解散価値　50
階層型組織　148
外部コスト　165
加重平均資本コスト　28, 30
価値作用因　25, 67, 170
価値志向経営　6
価値成長期間　26
価値先行指標　64, 69, 84-86, 88, 90, 100, 129, 170, 175, 178
価値先行指標アプローチ　69
価値創造経営　1, 6
価値評価　68
価値連鎖　106
株価収益率　50, 118
株価純資産倍率　51
株式の時価総額　14
株式の市場価値　17
株式の流動性の欠如に対するディスカウント　22
株主価値　2, 3, 9-11, 13, 15, 17, 19, 33, 37-40, 43, 46, 50, 54, 66, 68, 83, 97, 107, 108, 129, 130, 140, 151, 152, 154, 164, 167, 170
株主価値アプローチ（株主価値法）　11, 81, 86, 90, 170
株主価値経営　4, 10, 12, 13, 49, 60, 67, 84, 102, 147, 168, 177
株主価値ネットワーク　11, 25, 68, 69, 75, 85, 86, 88, 90, 108, 123, 170, 175, 178
株主資本コスト　26, 27, 30, 33, 36
株主資本等価項目　25
株主総合利回り　36, 64, 100, 118
観測変数　121, 124
カンパニー　145, 157, 162, 179
カンパニー制　99, 146, 150, 151, 162, 173
管理会計システム　6, 99, 102, 103, 146, 151, 163, 171
管理会計ツール　5, 107, 108, 113, 117, 120-123, 127, 128, 152, 154, 157, 159, 160, 163, 171-173, 175
管理可能性　57, 108
官僚制組織　148
管理責任の負荷　152, 155, 160, 161, 163, 164, 173, 175

き

キー・バリュー・ドライバー　64, 100
キー・プロセス・マッピング　95
キー・ミクロ・ドライバー　69
機械的組織　148, 151
期間計画会計　7
企業外組織　146, 162, 173
企業価値　2-4, 9, 12, 13, 15, 16, 19, 37, 38, 40, 43, 47, 50, 63, 68, 79, 81, 84, 129, 151, 154, 164, 167, 177
企業価値経営　13
企業価値創造経営　6

索引　241

企業価値評価ガイドライン　18, 50,
　　　169, 177
企業環境　102, 147
企業内組織　146, 162, 173
企業の市場価値　3, 13, 17
企業評価　1, 3, 4, 18, 20, 29, 33, 35,
　　　39, 41, 50, 113, 177
期待収益率　31
機能別組織　148, 179
キャッシュ・フロー投資収益率　11
業績　54, 56, 60, 62, 63, 84, 98, 169,
　　　177
業績管理　7
業績管理会計　7
業績指標　5, 6, 13, 54, 55, 56, 59, 60,
　　　63, 65, 66, 70, 78, 83, 85, 86, 114,
　　　169, 175
業績尺度　2, 5, 6, 46, 54-56, 58, 64,
　　　67, 98, 100, 107, 108, 113, 115,
　　　119-123, 125, 128, 145, 153, 156-
　　　159, 162, 164, 169, 171-176, 179
業績尺度体系　101, 103, 105
業績測定　6
業績測定階層　64
業績測定マトリックス　76, 77, 85
業績ドライバー　77, 78, 82
業績評価　1, 2, 5, 6, 9, 11, 16, 36, 39,
　　　46, 53, 54, 57, 60-62, 66, 73, 78,
　　　80, 82, 84, 90, 94, 97, 100, 108,
　　　114, 140, 156, 164, 167, 169,
　　　176, 178
業績評価会計　7
業績評価階層　100, 139
業績評価システム　2, 4, 6, 46, 53,
　　　60, 67, 68, 73, 84, 88, 90, 91, 97,
　　　99, 102-104, 106-108, 115, 122,
　　　124, 125, 128, 129, 140, 146,
　　　152, 156, 164, 167, 169-176, 178
業績ピラミッド　77
競争戦略　103, 116, 126
共同事業　165
共分散構造分析　4, 113, 119, 171
金融オプション　32

く

クラスター組織　150
クリーン・サープラス会計　17, 28,
　　　33, 35, 41
グループ経営　157, 173

け

経営者の個人的なネットワークまたは
　　　協調関係　165
経営品質　75
経済償却法　32
経済的簿価　25, 31
経済的利益　17, 28, 30, 31
経済的利益法　28, 30, 31, 33, 38, 51
経済付加価値　11, 154
経済モデル　1, 33, 35, 40, 41, 113
計算利子率　36
継続価値　19, 21, 38, 41, 50
継続的価値　37
結果管理　74
結果・決定要因モデル　77, 85
決算数字の操作　22
原価改善　117, 155, 159, 163
原価管理　2, 5, 113, 117, 163, 167,
　　　171-173, 178
原価企画　117, 155, 159, 163

原価計算基準　94
現金付加価値　11
権限委譲　152, 155, 157, 160, 161, 163, 164, 173, 175
減債基金減価償却費　31, 32

こ

貢献利益分析　127, 155, 159
貢献利益法　127, 155, 159
公正価値　21
行動科学　74
効率的市場　14, 17
効率的資本市場　17, 50
コーチ役　74
ゴードン・モデル法　28, 38
コスト・アプローチ　19, 20
コストマネジメント　106
コスト・リーダーシップ戦略　103, 105, 116
コンティンジェンシー理論　4, 5, 101, 102, 138, 145, 147, 171, 172
コントロール・プレミアム　23
コンベンショナル・ウィズダム　177

さ

再調達時価純資産法　21
財務指標　54, 57, 58, 61, 66, 67, 73, 75, 78, 81, 85, 86, 104
財務パフォーマンス　5, 108, 109, 113, 115, 118, 122, 124, 127, 128, 156, 171, 172, 175
財務リスク　23, 27
財務レバレッジ　22, 26, 27, 119
差額残余利益　35, 41, 51
差額残余利益法　28, 30, 35, 36, 38, 39, 45, 51, 169, 174, 177
サブ・プライム　50
差別化戦略　103, 105, 126
残存価額　34
残余利益　17, 28, 30, 32, 35, 115, 117, 121, 124, 154
残余利益法　28-31, 33, 36, 38, 51

し

CFROI／TBR法　32, 36, 38
CVA法　31, 36, 38
CVP分析　127, 155, 159
時価純資産法　3, 21, 38
事業価値　2, 3, 5, 13, 15, 16, 38, 40, 43, 64, 69, 84, 154, 167, 169
事業総合利回り　11
事業単位価値　16, 94, 99, 107, 108, 113, 130, 136, 139, 146, 152, 172, 174, 177, 178
事業単位バリュー・ドライバー分析　69
事業のライフサイクル・ステージ　101, 107, 113, 119, 121, 124, 128, 152, 171, 172, 175, 176
事業部　145, 156, 162, 179
事業部価値　4, 16, 18, 20, 38-40, 44, 47, 53, 64, 67, 68, 71, 79, 84, 86, 88, 90, 94, 99, 169, 170
事業部制　146, 152, 162, 173
事業部制組織　3, 15, 46, 91, 99, 102, 146, 148, 149, 168-170, 179
事業部マネジメント　4, 6, 16, 37, 46, 53, 64, 67, 84, 88, 100, 170, 174-176

事業ポートフォリオ　84, 102, 138, 147
事業本部　145, 157, 162
事業本部制　99, 146, 149, 152, 162, 173
事業ライフサイクル　104, 176
事業リスク　23, 27
自己資本利益率　51
市場株価法　3, 22, 38
市場の不規則性　50
市場付加価値　11, 154
失敗モードマップ　139
支配権の取得に対するプレミアム　23
支払利息の節税効果　26
資本コスト　16, 22, 24, 27, 31, 35, 36, 41, 42, 46, 51, 60, 62, 113, 130, 136
資本資産評価モデル　36
資本市場　14
資本費用　28, 41
社内資本金　151
社内資本市場　151
社内分社　150
収益還元法　27
終価　26
修正簿価純資産法　21
重要成功要因　74, 114, 126
主要な業績指標　74
ジョイント・ベンチャー　165
状況要因　5, 101, 147, 152, 176
乗数法　22
情報インダクタンス　22
情報システム　99, 107, 108, 146, 152
将来の成長価値　16

職能制　146, 162, 173
職能制組織　148, 178, 179
職能部門　145, 157, 162
職能別事業部制　165
進捗管理　140

す

SMARTピラミッド　77
衰退期　103, 105, 114
衰退事業　172, 175
数値計画法　127, 155
スコアカード　140
ステークホルダー　66, 82, 84, 86, 87, 90, 97, 129, 138, 170
スループット会計　127, 155, 159

せ

成果尺度　60
成功マップ　83, 139
清算価値　44, 50
清算処分時価純資産法　21
成熟期　103, 105, 114, 116, 117, 121, 128, 172, 175, 178
成熟企業　104, 122
成熟事業　105, 114, 115, 121, 123, 128-130, 171, 172, 175, 178
正常利益　21
静態的評価アプローチ　19
成長期　103, 105, 114, 125, 128, 130, 172, 175, 178
成長企業　104
成長事業　114, 125, 128, 129, 136, 171, 172, 175, 178
税引後営業利益　29
税引後当期純利益　119

244

税引前営業利益　51
製品ライフサイクル　58
責任会計　72, 74
接近可能性　114
折衷法　18
線形計画法　127, 155
先行指標　57, 61, 64, 69, 79, 84, 170
潜在変数　120, 122, 124
全社経営　2
戦略経営システム　6, 79, 83, 163
戦略事業単位　146, 148
戦略的コストマネジメント　106, 118, 121, 124, 128, 171, 172, 175, 178
戦略的提携　165

そ

増分EVA法　28, 30, 35, 38, 39, 41, 45, 51, 169, 174, 177
増分適合指標　142
増分投資　34, 35, 39, 44, 51
測定フレームワーク　2, 5, 46, 54, 62, 169
組織形態　146-148, 150, 152, 153, 156, 158-161, 163, 164, 172, 173, 175, 176, 178
組織構造　4, 5, 101, 145, 147, 150, 152, 164, 172, 176
組織のマクロプロセス・モデル　82
組織文化　64, 84, 102, 138, 139, 147, 175
損益分岐点分析　127, 155, 159

た

ターミナル・バリュー　26

多角化企業　16
多期間アプローチ　37
タスク・フォース　165
達成可能性　57, 108
タブロー・デュ・ボール　73, 78, 85

ち

遅行指標　57, 61, 79
超過ROE　33
超過収益法　21, 38
超過利益　21
超過利益評価モデル　30, 33
調整現在価値　26
調整現在価値法　26, 38
重複併用法　18

つ

追跡図表　140

て

DCF価値　44
DCF法　20, 23, 24, 33, 37, 38, 41, 127, 155, 159
提携　165
定率成長配当還元モデル　28
適合性　142
適合度　141
適合度指標　120, 122, 124, 172
デミング賞　75
デュポン・システム　58
デュポン・ピラミッド　58

と

動機づけ　58, 80
投資キャッシュ・フロー　116

索引　245

同時指標　70
投資の機会費用　31
投資利益率　115, 154, 162
統制会計　7
統制システム　7
動態的評価アプローチ　20
導入期　103, 105, 114
導入事業　171, 175
トラッキング・チャート　140
取引コスト　165
取引事例価額法　23
取引事例法　23, 38
取引の構築　22

な

内部コスト　165
内部成長率　23
内部利益率　52
内部利益率法　37

に

二項モデル　32
日本経営品質賞　81, 85
日本経営品質賞委員会　81

ね

ネオ会計モデル　1, 3, 33
ネットアセット・アプローチ　3, 19, 20, 38
ネットワーク組織　150
年金償却法　32

は

バーチャル組織　165
ハードル・レート　60

配当還元法　28, 38
配当還元方式　27
配当還元モデル　28
配当性向　23, 28
倍率法　22
パス係数　121, 123, 124
発生主義会計　22, 31, 59
発生主義会計の歪みを取り除いた税引後純営業利益　51
パフォーマンス・プリズム　62, 82, 85, 86, 88, 90, 91, 101, 108, 123, 129, 130, 136, 139, 170-172, 175, 178
パラメーター　68
バランスト・スコアカード　56, 85
バリュー・チェーン　106
バリュー・チェーンの事業プロセス・マッピング分析　92
バリュー・ドライバー　16, 25, 36, 46, 53, 67, 68, 79, 85, 94, 100, 129, 170, 175, 178

ひ

PI法　127, 155, 159
PDCAサイクル　91, 140
比較適合指標　141
非財務指標　54, 57, 61, 66, 67, 73, 75, 78, 81, 85, 104, 130, 178
ビジネス・エクセレンス・モデル　57, 77, 85, 90
ビジネスプロセス・リエンジニアリング　117, 155,
ビジョン　65, 74, 79, 139, 170
必要収益率　23, 119
1株当たり当期純利益　51

非標準適合指標　142
評価尺度　60, 80, 88, 116, 129, 138
品質管理　75, 81, 163, 173

ふ

負債の市場価値　17
部門管理者　99, 108, 146, 167
部門経営　1, 2, 4, 6, 15, 16, 18, 39, 40, 44, 53, 63, 67, 68, 84, 88, 91, 99, 106, 108, 114, 139, 145, 156, 161, 164, 167, 169, 174, 177, 178
ブラック・ショールズ・モデル　32
フリー・キャッシュ・フロー（FCF）　2, 24, 67, 115, 116, 130, 136, 154, 158
フリー・キャッシュ・フロー評価モデル／フリー・キャッシュ・フロー法（FCF評価モデル／FCF法）　11, 24-26, 30, 31, 34, 37, 38, 41, 113
フロー・ツー・エクイティ法　26, 27, 28, 38
プロジェクト・チーム　165
プロセス指標　65, 85, 90, 100, 139, 175, 178
プロダクト・ライフサイクル　103
分権化　84, 102, 138, 147, 150, 152, 163, 173, 174
分権管理　44, 53, 91, 169, 170
分権的組織　4, 5, 13, 102, 104, 123, 145, 156, 160, 161, 164, 167
分権的組織管理　145, 152, 162, 163, 173, 177
分社　145, 146, 152, 162, 173
分社化　162

へ

併用法　18
ベースライン価値　33
変化対応型組織　148, 150, 151
変動成長配当還元モデル　28

ほ

報酬システム　1, 9, 103
報酬制度　2, 11, 46, 80
簿価純資産法　20, 38
本源的価値　17
本源的な価値　19

ま

McGregorのY理論　74
マーケット・アプローチ　3, 19, 22, 26, 27, 38
埋没原価　29, 31
マクロ・バリュー・ドライバー　25, 64, 68, 71, 80
マトリックス組織　150
マネジメント・コントロール　57, 62, 75, 77
マネジメント・コントロール・システム　6, 72, 102, 171
マネジメント・システム　1, 2, 5, 45, 67, 91, 167, 170, 176, 178
マルコム・ボルドリッジ国家品質賞　75, 78, 81

み

ミクロ・バリュー・ドライバー　25, 64, 68, 71, 80
ミッション　64, 74, 79, 139

も

目標管理　73, 74, 78, 85, 90
持株会社　145, 146, 152, 157, 162, 179
持株会社方式　162, 173
モチベーション　2, 46

ゆ

有機的組織　148, 150, 151

よ

予算　72
予算管理　72, 85, 90, 163, 166
予算管理システム　75
予算統制　73, 127, 155, 159, 163

ら

ライフサイクル　4
ライフサイクル・ステージ　104, 107, 108, 113-115, 121, 122, 124, 125, 128, 129, 171, 172, 175, 178

り

リアル・オプション・アプローチ　32, 38
リアル・オプション価値　16
リーン生産　117, 155
利益還元法　27, 38
利益管理　2, 5, 113, 127, 128, 161, 163, 167, 171-173, 175, 178
利益数字の作り込み　22
利害関係者　66, 85, 97
リスク　23
利払前・税引前・償却前利益　51
利払前・税引前利益　51

る

類似上場会社法　22, 27, 38
類似取引法　23, 38

れ

歴史的原価　31

わ

割引キャッシュ・フロー法　24
割引超過 ROE モデル　33
割引超過利益モデル　21, 33

《著者紹介》

徳崎　進（とくさき・すすむ）

関西学院大学 専門職大学院 経営戦略研究科　教授

1956年生まれ。関西学院大学商学部卒業（商学士）。ハーバード大学ケネディ行政大学院修了（公共経営学修士／MPA）。博士（経営学）甲南大学。米国公認管理会計士（CMA）・米国公認財務管理士（CFM）。ビッグ3会計事務所、日米欧大企業・金融機関の管理職を歴任し、ベンチャー企業の育成に関与した後に、教育・研究活動に専念。戦略的財務管理をテーマに、アカウンティングスクール、ビジネススクール、博士課程後期課程で教鞭をとる。専攻は管理会計論および経営財務論。

【主要著書等】

『ファイナンシャル・マネジメント・ハンドブック』（東洋経済新報社，2002年）
『アカウンティング／ファイナンス戦略』（産業能率大学，2003年）
『アドバンスト・コーポレート・ファイナンス：政策と戦略──財務戦略策定者のためのファイナンス理論(上)・(下)』（ピアソン・エデュケーション，上巻(2003年)，下巻(2004年)）（原著：Ogden, J., Jen, F., & O'Connor, P.(2003). *Advanced corporate finance: Policies and strategies*. Upper Saddle River, NJ: Prentice-Hall.）
『財務戦略』（産業能率大学，2004年）
『管理会計レクチャー〔基礎編〕』（共著）（税務経理協会，2008年）
その他論文多数。

関西学院大学研究叢書 第153編

VBMにおける業績評価の財務業績効果に関する研究
事業単位の価値創造と利益管理・原価管理の関係性

2012年2月15日初版第一刷発行

著　者　　徳崎　進

発行者　　田中きく代
発行所　　関西学院大学出版会
所在地　　〒662-0891
　　　　　兵庫県西宮市上ケ原一番町1-155
電　話　　0798-53-7002

印　刷　　株式会社クイックス

©2012 Susumu Tokusaki
Printed in Japan by Kwansei Gakuin University Press
ISBN 978-4-86283-104-0
乱丁・落丁本はお取り替えいたします。
本書の全部または一部を無断で複写・複製することを禁じます。
http://www.kwansei.ac.jp/press